Ihr, die Ihr auftauchen werdet aus der Flut
In der wir untergegangen sind
Gedenkt
Wenn Ihr von unseren Schwächen sprecht
Auch der finsteren Zeit
Der Ihr entronnen seid

(B. Brecht „An die Nachgeborenen" im Exil 1938)[1]

1 Textauszug aus: Bertolt Brecht, „An die Nachgeborenen", in: ders., Werke. Große kommentierte Berliner und Frankfurter Ausgabe, Band 12: Gedichte 2.

Die Drucklegung des Buches wurde ermöglicht
mit freundlicher Unterstützung von:

NORDRHEIN-WESTFALEN HEIMATET

Wir fördern, was Menschen verbindet.

Ministerium für Heimat, Kommunales, Bau und Gleichstellung des Landes Nordrhein-Westfalen

LVR

Qualität für Menschen

Titelfoto: Humanistisches Gymnasium Viersen –
Lehrerkollegium 1936/37 (KAV, LV, Nr. 5 - 1680)
Vordere Reihe v. l. n. r. Becker, Donner, Hoengen, Dr.Kapelle, Schlager, Finger, Strotmann
Hintere Reihe v. l. n. r. Tonn, Dr. Schneider, Kötz, Dr. Cremer, Klingen, Klein, Huben, Brettar

Impressum

Erscheinungsort: Mönchengladbach 2021
Herstellung: LUC-Medienhaus - Greven

ISBN: 978-3-87448-548-7
www. kuehlen-verlag.de

Ende des Beschweigens

Humanistisches Gymnasium Viersen in der Zeit des Nationalsozialismus und nach Kriegsende (1933-1950)

Im Gedenken an die Opfer des Nationalsozialismus

Zum Geleit

Wer ein tausendjähriges Reich errichten will, muss beizeiten die Mitstreiter hierfür gewinnen und insbesondere den Nachwuchs rekrutieren. Die Nazis taten daher alles dafür, die Jugend in ihrem Sinne auszurichten. Ab dem 10. Lebensjahr wurden Kinder von der Hitlerjugend rekrutiert und es wurde ihnen frühzeitig das braune Weltbild eingeimpft.
Eine wesentliche Rolle spielte die Gleichschaltung der schulischen Ausbildung: Lehrinhalte waren stramm nationalsozialistisch. Personal und Schulgremien agierten entsprechend. Jüdische Schüler wurden entlassen. In Viersen träumte man kurzzeitig von der Errichtung einer Kaderschule für den nationalsozialistischen Führungsnachwuchs. Sie wurde nie realisiert.
Wie muss man sich den Schulalltag in unserer Stadt im Dritten Reich vorstellen? Wurden missliebige Lehrer suspendiert? Gab es überhaupt Widerstand oder dominierten Unterstützung und Mitläufertum? Wie war die Verzahnung von HJ und Schule? Kennen wir das Schicksal der jüdischen Kinder? Welche Ergebnisse hatten die Entnazifizierungsverfahren der Lehrer nach dem Krieg? Haben Schulen die Zeit des Nationalsozialismus aufgearbeitet?
Der ehemalige Schüler des Viersener Humanistischen Gymnasiums Thomas Menzel geht diesen Fragen im Hinblick auf seine Schule nach. Er setzt sich akribisch und kritisch mit der Geschichtsvergessenheit oder besser Geschichtsverdrängung auseinander. Damit leistet er einen wichtigen Beitrag, auf kommunaler Ebene Wirkmechanismen der Diktatur darzustellen, die so oder ähnlich auch in den übrigen Schulen zu beobachten gewesen sein dürften. Insofern geht das vorliegende Buch über die Durchleuchtung des Humanistischen Gymnasiums hinaus.

Manfred Budel, Förderung der Erinnerungskultur e. V. Viersen 1933-45
Viersen, im Juni 2021

Inhalt

Vorwort

Im Sammelband „Hamburg: Schule unterm Hakenkreuz" äußerte sich 1985 der ehemalige Hamburger Schulsenator Joist Grolle zur Vergangenheitsbewältigung in Deutschland:
„Zu dem Wahrheitsbedürfnis der jungen Generation gehört das uneingelöste Verlangen, Aufklärung darüber zu bekommen, warum nur so wenige dem Faschismus widerstanden haben. Es genügt zur Beantwortung nicht der Hinweis auf den Mechanismus der Gleichschaltung, es genügt nicht, das Repertoire der faschistischen Massenverführung zu rekonstruieren. Die Fragen der nachwachsenden Generation sind direkter, persönlicher. Sie will wissen: Wie konnte der Faschismus in die eigene Familie, in die eigene Schule, in die eigene Stadt eindringen? Solange wir nicht diese bis an die Wurzeln des faschistischen Alltags dringenden Fragen beantwortet haben, solange werden wir junge Menschen gegenüber unserer Vergangenheit ratlos, verständnislos finden."[2]

Was sind meine Beweggründe, eine Studie über das Humanistische Gymnasium Viersen[3] in der Nazizeit zu verfassen – und das 50 Jahre nach meinem Abitur?
Ist es die Vorstellung, dass in den Klassenzimmern, in denen ich als Schüler saß, die Ideologie des Nationalsozialismus verbreitet wurde?
Ist es die Neugier des Geschichtslehrers, etwas über „mein" Gymnasium in der NS-Zeit und die Lehrer Walter Paulus, Franz Jansen, Walter Leisering, Walter Hagedorn, Reinhard Köhne, Johannes Widdra, die ich persönlich ab 1962 noch im Unterricht erlebt habe, zu erfahren?
Die Mitgliedschaft in der NSDAP und anderen NS-Organisationen wurde – nicht nur von den oben genannten Lehrern – tabuisiert. Allerdings kam es manchmal zu anekdotischen Erzählungen von Kriegserlebnissen und der Kameradschaft bei der Wehrmacht. Allen war eine antikommunistische Grundeinstellung zu eigen, was für die damalige Phase des Kalten Krieges keine Besonderheit darstellte. Auschwitz und die Millionen Kriegstoten waren nur sehr begrenzt Thema im Geschichtsunterricht. Daran wurde nicht gerührt, sondern geschwiegen und verdrängt.

2 Hochmuth, Ursel/de Lorent, Hans-Peter (Hg.), Hamburg: Schule unterm Hakenkreuz, Hamburg 1985, S. 7.

3 Die Schule ist 1876 als Humanistisches Gymnasium gegründet worden. Nach mehreren Umbenennungen - in der NS-Zeit Oberschule für Jungen – hieß sie ab 1954 Städtisches Humanistisches Gymnasium Viersen. 1990 kam es durch einen Ratsbeschluss zur Auflösung des „Huma" und im Schuljahr 1991/1992 wurde die Fusion der beiden Alt-Viersener Gymnasien (Humanistisches und neusprachliches Mädchengymnasium) vollzogen. Seit 1992 heißt die Schule Städtisches Erasmus-von-Rotterdam-Gymnasium.

Mein letzter Klassenlehrer Franz „Plasma“ Jansen war in meiner Erinnerung kein „übler“ Kerl. Er hat sehr viel für uns Schüler getan. So war er beispielsweise lange Jahre für das von uns geliebte Schullandheim des Gymnasiums am Poelvennsee – auch z. T. finanziell – verantwortlich. Disziplin war ihm wichtig. Es herrschte ein rauer Ton bei „Plasma“, aber nicht ohne Wohlwollen uns Schülern gegenüber. Bei Disziplinverstößen musste man sich ab und zu im „Boxkampf“ mit ihm messen.

Die vorliegende Arbeit soll eine Lücke schließen in der „Vergangenheitsbewältigung“ des Humanistischen Gymnasiums in Viersen. Eine Aufarbeitung ist bis jetzt ausgeblieben. Es geht nicht um eine „Abrechnung“ mit den – zum Teil eigenen – Lehrern, sondern um Erkenntnisgewinn über diese Zeit. Was sie über diese Zeit und ihren eigenen Beitrag wirklich dachten und fühlten, bleibt im Verborgenen. Ich gehe davon aus, dass sie selbst in ihren Familien darüber geschwiegen haben. Für mich sind allerdings nur die Akten als belegbare Quellen relevant.

Manfred Budel vom Vorstand des Vereins Förderung der Erinnerungskultur e. V. Viersen 1933-45 brachte mich auf die Idee zu dieser Untersuchung. Im Kontext der Erinnerungskultur leistet diese Arbeit daher einen lokalgeschichtlichen Beitrag zu den Auswirkungen der Nazi-Ideologie auf das Humanistische Gymnasium.

Auch die Diskussion um die Verlegung von Stolpersteinen im Viersener Stadt teil Süchteln 2017 und 2018 verstärkte mein Interesse, die NS-Vergangenheit des Humanistischen Gymnasiums zu erforschen. In Alt-Viersen und Dülken gab es schon 28 Stolpersteine, die auf verfolgte, vertriebene und ermordete jüdische Mitbürger hinwiesen. Auf Initiative des Viersener Bürgers Uwe Micha sollten im Dezember 2017 insgesamt 26 weitere Stolpersteine verlegt werden. Gegen die Verlegung vor ihrem Wohnhaus wehrten sich 13 Hausbesitzer. Im April 2018 wurde ein Antrag in den Stadtrat eingebracht, um die Verlegung nicht mehr vom Wohlwollen der jeweiligen Hauseigentümer abhängig zu machen. Dieser Antrag wurde mit 27 zu 25 Stimmen abgelehnt.

Als Reaktion darauf schlossen sich 6000 Menschen dem beantragten Bürgerbegehren der Bürgerinitiative „Stolpersteine für Viersen“ an. Dieses Votum änderte die Haltung des Stadtrats. Am 11. September 2018 war der Weg frei für die Verlegung der ersten Steine im Viersener Stadtteil Süchteln durch den Berliner Künstler Gunter Demnig.

I. Einleitung

In der Forschung ist man sich einig, dass die Weimarer Republik bei vielen Lehrern des Höheren Schulwesens auf Ablehnung stieß. Hinsichtlich der politischen Präferenz hatte der „Gymnasiallehrer wie schon vor 1918 eine deutliche Affinität zum bürgerlich-konservativen Lager“[4]. Bölling bezieht sich in diesem Zusammenhang auf eine Untersuchung des Philologenverbandes von 1926, wonach 60 Prozent der Mitglieder der Deutschnationalen Volkspartei (DNVP) und der Deutschen Volkspartei (DVP) angehörten.[5] Beide Parteien forderten die Revision des Versailler Vertrages und waren geprägt von starkem Antisemitismus.

Das politische Bewusstsein von Gymnasiallehrern und ihr pädagogisches Handeln waren in weiten Teilen davon bestimmt, dass man sich schon seit dem Kaiserreich als Träger und Vermittler elitärer bürgerlicher Allgemeinbildung verstand. Schulstrukturreformen mit dem Ziel einer sozialen Gerechtigkeit und eines gerechteren Zugangs zum Gymnasium wurden kategorisch abgelehnt. Das Abitur sollte der gesellschaftlichen Elite vorbehalten bleiben, was vor allem der konservative und weitestgehend antidemokratische Philologenverband als Standesvertretung der Gymnasiallehrer forderte.

Die NS-Ideologen im Schulwesen konnten an Entwicklungen und Haltungen aus der Endphase der Weimarer Republik anknüpfen, insbesondere bei den Höheren Schulen. Besoldungskürzungen, Stundenerhöhungen, Einstellungsbegrenzungen als Ergebnis der rigorosen Sparpolitik der Reichsregierung Brüning verstärkten das antidemokratische Denken und die Ablehnung der Weimarer Republik unter den Lehrern und brachte sie in die Nähe der rechten Parteien DNVP, DVP und NSDAP.

Im Juni 1930 verbot die preußische Landesregierung die Mitgliedschaft von Beamten in der NSDAP und in der KPD. Dieses Verbot wurde im Juli 1932 für den Fall einer NSDAP-Mitgliedschaft aufgehoben. KPD-Mitglieder durften weiterhin nicht als Beamte beschäftigt werden.[6]

Schon vor der NS-Zeit waren Antisemitismus, Rassismus und Ausgrenzung von Minderheiten, Militarismus und autoritäre Strukturen in weiten Teilen von Staat, Beamtentum und Gesellschaft verbreitet, was die in fast allen Be-

4 Bölling, Rainer, Sozialgeschichte der deutschen Lehrer. Ein Überblick von 1800 bis zur Gegenwart, Göttingen 1983, S. 132.

5 Ebenda.

6 Zentralblatt für die gesamte Unterrichtsverwaltung in Preußen, 1932, Heft 17, S. 222, URL: https://www.digizeitschriften.de/dms/img/?PID=985843438_0074%7CLOG_0327 abgerufen am 16.07.2021.

völkerungsschichten feststellbare Akzeptanz der undemokratischen nationalsozialistischen Maßnahmen und Verordnungen erklärt.
Diese Einschätzung galt auch für Lehrer, vor allem für diejenigen, die Mitglieder bzw. Sympathisanten rechtsgerichteter Parteien wie der Deutschnationalen Volkspartei waren. Spätestens nach der Zustimmung zum Ermächtigungsgesetz am 23. März 1933 hatte auch die Zentrumspartei – in Viersen bei der vorangegangenen Reichstagswahl am 5. März 1933 mit 40 % der Stimmen noch stärkste Partei – ihren Anteil an der Etablierung der Nazi-Herrschaft. Nach Meinung des Historikers Andreas Wirsching hatten vor allem die katholischen Beamten die Hoffnung, am Neuaufbau des Staates mitwirken und diesen beeinflussen zu können.[7] Sie täuschten sich.
Die in der Endphase der Weimarer Republik verstärkte Zurückdrängung der Frauenemanzipation und Frauenberufstätigkeit wurde von den Nazis auch im Schuldienst zum Personalabbau fortgeführt. 1932 ermöglichte ein Reichsgesetz die Entlassung verheirateter Lehrerinnen, „wenn die wirtschaftliche Versorgung des weiblichen Beamten nach der Höhe des Familieneinkommens dauerhaft gesichert erscheint."[8] Ein sogenanntes „Ehestandsdarlehen" der NS-Bürokratie sollte die berufstätigen Lehrerinnen zur Aufgabe ihres Berufes und zur „Mutterschaft" bewegen. Es herrschten wieder patriarchalische Familienstrukturen.
Durch den täglichen Umgang mit Kindern und Jugendlichen waren Lehrer prädestiniert, die NS-Ideologie in die Köpfe der jungen Menschen zu platzieren. Sie wurden somit zu Akteuren im Nazisystem und trugen zum Funktionieren und zur Stabilisierung dieser Gewaltherrschaft bei. Der pädagogische Alltag war geprägt von Führerprinzip, Unterordnung, Befehl und Gehorsam, Schulzucht und Härte. Es blieb in der Regel kaum Platz für Individualität und selbstbestimmtes Denken und Handeln. Die Versuche, sich gegen diesen nazistischen Zeitgeist zu wehren, endeten zumeist in Isolation, Degradierung und Ausschluss aus der Schule. Es genügt an dieser Stelle der Hinweis auf das Gesetz zur Wiederherstellung des Berufsbeamtentums vom 7. April 1933. Dennoch kann man nicht ausschließen, dass sich Teile der Schüler- und Lehrerschaft dieser Indoktrination – wie auch immer – entzogen haben.
Die Nazis konnten sich aber aufgrund des traditionellen Gehorsams der Lehrer gegenüber übergeordneten Stellen darauf verlassen, dass „die allermeisten

7 Wirsching, Andreas, Der physische Druck auf die Abgeordnten war erheblich, URL: https://www.deutschlandfunk.de/der-physische-druck-auf-die-abgeordneten-war-erheblich.694.de.html?dram:article_id=241395, abgerufen am 28.07.2021.

8 Reichsgesetzblatt (RGBl), 1932, Teil I, § 1 (2), URL: https://upload.wikimedia.org/wikipedia/commons/d/d1/Deutsches_Reichsgesetzblatt_32T1_031_0245.jpg, abgerufen am 10.07.2021.

– mehr oder weniger – im Sinne des Systems funktioniert haben, sei es aus antrainierter Beamtenloyalität und Untertanengesinnung, sei es aus vermeintlichen Karriereabsichten oder aus Angst vor Nachteilen und vor Isolierung.[9] Der Erziehungswissenschaftler Wolfgang Keim bezeichnet daher nicht ohne Grund die NS-Vergangenheit von Pädagogen als ein schwieriges Erbe für die bundesrepublikanische Gesellschaft, denn sie hätten „eine generelle Mitverantwortung für die rassistische und imperialistische Politik des NS-Regimes“[10].

Wie war aber das persönliche Verhalten der **Viersener Studienräte** in der NS-Zeit?

Gab es politisch-moralischen Anstand jenseits der nationalsozialistischen Ideologie?

Hat man sich nach dem Ende des Nationalsozialismus der eigenen Geschichte gestellt?

Gab es ein selbstkritisches Hinterfragen, ob und wie man zur Stabilisierung des NS-Systems beitrug?

Gab es Reue bzw. ein Eingeständnis der Mitverantwortung?

Was geschah mit den vom Humanistischen Gymnasium traditionell propagierten Werten wie Respekt vor der Würde des Menschen, seiner Persönlichkeit und seinem Leben, Gewissen- und Gewaltfreiheit und Toleranz?

Warum ließen sich viele Lehrer für die menschenverachtenden Ziele der Nazis gewinnen?

Wie sah der gleichgeschaltete Unterricht aus?

Mit welchen Inhalten wurde indoktriniert?

Welche Verfügungen und Erlasse kamen vom Reichserziehungsministerium?

Welche Auswirkungen hatte die Kriegszeit auf Schüler und Lehrer?

Auch wird der Frage nach dem Verbleib der jüdischen Schüler nachgegangen. Das Schicksal und die weitere Lebensgeschichte der jüdischen Schüler des Humanistischen Gymnasiums – in den Schulstammblättern als israelitisch bezeichnet – werden beleuchtet: **Klaus Anschel, Bernd Schmerler** und **Hermann Rosenmann.**

Ein wesentlicher Teil dieser Studie beschäftigt sich mit der Entnazifizierung nach Kriegsende. Ist sie gescheitert? Wieso gab es Millionen von „Entlasteten“? Inwieweit traf dies auch für die Lehrer des Humanistischen Gymnasiums zu? Hat man sich herausgewunden oder sich der Vergangenheit gestellt?

Zur Recherche dieses Vorhabens dienten zunächst die vorhandenen Akten im Stadtarchiv Viersen. Dies waren Jahresberichte der Schule bis 1940, Dienst-

9 Keim, Wolfgang, Erziehung unter der Nazi-Diktatur. Band II: Kriegsvorbereitung, Krieg und Holocaust, Darmstadt 1997, S. 369.

10 Ebenda, S. 368.

tagebücher, Protokollbücher, Konferenzniederschriften, Schülerlisten, Stammblätter, Reifeprüfungsakten, Abgangszeugnisse, Spezialakten und verschiedene Festschriften der Schule. Die Existenz vielfältiger Dokumente ist dem Umstand zu verdanken, dass das Gebäude an der Wilhelmstraße 12 im Gegensatz zum Lyzeum (früheres Mädchengymnasium) bei den schweren Bombenabwürfen auf Viersen 1944 verschont worden ist.
Weiterhin habe ich die beim Landesarchiv in Duisburg aufbewahrten Entnazifizierungs- und Personalakten – soweit vorhanden – des Lehrerkollegiums, die NSDAP-Mitgliederkartei beim Bundesarchiv in Berlin und den Schriftverkehr (nur fragmentarisch im Bestand) mit dem Oberpräsidenten der Rheinprovinz im Landeshauptarchiv Koblenz eingesehen. Um Näheres über zwei jüdische Schüler des Viersener Gymnasiums zu erfahren, habe ich das Archiv der Mahn- und Gedenkstätte in Düsseldorf aufgesucht.
Als Viersener Quellen neben der Archivarbeit dienten der Aufsatz von Marcus Ewers „Der Fall Kapelle – oder die Gleichschaltung des Humanistischen Gymnasiums 1933/34“[11] und die Untersuchung von Arie Nabrings „Der kurze Weg zur Macht. Aufstieg und Machtergreifung der NSDAP in Viersen, Dülken, Süchteln und Boisheim“[12]. Aber auch die beiden Chroniken des ehemaligen Schülers Klaus Marcus „Der große Krieg und die kleine Stadt“[13] und „Wirre Zeiten 1945-1949“[14] waren für meine Arbeit von Wert.
Im Kontext der Entnazifizierung war die Dissertation von Anja Bilski „Entnazifizierung des Düsseldorfer Höheren Schulwesens nach 1945“[15] – auch aufgrund der örtlichen Nähe – hilfreich, da Bilski detailreich die Entnazifizierungsprozesse beleuchtet und sich auch mit den typischen Entlastungszeugnissen bzw. „Persilscheinen“ beschäftigt hat. Parallelen zur Entnazifizierung der Lehrer am Humanistischen Gymnasium sind unverkennbar.
Hinsichtlich der wissenschaftlichen Aufarbeitung der Entnazifizierung in der britischen Zone sind vor allem die Standardwerke von Fürstenau, Krüger, Vollnhals und Lange zu nennen.
Bis auf die genannten Viersener Quellen gibt es meines Erachtens keine weitergehende Auswertung der vorhandenen Akten und Dokumente bezüglich

11 Ewers, Marcus, Der Fall Kapelle – oder die Gleichschaltung des Humanistischen Gymnasiums 1933/34, in: Heimatbuch Kreis Viersen 64 (2013), S. 213 – 226.
12 Stadt Viersen-Stadtarchiv (Hg.), Der kurze Weg zur Macht. Aufstieg und Machtergreifung der NSDAP in Viersen, Dülken, Süchteln und Boisheim von Arie Nabrings, S.93 – 98.
13 Marcus, Klaus, Der große Krieg und die kleine Stadt. Alt-Viersener Chronik 1933-1945, Viersen 1995.
14 Marcus, Klaus, Wirre Zeiten 1945-1949. Ein Viersener erinnert sich, Viersen 1999.
15 Bilski, Anja, Die Entnazifizierung des Düsseldorfer Schulwesens nach 1945. Demokratisierung und personelle Säuberung im Umfeld von Wiederaufbau und Reorganisation des Schulwesens einer Großstadt in der britischen Zone, Essen 2016.

der Auswirkungen der NS-Diktatur auf das Humanistische Gymnasium Viersen.

Das ist nicht verwunderlich, denn die Auseinandersetzung mit der eigenen Rolle in der NS-Zeit wurde von vielen Schulen in Deutschland nicht geleistet. Eine reflektierte, schonungslose und persönliche Analyse der nationalsozialistischen Erziehungsziele und deren Umsetzung in Erlassen, Verordnungen, Richtlinien und Schulbüchern ist weitestgehend unterblieben. Dies hätte unweigerlich die Erkenntnis erbracht, zu der Erziehung einer Generation von jungen Nazis beigetragen zu haben.

Von einer „normalen Schulzeit und glücklichen Jahren“, wie manche Zeitgenossen die 12 Jahre NS-Zeit apologetisch in ihrer Erinnerung bezeichnen, kann nicht die Rede sein. Es ist eher eine unverantwortliche Verharmlosung der Erziehung im Nationalsozialismus, eine Bagatellisierung bzw. eine Negierung der Mitschuld von Lehrern.

Die jungen Menschen wurden fortwährend schleichend indoktriniert. Es ging darum, die Jugend konsequent für die Ziele des Nationalsozialismus zu begeistern, wozu auch Lehrer beigetragen haben. Schon ein Blick auf Klassenarbeiten und Abiturthemen[16] lässt erkennen, wie allumfassend die nationalsozialistische Ideologie in das Gedankengut und Bewusstsein der Schüler transportiert wurde.

Die Aufgabenstellungen in Klassenarbeiten (Deutsch, Geschichte, Biologie, Mathematik) waren durchdrungen vom nationalsozialistischen Geist. Einige Beispiele, die für sich sprechen:

- Warum autoritäre und nicht parlamentarische Regierung? Hitlers Auffassung über diese Frage ist aufgrund seines Buches „Mein Kampf“ darzulegen.
- Warum kann Deutschland seinen Anspruch auf Kolonien niemals aufgeben?
- Aufbau und Hauptgedanken der Rede des Führers vom 28.4.1939.
- Wozu verpflichtet uns der gegenwärtige Krieg?
- Was macht den Mann zum Soldaten?
- Das deutsche Winterhilfswerk als völkische Leistung.
- Welchen Einfluss haben die Erkenntnisse der Biologie auf meine Lebensführung?
- In einer Bevölkerung von 50 Millionen sind 1 % Erbkranke. Während der gesunde Teil durch Sterbeüberschuß jährlich einen Verlust von 1 Prozent erleidet, weisen die Erbkranken einen Geburtenüberschuß von 1,5 Prozent auf. Nach wieviel Jahren ist die Zahl der Erbkranken so groß wie die Zahl der Gesunden?

[16] Die Themen sind den einzelnen Jahresberichten der Schule entnommen.

- Eine Bevölkerung von 200 000 Personen besteht aus 2 gleichgroßen – Gruppen A und B. Die hochwertige Gruppe A, in der das 2-Kinder-System herrscht, vermindert sich jährlich um 1,8 %. Die minderwertige Gruppe B, in der das 4-Kinder-System vorherrscht, vermehrt sich jährlich um 0,8 %. Untersuche die Bevölkerungsveränderungen nach 30, 60, 90, 120 und 150 Jahren.

Der ehemalige Schüler Klaus Marcus spricht in seinen Erinnerungen zunächst von einem „wertneutralen Unterricht“, dann davon, dass „der Geschichtsunterricht „national“, die Biologie „reinrassig“ war, aber ... alles in abgeschwächter Form.“[17] Sicherlich war es für Jugendliche zwischen 13 und 17 Jahren schwierig – oder vielleicht unmöglich -, sich der subtilen Manipulation zu entziehen.

50 Jahre nach Kriegsende stellt Klaus Marcus am Schluss seines Buches (1995) rückblickend auf seine Schulzeit am Humanistischen Gymnasium fest, dass er „trotz unaufhörlicher Indoktrination durch Schule und HJ sich nicht den Blick hatte versperren lassen für ein anderes, besseres Deutschland.“[18]

In Bezug auf die Lehrer, die Mitglieder der NSDAP, der SA, des NSLB und anderer NS-Organisationen waren, muss festgestellt werden, dass sie nach Kriegsende nicht grundlos von der Militärregierung entlassen wurden. Am Humanistischen Gymnasium waren es nur fünf Lehrer, die ihren Dienst sofort wieder antreten durften. Die anderen, u. a. auch die beiden ehemaligen Direktoren Dr. Schöne und Hoengen, mussten erst Widerspruch gegen die zunächst nicht erfolgte Zulassung einlegen. Dass die meisten Lehrer dann wieder unterrichten durften, lag nicht daran, dass sie frei von Schuld waren. Vielmehr war es der Umstand, dass die von den Alliierten zunächst scharf betriebene Entnazifizierung gelockert bzw. aufgegeben worden war.[19] [20] Die sogenannte Normalität in der Bundesrepublik rückte in den Vordergrund.[21]

Ähnlich wie bei Institutionen und Unternehmen haben auch Schulen große Probleme mit der Aufarbeitung der eigenen Vergangenheit in der Nazi-Zeit. Man würde sie am liebsten ausklammern. Im Bereich der Unternehmen und der Justiz konnte man lange Zeit bis in die 80er von einer Tabuisierung der Geschehnisse in der NS-Zeit sprechen. Durch die öffentliche politische De-

17 Marcus, Klaus, Der große Krieg und die kleine Stadt, S.273.

18 Ebenda, S. 588.

19 Faust, Anselm, Die Entnazifizierung im nördlichen Rheinland, in: Internetportal Rheinische Geschichte, abgerufen unter URL: http://rheinische-geschichte.lvr.de/Epochen-und-Themen/Themen/die-entnazifizierung-im-noerdlichen-rheinland/DE-2086/lido/582d73e2d055e9.37648454, abgerufen am 8.3.2020.

20 Der Deutsche Bundestag. Wissenschaftlicher Dienst, Die Entnazifizierung, WD 1 – 3000/072/11, Berlin 2011.

21 Vgl. Ortmeyer, Benjamin, Schulzeit unterm Hitlerbild, Frankfurt 2000, S. 146.

batte um die Entschädigung von Holocaust-Opfern und ehemaligen Zwangsarbeitern in den 90er-Jahren wurde dieser Tabuisierung ein Ende gesetzt. So mussten sich die führenden deutschen Banken, insbesondere die Deutsche Bank, aber auch renommierte Unternehmen wie Allianz, Daimler-Benz, Hoechst oder VW der Vergangenheit stellen.[22]
Bei vielen Schulen lässt eine kritische Aufarbeitung der NS-Zeit und ihren Folgen immer noch auf sich warten. Wenn überhaupt etwas gesagt wurde, dann wurde vor allem über die Beeinträchtigung des Schulalltags geklagt bzw. „gejammert". Die damaligen Lehrer beschwerten sich im Nachhinein über „Beeinträchtigungen" durch Gedenkfeiern, Gebäudezerstörungen, Schulreformen („Oberschule für Jungen"), Beanspruchung der Schüler durch Hitler-Jugend und andere nationalsozialistische Formierungen. Das Schicksal jüdischer Schüler blieb weitestgehend unerwähnt oder wurde verdrängt.
Da die ehemaligen Lehrer als Zeitzeugen nicht mehr leben, muss die Aufarbeitung der NS-Vergangenheit von der nachfolgenden Generation geleistet werden. Schulchroniken wären ein wunderbarer Ort der Erinnerung gewesen, wenn sie diese Zeit nicht größtenteils ausgespart hätten.
Manchmal hilft auch ein intensiver Blick in die vorhandenen Akten und eine genaue Recherche, um die bisweilen festzustellende Schönfärberei der NS-Vergangenheit einer Schule ins Gegenteil zu wandeln. Ein treffendes Beispiel ist die Behandlung der NS-Zeit in den Schulchroniken des ehrwürdigen Kölner Apostelgymnasiums, das auch Konrad Adenauer besuchte. Das katholische Gymnasium hatte in der Öffentlichkeit den Ruf, auch in der NS-Zeit humanistische Ideale verfolgt und sich der NS-Ideologie widersetzt zu haben. 1985 erhielten dann aus Anlass des 125jährigen Schuljubiläums drei Mitglieder des Lehrerkollegiums den Auftrag, sich mit der NS-Vergangenheit des Apostelgymnasiums zu beschäftigen.[23] Die Durchforstung der Schulakten, die Lektüre schriftlicher Zeugnisse aus der Zeit und die Befragung von Zeitzeugen ergaben eine völlig andere Sichtweise auf das Gymnasium. Von Widerstand konnte nicht die Rede sein, sondern vielmehr war Anpassung an die nationalsozialistischen Vorgaben an der Tagesordnung, insbesondere nach dem Antritt des neuen Schulleiters Dr. Deckelmann. Zum 75. Schuljubiläum 1935 betonte man in der Festschrift, dass das APG Köln ab dem 15. Mai 1935 nur noch Schüler arischer Abstammung hatte. Begeistert stellte man fest, dass

22 Banken, Ralf, Vom „Verschweigen" über die „Sonderkonjunktur" hin zur „Normalität"? Der Nationalsozialismus in der Unternehmensgeschichte der Bundesrepublik, URL: https://zeitgeschichte-online.de/themen/vom-verschweigen-uber-die-sonderkonjunktur-hin-zur-normalit%C3%A4t, abgerufen am 10.2.2021.

23 Geudtner, Otto, Hengsbach, Hans, Westerkamp, Sibille, „Ich bin katholisch getauft und Arier". Aus der Geschichte eines Kölner Gymnasiums, Köln 1985.

„mit dem Durchbruch der nationalsozialistischen Bewegung 1933 die höhere Schule ein neues Erziehungsziel aufnahm: die Bildung des politisch denkenden, wehrhaften, nur im Dienst der Volksgemeinschaft Erfüllung findenden und für sein Deutschtum kämpfenden Deutschen."[24]
Den drei Autorinnen und Autoren wurde Störung des Schulfriedens vorgeworfen. Ihre Arbeit mussten sie privat publizieren und durften die Forschungsergebnisse auch nicht auf der Veranstaltung zum 125. Geburtstag der Schule präsentieren. Erst 2010 rang man sich am Apostelgymnasium zu einer Kurskorrektur durch und bekannte, dass die Schule „kein Ort des kollektiven oder gar organisierten Widerstands war."[25]

2. Vergangenheitsbewältigung oder Aufarbeitung der Vergangenheit?

Theodor W. Adorno ersetzte den Begriff der „Vergangenheitsbewältigung" durch die Forderung nach der schonungslosen „Aufarbeitung der Vergangenheit", um sich vor allem die Strukturen der Entstehung des Nationalsozialismus bewusst zu machen. 1959 hat Adorno bei einem Vortrag und in einem nachfolgenden viel beachteten Radiobeitrag „Was bedeutet: Aufarbeitung der Vergangenheit"[26] für die 50er Jahre die Tendenz „der unbewussten und gar nicht so unbewussten Abwehr der Schuld festgestellt. „Der Gestus, es solle alles vergeben und vergessen sein, der demjenigen anstünde, dem Unrecht widerfuhr, wird von den Parteigängern, derer praktiziert, die es begingen." Ihnen wäre es nicht darum gegangen, das Vergangene im Ernst zu verarbeiten. Man wollte die Vergangenheit aus der Erinnerung wegwischen, davon loskommen, denn sehr groß wäre nach Adorno die Zahl derer gewesen, „die von den Geschehnissen damals nicht gewusst haben wollen, obwohl überall Juden verschwanden. [...] Man darf wohl unterstellen, dass zwischen dem Gestus des Von-allem-nichts-gewusst-Habens und zumindest stumpfer und ängstlicher Gleichgültigkeit eine Relation besteht. Jedenfalls haben die dezidierten Feinde des Nationalsozialismus frühzeitig sehr genau Bescheid gewusst."[27]

[24] Ohlendorf, Werner (Bearb.), Das Apostelgymnasium zu Köln. 75 Jahre im Dienste deutscher Jugenderziehung 1860 – 1935, Köln 1935, S. 69 und S. 128.

[25] Vgl. VVN-BdA, URL: https://koeln.vvn-bda.de/2016/02/24/gedenkstunde-anlaesslich-des-71-jahrestags-der-befreiung-von-auschwitz/, abgerufen am 15.09.2021.

[26] Was bedeutet Aufarbeitung der Vergangenheit, URL: https://www.youtube.com/watch?v=On1MiOaVPrQ, abgerufen am 10.02.2021.

[27] Adorno, Theodor W., Was bedeutet: Aufarbeitung der Vergangenheit [1959], in: ders., Gesammelte Schriften, Bd. 10.2, Frankfurt a. M. 1977, S. 555. Adorno hielt den Vortrag am 6.11. 1959 auf einer „Erzieherkonferenz" des Deutschen Koordinierungsrates der

Wie sahen Bewältigung bzw. Aufarbeitung der Vergangenheit am Humanistischen Gymnasium Viersen aus?

Um beurteilen zu können, welchen Blick die Viersener Schule auf die Zeit im Nationalsozialismus hatte, dienen die verschiedenen schulinternen Festschriften als wichtige Quellen. Diese wurden anlässlich von Schuljubiläen herausgegeben. Sie geben einen Eindruck, welchen Stellenwert diese Zeit in der nachträglichen Beurteilung – insbesondere von der Schulleitung – hatte.
In der Festschrift „50 Jahre Abitur" stellte 1954 Schulleiter Dr. Schuwerack, Nachfolger von Michael Hoengen fest, dass „in der Zeit des nationalsozialistischen Reiches das geistige Fundament der höheren Schule aus rassischer Sicht bald aus den Notwendigkeiten des Zweiten Weltkrieges aufgelöst worden ist. Von einem Gymnasium sprach niemand mehr, es gab nur noch eine Oberschule"[28]. Oberstudienrat Klingen drückte im Vorwort[29] zum von ihm erstellten „Gefallenenverzeichnis aus beiden Weltkriegen" seine Erschütterung „über die hohe Anzahl unserer gefallenen Schüler" aus. „Die Opfer des III. Reiches" (zwei jüdische Schüler) werden von Klingen zusammen mit den Gefallenen genannt!
1964 verwies Dr. Schuwerack in der Festschrift „60 Jahre Abitur" lediglich auf den historischen Überblick[30], den sein Vorgänger Michael Hoengen sechs Jahre nach Kriegsende anlässlich des 75-jährigen Jubiläums erstellt hatte.
Dort[31] heißt es: „Nach der sog. Machtergreifung im Jahre 1933 geriet Dr. Kapelle auf dem Wege über die anmaßende Hitler-Jugend, der er seine Schule nicht ausliefern wollte, immer mehr in Gegensatz zu der Partei. Man erklärte ihn als Direktor des Gymnasiums für untragbar und bot ihm die Leitung des Lyzeums an. Als er dies im Gefühl seiner Unschuld ablehnte, wurde er aufgrund des berüchtigten Gesetzes zur Wiederherstellung des Berufsbeamtentums als Studienrat dem Viersener Lyzeum zugewiesen. Diesen Schlag trug er mit Fassung und Haltung."
Bezüglich seines Vorgängers Dr. Schöne stellt Hoengen fest, dass dieser „bald mit der allmächtigen und eigenwilligen Partei in Differenzen geriet, zumal der Oberbürgermeister als Patronatsherr der Schule gleichzeitig Ortsgrup-

Gesellschaften für Christlich-Jüdische Zusammenarbeit. Auszüge der Radiofassung können abgerufen werden bei: Schneider, Christian, Kulturpessimismus und Aufklärungspathos. Zu den Ambivalenzen von Adornos „Aufarbeitung der Vergangenheit", in: Zeithistorische Forschungen/Studies in Contemporary History, Online-Ausgabe, 8 (2011), H. 1, S. 161 – 166, URL: https://zeithistorische-forschungen.de/1-2011/4686, abgerufen am 12.2.2021.

28 50 Jahre Abitur. Städt. Hum. Gymnasium Viersen, Viersen 1954, S. 7.

29 Ebenda S.17 f.

30 Hoengen, M. (Hg.), 75 Jahre. Städt. Gymnasium Viersen, Viersen 1951.

31 Ebenda, S. 45 f.

penleiter war. So kam es, daß er schon 1936 die Leitung des Gymnasiums unter Druck niederlegte."
Nachfolgend geht Hoengen auf seine eigene Amtszeit ab 1936 ein, bezeichnet den Empfang durch die Stadtverwaltung als „nicht gerade freundlich". Dennoch sei er anfangs mit den „maßgebenden Stadt- und Parteiinstanzen erträglich" ausgekommen, aber ab 1940 sei er „in immer größere Meinungsverschiedenheiten mit der Partei" geraten. Man muss sich fragen, warum er dann nicht aus der Partei ausgetreten ist bzw. warum er sein Schulleiteramt nicht aufgegeben hat.
Im Abschnitt „Die Oberschule für Jungen 1937-1945" geht Hoengen auf die „von oben herab aufoktroyierte" Oberschule, die er als „Schulgattung nationalsozialistischen Gepräges" bezeichnet, und auf die Folgen für die Schule durch den 2. Weltkrieg ein. Zu den erschwerenden Eingriffen auf den Schulalltag zählt er „den Dienst in der Hitler-Jugend, die Bereitstellung der Schüler zu Sammlungen, der aufgabenfreie Nachmittag, der Staatsjugendtag, die Beschlagnahme der Turnhalle als Aufbewahrungsort für Getreide" auf.
Hinsichtlich seiner eigenen Situation beim Neuanfang 1945/46 der Schule bemerkt er nebulös, dass „der Direktor Eröffnung und Umstellung … nicht vornehmen" konnte. Die Tatsache seiner NSDAP-Mitgliedschaft verschweigt er dabei.
In derselben Festschrift stellte Oberstudienrat Klingen – im Übrigen auch SA- und NSDAP-Mitglied – zum Thema Schulwanderungen fest, dass die Fahrten zu den Olympischen Spielen 1936 und die Fahrt ins Saargebiet 1937 „zugleich Höhepunkt und vorläufiges Ende der Wanderfahrten waren. Angesichts der sich dräuend abzeichnenden Gewitterwolken des 2. Weltkrieges erlahmten die Schwingen der Wandervögel. Lehrer und Schüler mußten sich auf die allzu vielen unmittelbar notwendigen, wenn auch nicht immer jugendgerechten Aufgaben konzentrieren, die der kategorische Imperativ des autoritären Dritten Reiches ihnen stellte."
Man hätte sich deutlichere Worte bezüglich der eigenen Rolle in der Zeit des Nationalsozialismus gewünscht. Wo blieben Aussagen hinsichtlich der persönlichen Verantwortung und des Bedauerns der Beteiligten? Von offener Vergangenheitsbewältigung konnte nicht die Rede sein. Stattdessen wurde vorrangig auf die Belastungen und Einschränkungen des Schulalltages durch den Nationalsozialismus hingewiesen. Die Frage, inwieweit Lehrer im Sinne der nationalsozialistischen Erziehung systemstabilisierend gewirkt hatten, blieb unbeantwortet.
Allein Studienrat Rolf Bürger ließ 1976 in seinem Beitrag „Die Themen der Reifeprüfung im Fach Deutsch zwischen 1906 und 1945" in der Festschrift zum 100-jährigen Bestehen eine kritische Distanz zu seinen Vorgängern als Lehrer in der Zeit des Nationalsozialismus erkennen. Er stellte wichtige Fra-

gen: „Welche Themen wurden auch und wie weit vom Lehrer bejaht? Spiegeln sie Unterrichtsinhalte, welche Kavernen „innerer Emigration" sind in ihnen enthalten? Waren die Abiturienten fähig und bereit, die Untertöne herauszuhören und anzuerkennen?"[32]
Sicherlich ist bei Bürgers Beitrag zu berücksichtigen, dass 1976 schon ein anderer Zeitgeist bezüglich der NS-Vergangenheit herrschte. Vor allem die junge Generation hatte seit Mitte der 60er Jahre begonnen, kritische Fragen an die Vätergeneration zu stellen.
Dennoch: Die Aufarbeitung der NS-Vergangenheit des Humanistischen Gymnasiums in Viersen ist ausgeblieben.

3. Die Zeit des Nationalsozialismus 1933 – 1945

3.1 Die Schulleiter: Dr. M. Kapelle, Dr. F. Schöne, M. Hoengen

Der Blick auf die drei Schulleiter Kapelle, Schöne und Hoengen in der NS-Zeit basiert auf der Durchsicht der vorhandenen Akten des Stadtarchivs Viersen und der jeweiligen Personal- und Entnazifizierungsakten im Landesarchiv Duisburg.
Im Folgenden geht es vor allem um das Leitungswirken von Dr. Kapelle. Hier wird exemplarisch der Balanceakt zwischen der Aufrechterhaltung der eigenen Werte und der Anpassung an das nationalsozialistische System sichtbar. Dieser Balanceakt endete wie bei Dr. Kapelle auf der Grundlage des Gesetzes zur Wiederherstellung des Berufsbeamtentums[33] zumeist mit der Entfernung aus dem Amt, der Entlassung oder mit einer staatlich angeordneten Pensionierung.
Die beiden Nachfolger von Dr. Kapelle – Dr. Schöne und Hoengen – werden ausführlich im Rahmen der Darstellung des Schulalltags am Humanistischen Gymnasium und der Entnazifizierung beleuchtet.

Dr. Matthias Kapelle (14. Januar 1921 – 1. April 1934)
Kapelles Vorgänger war Dr. Heinrich Deckelmann, der zum Friedrich-Wilhelm-Gymnasium nach Köln wechselte. 1934 übernahm er das Schulleiteramt

32 Festschrift des Städt. Humanistischen Gymnasiums Viersen aus Anlaß des hundertjährigen Bestehens, Viersen 1976, S. 80.
33 Das im April 1933 erlassene Gesetz zur Wiederherstellung des Berufsbeamtentums diente als Handhabe zur Gleichschaltung des öffentlichen Dienstes und der Entlassung von Gegnern des NS-Regimes bzw. politisch missliebigen Beamten. Davon betroffen waren auch alle Beamten und Angestellten jüdischen Glaubens.

am Kölner Apostelgymnasium. Deckelmann ersetzte dort Oberstudiendirektor Dr. Altmeyer, der von der nationalsozialistischen Schulbehörde auf der Grundlage des Gesetzes zur Wiederherstellung des Berufsbeamtentums wegen seiner politischen Einstellung zwangspensioniert wurde. Deckelmann, der Schule „als Pflanzstätte völkischen, d. i. nationalsozialistischen Geistes“[34] betrachtete, genoss wohl eher das Vertrauen der Nazis und war dann auch ab Mai 1937 NSDAP-Mitglied.

Dr. Matthias Kapelle war vom 14. Januar 1921 bis zu seinem von den Nationalsozialisten erzwungenen Ausscheiden am 1. April 1934 Schulleiter des Humanistischen Gymnasiums.

Kapelle nahm als Kompanieführer am 1. Weltkrieg teil und wurde „wegen Tapferkeit vor dem Feind“ mit dem Eisernen Kreuz I. und II. Klasse ausgezeichnet. Dies ist als ein Beleg für seine grundsätzlich patriotische Einstellung gegenüber dem Vaterland zu sehen.

Kapelle forcierte dementsprechend die Gründung des Vereins für das Deutschtum im Ausland (VDA). Dieser Verein, schon vor 1933 eine Massenorganisation, organisierte Vortragsabende, Haus- und Straßensammlungen, kümmerte sich um die kulturelle Betreuung der vielen Auslandsdeutschen und unterstützte deren Belange z. B. in Polen, in Siebenbürgen oder dem Sudetenland. Aufgrund des gemeinsamen Kampfes für eine Revision des Versailler Friedensvertrages gab es zwischen dem VDA und der NSDAP eine große Schnittmenge. Das verschonte den Verein zunächst vor der völligen Gleichschaltung durch die Nazis.

Bei Kapelles Amtseinführung am 4. Mai 1921 nannte er die „Pflege deutscher Art, liebevolle Pflege deutschen Wesens, Weckung und Stärkung des Heimatsinns“ als Zielsetzung des Unterrichts. Nach Ansicht Kapelles habe das Fehlen eines Zusammengehörigkeitsgefühls im Deutschen Reich zur Niederlage im 1. Weltkrieg geführt. Plakativ setzte er an die Stelle von Selbstbestimmung, was er mit „Eigendünkel und Eigennutz“ etikettierte, „Dienstbereitschaft, Gemeinschaftssinn und Kameradschaft“. Er setzte sich damit bewusst vom pädagogischen Reformeifer der zwanziger Jahre ab. Individualismus und liberale Pädagogik waren ihm suspekt. Allerdings war er nicht ganz von den Ideen der Reformbewegung entfernt, denn der Begründer der Landschulheime Hermann Lietz sprach auch von „Wahrhaftigkeit, Pflichttreue, Arbeitskraft, Heimat- und Vaterlandsliebe, Hingebung“.[35]

Christliche Werte waren für Kapelle „Grundlage und Gewähr für die Charak-

34 Ohlendorf, Werner (Bearb.), Das Apostelgymnasium zu Köln, Köln 1935, S. 71.

35 Schubert, Dörte, Reformbewegung der zwanziger Jahre. Das Erbe der Gründerväter. Die Kunst den Fortschritt zu bewahren, in DIE ZEIT Nr. 35/1986, URL: https://www.zeit.de/1986/35/das-ende-der-gruendervaeter/, abgerufen am 12.08.2020.

terbildung der heranwachsenden Jugend".[36] Diese Werte und vor allem seine Mitgliedschaft im katholischen Zentrum (Deutsche Zentrumspartei) brachten Kapelle sehr schnell ins Visier der Nationalsozialisten. Den Einfluss der NSDAP erfuhr Kapelle als Vorsitzender der Viersener Theatergemeinde schon kurz nach der Machtergreifung. Diese kulturelle Institution 1933 wurde zunächst aufgelöst, um Kapelle nach der Neugründung im September 1933 den Fabrikanten Otto Pongs und den Architekten Josef Gormanns zur Seite zu stellen. Beide hatten große Nähe zur NSDAP, zumal Pongs Parteigenosse war. Kapelle schied 1934 aus dem Vorstand aus.

Dr. Kapelle war schon Anfang des Jahres 1932 im Fokus der Nazis und man suchte nach Gelegenheiten, seinen Ruf zu beschädigen. So wurde bei einer NSDAP-Versammlung behauptet, dass er bei dem Erwerb eines städtischen Grundstückes bevorteilt worden sei. Der Kaufbetrag sei zu gering gewesen. Der Katasterangestellte Max Tohts, Mitglied der NSDAP und Teilnehmer der Versammlung, hat angebliche Indiskretionen bezüglich des Kaufpreises in einem Schreiben an den Oberbürgermeister Gilles abgestritten[37]. Unterstützung erhielt Toths von Dr. Franzen, Ortsgruppenführer der NSDAP. Er erklärte an Eidesstatt, „daß es nicht wahr ist, daß wir von Herrn Max Tohts… über die Angelegenheit Grundstücksverkauf Dr. Kapelle erfahren haben"[38].

Für Kapelle wurde die Lage immer schwieriger, denn im Schulbereich erfolgte die Gleichschaltung durch die Nazis. Erschwerend kam hinzu, dass der bisherige Oberbürgermeister Peter Gilles [Zentrum] im August 1933 in den Ruhestand versetzt und durch das NSDAP-Mitglied Heinz Gebauer ersetzt wurde.

Kapelle sollte sehr schnell merken, dass sich die Zeiten radikal geändert hatten. In einem Schriftverkehr[39] zwischen Gebauer und Kapelle wird dies deutlich. Die Kritik Gebauers und der ortsansässigen NSDAP richtete sich gegen das Verhalten der Gymnasialschüler bei einer Veranstaltung zum „Tag des Festes der Jugend" durch den Verein für das Deutschtum im Ausland (VDA). Nach Maßgabe der NSDAP-Ortsgruppe war die Aufsicht bei dieser Veranstaltung nicht der Schule, sondern der Hitler-Jugend vorbehalten. Beim Absingen des „Deutschland- und Horst-Wessel-Liedes" habe man beobachten können, dass nicht alle Schüler des Gymnasiums den rechten Arm zum Hitler-Gruß erhoben hatten.

36 Viersener Zeitung v. 6. Mai 1921, Einführung des neuen Gymnasialdirektors Herrn Dr. Kapelle.

37 KAV, I 2, Nr. 3006 Grundstücksverkäufe, Schreiben von Max Tohts an den Oberbürgermeister v. 29.1.1932.

38 Ebenda, Abschrift der eidesstattlichen Erklärung v. 16.2.1932.

39 KAV, I 2, Nr. 2921 Förderung von „nationalem Geist" und „Wehrbereitschaft" am Viersener Gymnasium 1928 – 1944.

Dies führte zu einer deutlichen Kritik an Kapelle als Schulleiter. Oberbürgermeister Gebauer brandmarkte das Verhalten der Schüler als eine „ungeheuerliche und bedauerliche Tatsache".
Er erwartete von den Schülern ein dem nationalsozialistischen Staat angemessenes Benehmen. Unverhohlen drohte er mit „einschneidenden Maßnahmen, falls erneute Klagen vorgebracht würden"[40]. Gebauer stellte unmissverständlich klar, dass bei allen offiziellen und inoffiziellen Veranstaltungen die Hitler-Jugend die Führung hat.
Bei dieser VDA-Veranstaltung hatte der Oberprimaner Ströpen, der der katholischen Vereinigung Neu-Deutschland angehörte, die Aufsicht über die Schüler und nicht der vorgesehene Schüler Orthmann, der der Hitler-Jugend angehörte. Kapelle teilte Gebauer am 21.7.1933 mit, dass seine Kollegen Dr. Schöne und Kreies diese Entscheidung getroffen und dem Schüler Orthmann die Führerfähigkeit abgesprochen hatten. Er selbst sei aus dienstlichen Verhinderungsgründen an dieser Entscheidung nicht beteiligt gewesen. Die Kritik Gebauers bzw. der NSDAP-Ortsgruppe muss verwundern, da Dr. Fritz Schöne, 1934 Nachfolger Kapelles im Direktorenamt, Mitglied der NSDAP und der SA war.
Auch der Bestand der Schüler- und Lehrerbibliothek wurde von Gebauer zum Thema gemacht. Er forderte einen Bestandsbericht über die Bibliotheken, und zwar mit Fristsetzung von 5 Tagen.[41] Kapelle antwortete umgehend, dass „die Bestände dieser Bibliothek [...] von jeher dem Geiste der Anstalt entsprechend frei von Stücken [waren], die nach den Richtlinien der heutigen Regierung als ungeeignet abgelehnt werden". Zwei Werke seien sofort nach Erhalt der entsprechenden Verfügung entfernt worden.
Bei dem ersten ausgesonderten Buch handelte es sich um ein Werk über den 1. Weltkrieg von Foerster.[42] Er war Pazifist und kritisierte die militaristische Haltung der führenden Kreise Deutschlands. Nach der Machtergreifung der Nationalsozialisten wurden Foersters Werke öffentlich verbrannt. Zudem stand er auch neben u. a. Heinrich Mann, Kurt Tucholsky, Philipp Scheidemann, Oto Wels auf der ersten NS-Ausbürgerungsliste im August 1933.
Das andere ausgesonderte Buch war ein Roman über Kaspar Hauser des jüdischen Schriftstellers Jakob Wassermann aus dem Jahre 1908[43]. Wassermann gehörte bis zum Verbot und zur Verbrennung seiner Bücher 1933 zu den

[40] Ebenda.
[41] Ebenda.
[42] Foerster, Friedrich W., Die deutsche Jugend und der Weltkrieg. Kriegs-und Friedensaufsätze, Leipzig 1916.
[43] Wassermann, Jakob, Kaspar Hauser oder die Trägheit des Herzens, Leipzig 1908 (Neuauflage DTV 1987).

meistgelesenen Autoren seiner Zeit. Die Nazis trafen ihn mit ihrer Entscheidung doppelt – sie entzogen ihm die finanzielle Sicherheit und zerstörten seine Hoffnung darauf, mit seinem Werk einen Beitrag zum Weltfrieden zu leisten. Kein Jahr nach Hitlers Machtübernahme starb Wassermann am 1. Januar 1934 völlig mittellos.[44]

Kapelle versuchte, sich durch entgegenkommendes Verhalten aus der Beobachtung bzw. Schusslinie der NSDAP zu entziehen. So bedauerte er das Sparsamkeitsgebot der Stadtverwaltung für Schüler- und Lehrerbibliotheken. Geflissentlich verwies er auf die Anschaffung eines Buches über das Werden des Nationalsozialismus „Deutschlands Erwachen", das er „aus eigenem Ermessen" bestellt habe. Weiterhin habe er „Mein Kampf" und ein weiteres Buch über Hitler angeschafft. Abschließend betonte Kapelle den Wunsch der Schulleitung, weitere nationalsozialistische Literatur für die Bibliothek des Gymnasiums anzuschaffen.

In einem weiteren Schreiben verwahrte sich Schulleiter Kapelle gegen den in der Öffentlichkeit verbreiteten Vorwurf, dass „täglich wider den nationalsozialistischen Geist an unserer Anstalt gesündigt wird". Man stehe „als Beamte zur nationalsozialistischen Regierung und [lasse] sich auch in Zukunft in treuer staatsbürgerlicher Gesinnung von keinem übertreffen."

Ansatzweise erkennt man bei Kapelle den Versuch, sich zu wehren und sich geschickt aus der Affäre zu ziehen. Bezüglich angeblicher Verfehlungen von Schülern in der Festhalle „zum Gruß beim Deutschland- und Horst-Wessel-Lied nicht den rechten Arm erhoben" zu haben, verweist Kapelle auf die fehlende Erlasslage hinsichtlich der Allgemeingültigkeit. Den entsprechenden Erlass vom Preußischen Kultusministerium gab es in der Tat erst am 22. Juli 1933[45].

In einem weiteren Schreiben v. 17. Juli 1933 verteidigte Kapelle seinen Kollegen Huben, dem fehlende nationale Gesinnung vorgeworfen war. Dieser habe immer „vaterländische Interessen" vertreten, eine Schülergruppe des Vereins für das Deutschtum im Ausland geleitet und sei deswegen von den „Kommunisten verhaßt und in schmutzigster Weise öffentlich angegriffen worden".

Kapelles Lage als Schulleiter spitzte sich immer weiter zu und am 15. Februar 1934 wurde er in das Amtszimmer von Gebauer einbestellt. Dieser eröffnete ihm, dass für die NSDAP Viersen nur noch seine Pensionierung oder die Ver-

44 Vgl. Ebbert, Birgit, Bücherverbrennung 1933. Zur Erinnerung an ein fast vergessenes Ereignis, URL: https://buecherverbrennung.wordpress.com/2013/08/19/jakob-wassermann/, abgerufen am 12.10.2020.

45 Zentralblatt für die gesamte Unterrichtsverwaltung in Preußen 1933, Heft 16, S. 203-204, Einführung des Hitlergrußes und Gruß beim Singen des Liedes der Deutschen und des Horst-Wessel Liedes, in: URL: https://www.digizeitschriften.de/dms/img/?PID=985843438_0075%7CLOG_0292.

setzung zum Lyzeum als Leiter der Anstalt in Frage komme. „Ehrenrühriges“ spiele dabei keine Rolle. Man werfe ihm allerdings vor, dass er mit der Zentrumspartei liiert gewesen sei und mit dem Kollegium im Herbst 1933 geschlossen aus der Ortsgruppe des nationalsozialistischen Lehrerbundes (NSLB) ausgetreten sei. Die Partei habe nach Ansicht Gebauers nicht die Gewähr, dass Kapelle die Hitler-Jugend in Zukunft unterstütze und den „rechten HJ-Geist in der Anstalt zu fördern imstande sei.“[46]

Hinsichtlich des NSLB-Austritts des Kollegiums verwies Kapelle auf die Vereinbarung des nationalsozialistisch geführten Philologenverbandes mit Reichsinnenminister Frick, dass ein doppelter Mitgliedsbeitrag vermieden werden sollte. Allerdings bestätigte Kapelle: „Das Kollegium erkenne Rechte und Ansichten des NSLB, Ortsgruppe Viersen, durchaus an.“

Nun war das Maß voll. Wenige Tage später am 23. Februar legte man Kapelle eine vorbereitete Erklärung zur Unterschrift vor. Diese besagte, dass er bereit sei, die Leiterstelle am Humanistischen Gymnasium aufzugeben und unter „Beibehaltung des Titels eines Oberstudiendirektors und Beibehaltung der bisherigen Bezüge (IIb + 1200 RM)“ die Leitung des hiesigen Lyzeums zu übernehmen. Zudem attestierte ihm Oberbürgermeister Gebauer, dass nichts Ehrenrühriges gegen ihn vorliege und das auch nicht der Grund für die Bedenken der NSDAP ihm gegenüber sei.

Kapelle lehnte die geforderte Unterschrift ab. Daraufhin stellte Gebauer am nächsten Tag den Antrag an den Regierungspräsidenten auf Anwendung des § 5 des Gesetzes zur Wiederherstellung des Berufsbeamtentums, um Kapelle aus dem Amt des Oberstudiendirektors am Humanistischen Gymnasium zu entfernen.

In der schriftlichen Begründung wird Kapelle vorgeworfen, der nationalsozialistischen Auffassung fremd gegenüberzustehen. Dies sei auch daran zu erkennen, dass noch kein Mitglied des Lehrkörpers in die NSDAP eingetreten sei. Gebauer hielt seinen Vorschlag, Kapelle an das Lyzeum zu versetzen, aufrecht. Fritz Schöne – Schulleiter am Lyzeum und seit 1933 NSDAP-Mitglied – sollte Kapelles Schulleiteramt am Humanistischen Gymnasium übernehmen. Dieses Vorgehen hätte der Stadt finanzielle Belastungen erspart. Zudem sei nach Gebauer „die Bedeutung eines 12klassigen Gymnasiums im Rahmen unserer Jugenderziehung weit höher zu veranschlagen als die des Lyzeums.“

Kapelle betont in seiner Replik[47] auf den von ihm nicht gewollten Versetzungsantrag seine gute Zusammenarbeit mit nationalsozialistischen Kreisen. Er habe schon „seit 1921 nach nationalsozialistischen Grundsätzen“ gearbeitet und „trotz stärkster Widerstände auf kulturpolitischem Gebiet gegen den

[46] LAV NRW R, BR 0150 Nr. 606, Tgb. Nr. 64 v. 20.02.1934.

[47] LAV NRW R, BR-0150-606, Tgb.Nr. 77 v. 26.2.1934.

Marxismus gekämpft, u. a. gegen die Freie Volksbühne." Als Beamter stehe er „treu zur nationalsozialistischen Regierung" und handle pflichtgemäß. Dies hatte Kapelle schon in einem Schreiben an den Oberpräsidenten in Koblenz versichert, denn „ich bin zwar bisher nicht Mitglied der NSDAP, stehe aber als Beamter unbedingt in Treue und Zuverlässigkeit zur nationalsozialistischen Regierung." Im Grunde sind dies sehr überraschende verbale Bekenntnisse von Dr. Kapelle und unter Umständen als Versuch zu bewerten, sein Amt zu behalten.

Als Beleg für seine „ausgezeichnete" Kooperation mit der HJ verwies Kapelle auf die schriftlichen Erklärungen vom 19. Februar des Oberbannführers Erich Brandt und des Adjutanten des Bannführers Paul Schmitz. Beide HJ-Vertreter haben ihre Erklärungen allerdings eine Woche später zurückgezogen. Kapelle habe sich diese unter einem Vorwand erschlichen und erklärt, dass er sie amtlich nicht verwenden wollte. Dies war ein weiterer Beweis für Gebauer und die NSDAP, dass eine Zusammenarbeit mit Dr. Kapelle unmöglich sei.

Für Gebauer war dies ein Anlass, seinen „Antrag nunmehr in völligem Einverständnis mit der Kreis- und Ortsgruppenleitung der NSDAP, sowie mit der Oberbannführung der HJ dahin erweitern zu müssen, daß nunmehr beantragt wird, Herrn Oberstudiendirektor Dr. Kapelle als Studienrat an das hiesige Lyzeum zu versetzen"[48], was eine Degradierung darstellte.

Am 2. März 1934 bestätigte Kapelle dem Oberbürgermeister noch, dass er auf eine Veranstaltung der Hitler-Jugend gebührend hingewiesen und die Teilnahme der Schüler veranlasst habe.

Am 5. März war Kapelle zudem vom Kreisleiter der NSDAP Viersen-Kempen Heinrich Niem unmissverständlich um unverzügliche Zusendung der Abiturientenliste angehalten worden. „Auf Anfordern des Gauleiters, Staatsrat Florian, bitte ich Sie um eine Liste der Abiturienten, wie sie in den anderen Kreisen den Kreisleitern bereits ausgehändigt wurden"[49]. Zu bemerken ist, dass das Schreiben an „Ober-Studiendirektor Dr. Kapellen" [sic!] adressiert war.

Dieser Forderung kam Kapelle umgehend einen Tag später nach. Er beschränkte sich bei der Abfassung auf die Zugehörigkeit der Schüler zu Verbänden und verzichtete auf Bemerkungen hinsichtlich der politischen Zuverlässigkeit. Von den 14 Schülern waren acht in der HJ, einer in der SA, einer beim ND, drei gehörten keinem Verband an, ein Schüler war Niederländer.

Reichsminister Bernhard Rust wollte mit Hilfe dieser Informationen „unbe-

48 Vgl. ebenda, Schreiben Gebauers an den Oberpräsidenten Abt. für höheres Schulwesen in Koblenz v. 2.3.1934.

49 KAV, I 2, Nr. 11386 Reifeprüfung Ostern 1934, Schreiben des NSDAP-Kreisleiters Niem v. 6.3.1934.

rechtigte Härten" bei den Schülern verhindern, die „infolge der nationalen Erhebung in besonderem Maße in Mitleidenschaft gezogen worden sind und daher besondere Berücksichtigung verdienen (...) Bei der Beurteilung der Persönlichkeit eines Schülers ist im besonderen die Tatsache zu berücksichtigen, ob er in der S. A., der S. S. oder der Hitler-Jugend ist. Seine Betätigung in diesen Verbänden, die Häufigkeit des Dienstes und die Länge der Zugehörigkeit zu diesen Verbänden ist daher gebührend zu berücksichtigen."[50]
Eine der letzten Amtshandlungen Kapelles war dann am 15. März 1934 im Rahmen der Zeugniskonferenz der Oberprima ein Gutachten über die politische Zuverlässigkeit der Abiturienten. Dazu war er von Oberschulrat Poethen beim Oberpräsidium nachdrücklich aufgefordert worden.
So heißt es dann beim Schüler Bolten, dass er „trotz seiner körperlichen Mängel wertvolle Aufbauarbeit im nationalsozialistischen Sinne leisten kann„, Booms habe sich früh aus „voller Begeisterung der HJ angeschlossen, von dem man in politischer Hinsicht nur Gutes erwarten kann, Kaiser sei eine „absolut zuverlässige politische Gesinnung zu eigen", Orthmann „politisch einwandfreier Charakter (...) gehörte frühzeitig der HJ an", Stroepen „eine Führungspersönlichkeit, die mit den politischen und weltanschaulichen Problemen der Gegenwart ehrlich ringt und jederzeit bereit ist, dem nationalsozialistischen Staat ihre ganze Kraft zu widmen", Windhausen „körperlich das Bild eines echten, wahrhaften jungen Mannes, geistig geschult und politisch unbedingt zuverlässig, kann man von ihm nur das Beste erwarten für seine weitere politische Entwicklung und Tätigkeit".[51]
Die Gutachten für die insgesamt 14 Abiturienten, von denen sieben die Hochschulreife beantragten[52], zeigen nachhaltig, dass Kapelle in dieser für ihn problematischen Phase keine Fehler machen wollte. Mit seinen Beurteilungen

50 Zentralblatt für die gesamte Unterrichtsverwaltung in Preußen 1934, Heft 5, S. 69, Gesamtbeurteilung der zur Prüfung Ostern 1934 bereits zugelassenen Oberprimaner, URL: https://www.digizeitschriften.de/dms/img/?PID=985843438_0076%7CLOG_0114.

51 KAV, I 2, Nr. 11386 Reifeprüfung Ostern 1934, Zeugniskonferenz der Oberprima v. 15.3.1934. Gutachten über die politische Zuverlässigkeit der für die Reifeprüfung 1934 zugelassenen Schüler.

52 Zentralblatt für die gesamte Unterrichtsverwaltung in Preußen 1934, Heft 6, S. 96, Erlass v. 7.2.1934, Zuerkennung der Hochschulreife, URL: http://www.digizeitschriften.de/dms/resolveppn/?PID=985843438_0076ILOG_0147.
Gemäß Erlass des preußischen Kultusministers Rust (NSDAP) musste die Hochschulreife schriftlich beantragt werden, da nur eine bestimmte Quote der Abiturienten zum Studium zugelassen wurde. Das Abitur berechtigte nicht automatisch zum Hochschulstudium. Im Erlass heißt es, dass „besonderes Augenmerk bei der Auswahl vielmehr der charakterlichen Eignung, Lauterkeit der Gesinnung, Festigkeit des Willens, Kameradschaftlichkeit, Festigkeit des Willens, Kameradschaftlichkeit, unbedingter nationaler Zuverlässigkeit und Hingabefähigkeit im Sinne der nationalsozialistischen Staatsauffassung zuzuwenden" ist.

kam er den Forderungen der Schulaufsicht nach. Dennoch sind seine Urteile vorsichtig formuliert, was besonders beim Oberprimaner Stroepen bemerkbar wird. Dieser hatte als Mitglied des katholischen Bundes Neu-Deutschland Anlass zur massiven Kritik am Ablauf der VDA-Veranstaltung in der Festhalle gegeben.[53]

Wenige Tage vor seiner Amtsenthebung musste sich Kapelle noch mit dem Vorwurf des Inhabers der Baumaterialien-Großhandlung Hüwel auseinandersetzen. Dieser betrachtete die Nichtversetzung seines Sohnes als „Sonder–Behandlung" seitens der Schule[54], da er das Sitzenbleiben seines Sohnes mit seiner eigenen „langjährigen Zugehörigkeit zur Partei" in Verbindung sah.

Es soll nicht unerwähnt bleiben, dass der Antrag auf nachträgliche Versetzung des Schülers Hüwel von Kapelles Nachfolger Dr. Schöne abgelehnt wurde, zumal „bei der Versetzungskonferenz auf die Inanspruchnahme der Jungen durch HJ und Jungvolk weitgehende Rücksicht genommen worden ist."[55]

Am 21. März 1934 wurde Kapelle durch Beschluss des Reichsministeriums in das Amt eines Studienrats zurückgesetzt und am 1. April mit sofortiger Wirkung seines Amtes als Schulleiter unter Beibehaltung der Amtsbezeichnung und des Oberstudiendirektor-Einkommens enthoben.

Zu seiner Absetzung als Schulleiter am 1. April 1934 wird im Jahresbericht 1933/34 der Schule lapidar vermerkt, dass OStD Kapelle auf Grund des § 5 Abs. 1 des Gesetzes zur Wiederherstellung des Berufsbeamtentums von der Leitung der Anstalt beurlaubt wurde. Von einem irgendwie gearteten Protest – geschweige Widerstand – des Lehrerkollegiums ist den Akten nichts zu entnehmen. Man hat anscheinend sitillschweigend die Degradierung eines politisch missliebigen Kollegen hingenommen!

Kapelle kehrte im April 1936 vom Lyzeum auf Betreiben seines Nachfolgers Dr. Fritz Schöne zum Humanistischen Gymnasium zurück. Studienrat Franz Waters war verstorben und es wurde für ihn ein Altphilologe benötigt.

Kapelle blieb bis zu seiner von ihm beantragten Ruhestandsversetzung wegen Dienstunfähigkeit im August 1938 Studienrat für Latein und Geschichte am Humanistischen Gymnasium. Er ist am 25. Januar 1940 gestorben. Einer seiner Nachfolger, Dr. Michael Hoengen, vermerkte im Jahresbericht 1939/40 als „Ehrenpflicht", dass der verdiente Leiter der Schule einem tückischen Leiden erlag und Schüler und Lehrer ihm das letzte Geleit gaben.

53 Vgl. Anmerkung 39.

54 KAV, I 2, Nr. 2921 Förderung von „nationalem Geist" und „Wehrbereitschaft" am Viersener Gymnasium 1928-1944, Schreiben Hüwel v. 28.3.1934 an Kapelle und Schreiben Hüwel v. 30.3.1934 an den Oberbürgermeister.

55 Vgl. ebenda, Schreiben von Studienrat Donner in Vertretung v. 17.4.1934.

Der Antrag seiner Frau Maria Kapelle[56] auf Entschädigung für Opfer der nationalsozialistischen Verfolgung wurde vom Regierungspräsidenten Düsseldorf am 10. November 1955 abgelehnt. Maria Kapelle und ihre Töchter betonten in ihrem Antrag, dass Matthias Kapelle 1939 aus Verfolgungsgründen in den Ruhestand versetzt worden sei. Der Regierungspräsident stellte in seiner Ablehnungsbegründung fest, dass Kapelle aufgrund seiner politischen Gegnerschaft zum Nationalsozialismus und religiösen Überzeugung in das Amt des Studienrats zurückversetzt worden war. Da Kapelle keine Nachteile hinsichtlich des Einkommens und der Versorgung entstanden seien, müsse das Vorliegen einer Schädigung negiert werden und es bestehe kein Anspruch auf Entschädigung.

2012 wurde im Flur des Gymnasiums an der Wilhelmstraße eine Gedenktafel für Dr. Matthias Kapelle enthüllt. Der ehemalige Schuldezernent der Stadt Viersen, Dr. Schrömbges, würdigte Kapelle als „einen Menschen und Schulleiter, der für den Geist der Freiheit eingetreten sei, der aber kein Widerstandskämpfer war".[57]

Dr. Fritz Schöne (3.7.34 – 1.4.36)

Nachfolger von Matthias Kapelle wurde sein Kollege vom Lyzeum Dr. Fritz Schöne, der diese Schule seit 1932 leitete. Schöne war vorher Direktor einer Mädchenschule in Rheinhausen. Mit einer bis dahin beispiellosen Veranstaltung in der Aula des Gymnasiums wurde Schöne in sein neues Amt eingeführt. Oberbürgermeister Gebauer gab dem neuen Schulleiter Dr. Schöne mit auf den Weg, seine Arbeit „im Sinne des Führers und der alten Kämpfer zum Wohle von Jugend und Volk" auszuüben. Sein Kollege Klingen[58] erschien im Braunhemd der SA und sprach Schöne zunächst als SA-Kameraden und dann erst als neuen Vorgesetzten an, da er ihn in erster Linie als SA-Kamerad sähe.

Damit wurde deutlich, dass die Ideologie der Nationalsozialisten jetzt die Schule beherrschen würde. Klingen forderte die „Erziehung des charaktervollen, des körperlich leistungsfähigen und geistig geschulten Menschen". Schöne machte in seiner Rede deutlich, dass nun Schluss wäre mit Experimenten „wie in früheren Jahren auf dem Gebiet des Schulwesens, ohne ein klares Ziel vor Augen zu haben" und er gab das Gelöbnis ab, „ die Schule im Geiste Adolfs Hitlers zu führen… und die gesamte Schülerschaft der HJ zu-

56 KAV, I 2, Nr. 6786 Maria Kapelle geb. Budde 1954-1960.

57 Westdeutsche Zeitung v. 23.11.2012.

58 Michael Klingen wurde 1945 zunächst von der amerikanischen Militärregierung wegen seiner Mitgliedschaft bei der SA und der NSDAP entlassen. Er kehrte aber im November 1945 wieder zurück zur Schule und wurde 1950 stellvertretender Schulleiter.

zuführen". Das Viersener Gymnasium sollte „eine Musterstätte nationalsozialistischer Erziehungsarbeit" werden.[59]
11 Jahre später wird Dr. Schöne vom evangelischen Viersener Pastor und NSDAP-Mitglied Emil Totzeck, der mehrere zum Teil fragwürdige Leumundszeugnisse im Rahmen der Entnazifizierung ausstellte, bescheinigt, dass Schöne „niemals Exponent eines nazistischen Geistes gewesen sei."[60]
Schöne, der gleichzeitig auch Leiter des Lyzeums war, wurde am 7. September 1934 – zwei Monate nach seinem Amtsantritt – vom Oberpräsidenten der Rheinprovinz zu einem umgehenden Bericht aufgefordert, „ob bei dem Abiturienten Wilhelm Hespers die Voraussetzung der unbedingten nationalen Zuverlässigkeit und der Hingabefähigkeit im Sinne der nationalsozialistischen Staatsauffassung gegeben ist."[61]
Dr. Schöne bezog sich in seiner Antwort vom 11. September auf die Beurteilung der Kollegen Dr. Cremer und Brettar, die Hespers während eines Nationalpolitischen Lehrganges betreut hatten. Beide Studienräte bescheinigten Hespers, der Mitglied im Neu-Deutschland war, „alle Mühe (…) sich auf das Gedankengut des dritten Reiches einzustellen (…) und Hingabefähigkeit im Sinne der nationalsozialistischen Staatsauffassung."[62] Der Abiturient Hespers wurde dann am 10. Oktober 1934 zum Studium der Theologie ohne Hochschulreife zugelassen.[63]
Über das Ende der Leitungstätigkeit von Dr. Schöne gestaltet sich die Aktenlage sehr dünn. Im Jahresbericht 1935/36 ist unter dem Punkt Geschichte der Schule lediglich am 15. April 1936 vermerkt, dass „Studienrat Hoengen vom Staatl. Gymnasium Emmerich als kommissarischer Leiter an die Anstalt überwiesen wird." Im Bericht über die Lehrer im Schuljahr 1936/37 heißt es dann: „Zu Beginn des Schuljahres trat ein Wechsel in der Leitung der Schule ein. Studiendirektor Dr. Schöne, in dessen Händen sowohl die Leitung des Gymnasiums als auch des Lyzeums lag, wurde auf seinen Wunsch hin von der Leitung des Gymnasiums entbunden und behielt nur die Leitung des städt. Lyzeums weiter. 2 Jahre lang hat Studiendirektor Dr. Schöne mit außerordentlicher Umsicht, Liebe und Tatkraft die Geschicke der Schule geleitet. Seines Wirkens wird in der Geschichte der Schule stets mit Anerkennung gedacht werden."[64]
In der Festschrift des Gymnasiums 1951 zum 75-jährigen Bestehen hört sich

59 Westdeutsche Zeitung v. 23.11.2012.

60 Nabrings, Arie, Emil Friedrich Totzeck (1890-1959) - Entscheidung und Heimsuchung, in: Heimatbuch Kreis Viersen, Band 70 (2019), S. 86.

61 KAV, I 2, Nr. 11386 Reifeprüfung Ostern 1934, Schreiben des Oberpräsidenten v. 7.9.1934.

62 Vgl. ebenda, Antwort von Dr. Schöne v. 11.9.1934.

63 Vgl. ebenda, Schreiben von Oberschulrat Poethen v. 10.10.1934.

64 KAV, I 2, Nr. 2374 Jahresbericht der städt. Oberschule für Jungen 1936 – 1937.

dies aus der Feder seines Nachfolgers Hoengen etwas anders an. „Eingeführt im Juni 1934, geriet auch er bald mit der allmächtigen und eigenwilligen Partei in Differenzen, zumal der Oberbürgermeister Patronatsherr der Schule gleichzeitig Ortsgruppenleiter war. So kam es, daß er schon 1936 die Leitung des Gymnasiums unter Druck niederlegte und nur die Leitung des Lyzeums beibehielt."[65] Über die wahren Gründe des Ausscheidens aus der Leitungstätigkeit können nur Mutmaßungen angestellt werden, dennoch verwundert die Darstellung Hoengens etwas, wenn man an die feierliche Einführung von Dr. Schöne 1934 und an Schönes SA- und NSDAP-Mitgliedschaft seit 1933 denkt. Schöne selbst hat im Kontext der Entnazifizierung 1945 von erheblichen Schwierigkeiten mit Oberbürgermeister Gebauer gesprochen, dem Schönes frühere Nähe zum Zentrum ein Dorn im Auge gewesen sei. Ins Visier der vorgesetzten Behörde beim Oberpräsidium in Koblenz geriet Schöne im Zusammenhang mit einer gemeinsamen Veranstaltung der Schulgemeinden des Gymnasiums und des Lyzeums in der Viersener Festhalle im März 1935. Im Chor und im Orchester waren drei jüdische Schüler und Schülerinnen beteiligt, was zu einer Beschwerde der Bannführung der HJ führte. Nach mehrfacher – bisweilen juristischer – Korrespondenz mit der Stadt Viersen und dem Oberpräsidium wurde Schöne aufgefordert, die Beteiligung von jüdischen Schülern bei Darbietungen wie Chor und Orchester zu unterlassen.[66]
Im Jahresbericht 1935/36 des städtischen Lyzeums ist unter „III. Bericht über die Lehrer„ vermerkt, dass Dr. Schöne auf seinen Antrag wieder die Leitung des Lyzeums ab dem 1. Januar 1936 übertragen wurde und er bis zum Schuljahresende vertretungsweise die Leitung des Humanistischen Gymnasiums behielt.[67]
Der Chronik des Lyzeums 1946/47 ist dann zu entnehmen, dass Dr. Schöne bei Wiederbeginn des Unterrichts am Lyzeum am 15.10.1945, der im Übrigen abwechselnd im Morgen- und Nachmittagsunterricht mit der „Knabenanstalt" an der Wilhelmstraße stattfand, wegen seiner NSDAP- und SA-Mitgliedschaft nicht mehr als Direktor fungierte. Am 13. November hat der Oberbürgermeister die Mitglieder des Ausschusses für die höheren Schulen darüber in Kenntnis gesetzt, dass Dr. Schöne aufgrund der Entscheidung des von der Militärregierung eingesetzten Prüfungsausschusses vom 8. November 1945 entlassen bleibt.[68]
Anfang 1946 hat Schöne mit 60 Jahren einen Pensionierungsantrag gestellt.[69]

65 Festschrift zum 75jährigen Bestehen als Städt. Höhere Schule, Viersen 1951, S. 46.

66 LHA Ko, 405 A Nr. 582 (Schulkollegium-Allgemeines).

67 KAV, I 2, Nr. 3803 Jahresberichte, schulischer Verlauf, Ereignisse, Instandhaltung des Mädchengymnasiums 1922-1963, Jahresbericht 1935/36 des Lyzeums, S. 7.

68 KAV, I 2, Nr. 3795 Wiederaufnahme des Schulbetriebes 1945-1963.

69 KAV, I 2, Nr. 3803, Jahresberichte, schulischer Verlauf, Ereignisse, Instandhaltung des Mädchengymnasiums 1922-1963, Jahresbericht 1945/46, S. 5.

Michael Hoengen (15.4.36 – 1.4.52)
Michael Hoengen war vor der Übernahme des Oberstudiendirektorenamtes in Viersen Studienrat am Staatlichen Gymnasium Emmerich (heutiges Willibrord-Gymnasium). Dort hatte er im Schuljahr 1935/36 ein halbes Jahr lang die stellvertretende Schulleitung inne und sich bei einem Konflikt zwischen der Hitlerjugend und den katholischen Jugendverbänden als Vermittler bewährt.
Das Oberpräsidium hat dann im April 1936 Hoengen als Nachfolger für Dr. Schöne vorgeschlagen, obwohl Hoengen noch nicht Parteigenosse war. Für Dr. Poethen vom Oberpräsidium hatte Hoengen aber in Emmerich bewiesen, dass „er die Schule im nat. sozialistischem Geiste zu leiten versteht."[70] Sowohl die Gauleitung in Essen als auch die Viersener NSDAP mit Oberbürgermeister Gebauer hatten hinsichtlich der Einsetzung von Hoengen keine Bedenken.
Hoengen wurde als Studienrat zum Nachfolger von Dr. Schöne, zunächst ab 15. April als kommissarischer Direktor, eingesetzt. Am 24.12.1936 wurde er endgültig von der nationalsozialistischen Schulbehörde zum Oberstudiendirektor ernannt. Nach Kriegsende stellte Hoengen seine Berufung als Anordnung gegen seinen Willen dar. Er habe sich angeblich nicht selbst um die Nachfolge von Dr. Schöne beworben.[71]
Anlässlich des 60-jährigen Bestehens des Humanistischen Gymnasiums vermerkt Hoengen im Jahresbericht 1936/37: „Am 25.9.36 feierte die Schule in Anwesenheit des Vertreters des Patronats sowie der Vertreter der Partei und ihrer Gliederungen das Fest ihres 60-jährigen Bestehens. Die in schlichtem Rahmen aufgezogene Feier wurde zu einer Willenskundgebung der Schule, stets tiefer in die ihr vom Dritten Reiche gestellten Aufgaben hineinzuwachsen und deren Erfüllung immer näherzukommen."[72]
Hoengen, der im Mai 1937 in die NSDAP eingetreten war, berichtet im Rückblick vom zunächst „erträglichen" Miteinander mit den Repräsentanten der Stadt und der NSDAP. Das Verhältnis sei ab 1940 aufgrund „größerer Meinungsverschiedenheiten" immer schwieriger geworden. 1939 hatte Hoengen noch anlässlich des Kriegsausbruches das Kollegium den Treueeid auf den Führer erneuern lassen.
Nach Kriegsende nahm Hoengen die Amtsgeschäfte wieder auf. Dem setzte allerdings die Militärregierung mit seiner Entlassung wegen der NSDAP-Mitgliedschaft am 11. August ein Ende.

70 LAV NRW R, BR-Pe-9633, Schreiben des Oberpräsidiums an Reichsminister Rust v. 9.4.1936.
71 LAV NRW R, NW 1021 Nr. 02242 (Entnazifizierungsakte Hoengen).
72 KAV, I 2, Nr. 2376 Jahresbericht der städt. Oberschule für Jungen 1936/37, Gedenkstunden und Schulfeiern.

Nach erneuter Überprüfung entschied die Militärregierung am 13. November 1945, dass „Herr Hoengen wieder in das Amt eingesetzt [wird], jedoch nicht als Direktor, sondern als Studienrat." Der Viersener Oberstadtdirektor teilte dem Oberpräsidenten der Nord-Rheinprovinz mit, dass „der bisherige Leiter der hiesigen städtischen Oberschule für Jungen Oberstudiendirektor Hoengen... nach Anordnung der Militärregierung nur noch in einer Studienratsstelle Verwendung finden [darf]. Er erhält ab 1.4.1946 nur noch die Bezüge eines Studienrates."[73]
Die Entscheidung bezüglich seines Gehaltes war nur von kurzer Dauer. Am 2. August verfügte das Oberpräsidium der Nord-Rheinprovinz, dass Hoengen berechtigt sei, „seine alte Amtsbezeichnung Oberstudiendirektor zu führen, auch stehe ihm „sein früheres Gehalt" zu.[74]
Im November 1948 wurde das ehemalige NSDAP-Mitglied Hoengen durch die Entscheidung der Kultusministerin Teusch (CDU) bis zu seinem Ausscheiden am 1. April 1952 wieder Schulleiter des Städtischen Humanistischen Gymnasiums. Dies ist umso erstaunlicher, da im August 1946 die Stadt Viersen in der Ausschreibung für die Stelle der Schulleiterin am Lyzeum Bewerberinnen mit ehemaliger NSDAP-Mitgliedschaft ausdrücklich ausgeschlossen hat.

3.2 Lehrerkollegium, veränderter Unterricht und Schulalltag in der NS-Zeit

Durchdringung des Schulalltags

In allen Bereichen des Schulalltags wurden die Leitgedanken der Schulordnung, die Reichsinnenminister Frick im Dezember 1933 erlassen hatte, umgesetzt, denn „oberste Aufgabe war die Erziehung der Jugend zum Dienst am Volkstum und Staat im nationalsozialistischen Geist."[75]
Dies äußerte sich besonders in Schulfeiern anlässlich nationalsozialistischer Gedenktage, in veränderten Unterrichtsinhalten, in der Ausweitung von Fächern wie Biologie, Geschichte und Leibeserziehung, in Flaggenappellen, Schulausflügen zur Heimaterkundung, durch national-politische Lehrgänge, bei Versetzungsentscheidungen und in Spenden- und Altmaterialsammlungen.
Die verordneten Schulveranstaltungen sollten, „der Erziehung der Jugend zu volksbewusstem Handeln" dienten. Dies waren z. B. neben dem Tag der Macht-

[73] KAV, I 2, Nr. 3799 Überweisung von Hilfskräften, Anstellung von Studienräten, Versetzungen in den Ruhestand etc. am Knaben- und Mädchengymnasium 1928-1963.
[74] LAV NRW R, NW 1021 Nr. 2242-015.
[75] Zentralblatt für die gesamte Unterrichtsverwaltung in Preußen 1934, Heft 3, S. 43, URL: https://www.digizeitschriften.de/dms/img/?PID=985843438_0076%7CLOG_0063.

ergreifung „die Feier des Geburtstages des Herrn Reichskanzlers Adolf Hitler, die Trauerkundgebung gegen das Diktat von Versailles (Redner Direktor), Übertragung der Reden des Reichspropagandaleiters und des Herrn Reichskanzlers, die Rundfunkübertragung aus Anlass des ersten Jahrestages der Gründung des dritten Reiches", wie es im Jahresbericht 1933/34 vermerkt ist.
Am „Tag der nationalen Arbeit" versammelte sich die Schulgemeinde auf dem Festhallenplatz zur Rundfunkübertragung aus dem Berliner Lustgarten. Hinzu kamen immer wieder Besuche des Lichtspieltheaters Schauburg, um sich Propagandafilme wie z. B. „Triumph des Willens"[76] von Leni Riefenstahl anzuschauen. In der Kriegszeit waren es dann die Propaganda-Filme „Der Feldzug in Polen" und „Der Sieg im Westen", die Schüler und Lehrer sich gemeinsam ansahen.
Neben diesen ritualisierten Gedenkstunden „versammelten sich auch Schüler und Lehrer in der Aula vor dem Lautsprecher und nahmen an den nationalen Geschehnissen teil". Im Gemeinschaftsempfang wurden die Kundgebung der HJ auf dem Reichsparteitag in Nürnberg und die Gedächtnisfeier für Hans Schemm miterlebt. Hans Schemm war NSDAP-Gauleiter der Bayerischen Ostmark, Reichswalter des Nationalsozialistischen Lehrerbunds und Bayerischer Kultusminister. Er kam 1935 bei einem Flugzeugabsturz ums Leben.
Waren vernehmbare Anzeichen von Bedenken zu erkennen? Wohl eher nicht. Lediglich 1937 gab es eine minimale Kritik an diesen „Gedenkstunden und Feiern" und Ritualen, da „die stille Tagesarbeit der Schule hin und wieder ausgeweitet und überhöht" wurde. Daher fand die Feier des 60-jährigen Bestehens der Schule in „schlichtem Rahmen" statt und wurde dennoch zu einer „Willenskundgebung der Schule, stets tiefer in die ihr vom Dritten Reiche gestellten Aufgaben und deren Erfüllung immer näherzukommen".

Unterrichtsvorgaben

Durch den sog. „Ausleseerlass" vom März 1935 wurde die Funktion der Höheren Schule im Nationalsozialismus mit dem Ziel der Elitebildung deutlich. „Aufgabe der Höheren Schule ist es, den körperlich, charakterlich und geistig besonders gut veranlagten Teil der deutschen Jugend so zu erziehen, daß er fähig wird, später in gehobenen und führenden Stellen unser politisches, kulturelles und wirtschaftliches Volksleben maßgebend mitzugestalten."
Der Biologieunterricht wurde zum Unterrichtsprinzip gemacht, d. h. Rassenkunde war in jedem Unterrichtsfach allgegenwärtig. Es gab deshalb Unterrichtskürzungen in Mathematik, Griechisch, Englisch und Latein. Erhöht

[76] „Triumph des Willens" war ein NS-Propagandafilm über den sechsten Reichsparteitag der NSDAP vom 4. bis 10. September 1934 in Nürnberg und gilt als eines der einflussreichsten Werke der Regisseurin Leni Riefenstahl.

wurden die wöchentlichen Sportstunden, um beispielsweise Schülern das Boxen – Teil der Abiturprüfung in Sport – zu vermitteln. Eine Ausweitung in den Kriegsjahren erfuhr auch der flugphysikalische Unterricht, da der Luftfahrtgedanke im Unterricht und in Arbeitsgemeinschaften, z. B. Modellbau, verankert werden sollte.

Nach der Aufhebung der konfessionellen Volksschulen wurde das benachbarte Gebäude der ehemaligen evangelischen Schule dem Humanistischen Gymnasium zugeschlagen. Dort fand dann Unterricht im Kleinkaliberschießen und der sogenannte Werkunterricht statt, bei dem die Schüler sich mit dem Bau von Flugzeug- und Schiffsmodellen beschäftigten.

Verboten war ab 1937 die Förderung des Unterrichtes im Gesellschaftstanz, denn dies war nicht die nationalsozialistische Vorstellung von Tanz und Musik. So galten manche Ausdrucksformen wie Swing, Samba oder Tango als „entartet" und „undeutsch", denn die Nationalsozialisten präferierten den Volkstanz als Beiwerk von propagandistischen Großveranstaltungen.[77]

In Bezug auf die geforderte körperliche Ertüchtigung wurde immer wieder der gute Gesundheitszustand der Schüler hervorgehoben. Gelobt wurde z. B. die „Schwimmtüchtigkeit der Jugend" , denn das „Durchschwimmen des Hariksees in der Quer- und Langstrecke [wurde] mehr und mehr zu unserer Normalstrecke". So hebt Studienrat Klingen 1934 im Rahmen der „besonderen Pflege für Körperertüchtigung" die Reichsschwimmwoche, das Fest der Jugend, die Dreistädtemeisterschaft in der Leichtathletik und die Fahrten der Faltbootvereinigung hervor. Er betont, dass diese Fahrten„ für alle Schüler ein Erlebnis waren" und „das Erinnerungsbild an Deutschlands schönste Gaue, durch die sie führte, für das Leben haften wird."

Für die Schüler von der Obertertia bis zur Oberprima fanden vierzehntägige Schulungsstunden statt, um ihnen die NS-Ideologie nahe zu bringen. Themen waren z. B. „Das nationalsozialistische Kämpfer- und Führerprinzip in der Jugenderziehung" (Referent Dr. Schöne), „Werdegang und Rassenzusammensetzung des heutigen deutschen Menschen" (Referent StR Brettar) und „Gregor Mendel: Der Mann und das Werk" (Referent StR Strotmann).

In den verordneten Schulungsstunden für das Kollegium sprachen u. a. StR Klingen über Wehrsport, StR Huben über das Auslandsdeutschtum, StR Donner über humanistische Bildung im nationalsozialistischen Staat und StR Strotmann über Rassenpflege im Sinne des Nationalsozialismus.[78]

Im November 1935[79] konnte Direktor Schöne dem Oberpräsidenten in Ko-

[77] Ellermann, Ulla, Tanz als Alltagskultur, https://www.kubi-online.de/artikel/tanz-alltagskultur, abgerufen am 10.2.2021.

[78] KAV, I 2, Nr. 2369 Jahresbericht 1933/34, S. 12.

[79] LHA Ko Nr. 405 A, Schulkollegium Nr. 582, Gymnasium zu Viersen, Band 2.

blenz stolz mitteilen, dass dem Gymnasium das Recht zum Hissen der Hitlerjugend-Fahne verliehen worden war. In Anwesenheit der Führer von HJ und BDM kam es zum „feierlichen Hissen der H.J.-Flagge".

Klaus Marcus berichtet über die ritualisierten Flaggenfeierlichkeiten: „Sowohl Schulbeginn als auch Schulende waren im Zusammenhang mit den Ferien einem ganz bestimmten NS-Ritual unterworfen. In beiden Fällen traten die Klassen im offenen Viereck auf dem Schulhof an, die Lehrer bildeten einen eigenen Block. Nur der Direktor stand allein mitten in diesem Viereck und richtete einige Worte an die Schüler. Dann wurden das Deutschland- und das Horst-Wessel-Lied gesungen – beide Lieder bildeten die Nationalhymne im NS-Staat – angestimmt vom Direktor. Beim Schulbeginn hißte dann unser Pedell, Herr Lohmann, an einem hohen Mast die HJ-Fahne, wozu das Kommando ertönte: „Heißt Flagge!" Gingen wir in die Ferien, wurde die vorher unauffällig aufgezogene Flagge unter dem Kommando „Holt ein Flagge" eingezogen."[80]

Der Organisationsgrad der Schüler in den nationalsozialistischen Jugendverbänden Deutsches Jungvolk (DJ) und Hitlerjugend (HJ) stieg stetig. Am Ende des Schuljahres 1933/34 gehörten 67 % der Schüler dem Jungvolk und der Hitlerjugend an. Zwei Jahre später konnte Direktor Hoengen stolz verkünden, dass von 207 Schülern bis auf 3 Schüler alle Schüler dem DJ, der HJ oder einer anderen nationalsozialistischen Gliederung angehörten. Die Mitgliedschaft in einer NS-Organisation war insofern wichtig, als man die Hochschulzugangsberechtigung schriftlich beantragen musste. Im sogenannten Bildungsgang mussten die Abiturienten für die Schulbehörde die Identifikation mit dem NS-System schriftlich darstellen.

Zwei weitreichende Entscheidungen wurden bezüglich der Konfessionen getroffen. Die Abmeldung vom Religionsunterricht konnte mit sofortiger Wirkung (22.7.1937) erfolgen. Die Genehmigung zur Abhaltung des Gottesdienstes während der Schulstunden zu Beginn und am Ende des Schuljahres wurde „wegen mehrfacher Schwierigkeiten" nicht mehr erteilt.

Die Vorboten des Krieges und das Lehrerkollegium

Die Folgen politischer Entwicklungen und Entscheidungen der Reichsregierung rückten immer mehr in den Vordergrund und wurden zum Inhalt von Tagesordnungspunkten auf Lehrerkonferenzen.[81]

So hielt Studienrat Strotmann am 22.06.1937 ein Referat zum Thema „Kunstfaser und der Vierjahresplan". Mit dem Vierjahresplan wollte das NS-Wirt-

80 Marcus, Klaus, Der große Krieg und die kleine Stadt, S. 210.

81 KAV, I 2, Nr. 12182 [Protokollbuch des Städtischen Humanistischen Gymnasiums vom 1924 bis 1940].

schaftsministerium ab 1936 binnen vier Jahren die wirtschaftliche und militärische Kriegsfähigkeit durch Autarkie und forcierte Aufrüstung erreichen. Dieser Plan ist ein Schlüsseldokument für Hitlers Kriegspläne, da die Erweiterung des Lebensraumes, die Überbevölkerung Deutschlands und angebliche Kriegspläne der Sowjetunion erwähnt werden.

Am 31.8.1937 wurde noch einmal das Verhältnis der Schule zum Vierjahresplan besprochen. „Was den Unterricht betrifft, sollen alle Fächer ihr Möglichstes beitragen, um die Notwendigkeit und unermeßliche Bedeutung der Ziele des Vierjahresplanes für die Gewinnung unbedingter, wirtschaftlicher Unabhängigkeit unseres deutschen Volkes herauszustellen.“ Besonders die Fächer Erdkunde, Chemie, aber auch Deutsch und Geschichte sollten auf die Aufgaben des Planes hinweisen.

Auch die nationalsozialistische Außenpolitik wurde zum Thema in der Schule. So z. B. 1935 die Volksabstimmung im Saargebiet für Deutschland und 1938 der „Anschluss Österreichs“. Gemäß Konferenzbeschluss vom März 1938 mussten die Lehrer in den letzten 2 Stunden vor der Zeugnisausgabe „auf die Bedeutung der Rückkehr Österreichs zum Reich“ [82] und auf die Reichstagswahl am 10. April 1938[83] hinweisen. In der derselben Konferenz wurde von Reisen nach Österreich dringend abgeraten. Zu Beginn des Schuljahres 1938/39 wurde mitgeteilt, dass Reisen nach Österreich „nach dem Anschluss“ wieder gestattet seien.

Die Reichstagswahl wurde vom Oberpräsidenten der Rheinprovinz als erneutes Treuebekenntnis des deutschen Beamten zum Führer bezeichnet und „die Klassenleiter sollen in geeigneter Form den Schülern die gewaltigen Leistungen des Führers vor Augen führen, die Bedeutung der Abstimmung darlegen und werbend in ihrem Kreis für diese Ehren- und Dankespflicht eintreten“.[84]

Schon im November 1936 hatte Reichserziehungsminister Rust verfügt, die Schulzeit von 13 auf 12 Jahre zu verkürzen. Begründet wurde dies damit, dass „die Durchführung des Vierjahresplanes sowie der Nachwuchsbedarf der Wehrmacht und akademischer Berufe [es]erfordern, die Verkürzung der Schulzeit für höhere Schüler von bisher 13 auf 12 Jahre bereits von Ostern 1937 ab durchzuführen.“[85] Die Unterprimaner (8. Klasse) legten daher bereits März

82 Der Einmarsch der deutschen Truppen erfolgte am 12. März 1938.

83 Die Wahl zum Großdeutschen Reichstag vom 10. April 1938 fand zugleich mit der nachträglichen Volksabstimmung über die Wiedervereinigung Österreichs mit dem Deutschen Reich statt. Von einer Wahl konnte nicht die Rede sein, da es nur eine nationalsozialistische Einheitsliste gab.

84 KAV, I 2, Nr. 12182 [Protokollbuch des Städtischen Hum. Gymnasiums vom 1924 bis 1940], Konferenzen, S. 325.

85 Bekanntmachung Nr. 643: Ablegung der Reifeprüfung an den höheren Schulen, Erlass

1937 ihre Reifeprüfung ab, die Oberprimaner (9. Klasse) verließen dafür ohne schriftliche Prüfung 1937 die höhere Schule.
Das Schuljahr 1937/38 brachte durch die Neuordnung des Schulwesens und der Vereinheitlichung des höheren Schulwesens[86] eine strukturelle Veränderung mit weitreichenden Folgen für das Humanistische Gymnasium, das ab diesem Schuljahr den Titel „Oberschule für Jungen“ trug, mit sich. Englisch wurde zur ersten Fremdsprache in der Sexta und in der Oberstufe gab es „eine Gabelung der Klassentypen in einen sprachlichen und mathematischen-naturwissenschaftlichen Zweig“.

1939 – 1945: Die Kriegsjahre – Erneuerung des Treuegelöbnisses
Bei der ersten Lehrerkonferenz nach den Herbstferien am 11. September 1939, d. h. nach Kriegsausbruch, kommt es im Kollegium zur Erneuerung des Treuegelöbnisses. Es wird in „Verbundenheit mit Führer und Volk ein dreifaches Sieg-Heil auf den Führer ausgebracht.“
Wie alle Schulen blieb auch das Humanistische Gymnasium von den Auswirkungen des Krieges nicht verschont. So musste der durch die Einberufung von Kollegen entstandene Lehrermangel durch Unterrichtskürzungen und Aufstockung der Klassenfrequenzen kompensiert werden. Das aufgrund der Kriegslage beschlagnahmte Schulgebäude musste durch Lehrer und Schüler aufgrund der Luftschutzregelungen gesichert werden. Sammlungen von Altmaterial und Rohstoffen wurden organisiert. Dazu kam, dass Luftwaffenhelfer an ihren Standorten schulisch betreut und Aufräumarbeiten nach Bombenangriffen, auch in Nachbarstädten, geleistet werden mussten.
Die Turnhalle wurde zur Reichsgetreidestelle erklärt und der größte Teil des Schulhofes war von der Wehrmacht belegt. Die Leibeserziehung bestand jetzt hauptsächlich aus Kampfspielen, Leichtathletik, Boxen und Kleinkaliberschießen. Der Schwimmunterricht entfiel, da die Badeanstalt auf der Rektoratstraße der Wehrmacht vorbehalten war.
Infolge des Kriegsausbruches begann der Unterricht um 9 Uhr, da die auswärtigen Schüler aufgrund der durch den Krieg verursachten Einschränkungen im Eisenbahnverkehr nicht eher zum Unterricht erscheinen konnten.

des Reichs- und Preußischen Minister für Wissenschaft, Erziehung und Volksbildung vom 30. November 1936 – E III a 2251 M, in: Deutsche Wissenschaft, Erziehung und Volksbildung, Amtlicher Teil, RMinAmtsblDtschWiss. 1936, S. 525, URL: https://scripta.bbf.dipf.de/viewer/image/991084217_0002/1/LOG_0003/, abgerufen am 20.03.2020.

86 Vgl. hierzu Fricke-Finkelnburg, Renate (Hg.), Nationalsozialismus und Schule. Amtliche Erlasse und Richtlinien 1933-1945, Opladen 1989, S. 89f.

Schüleraktivitäten im Sinne der Volksgemeinschaft

Es verstärkte sich der Zugriff auf die Jugendlichen. Ihr alltägliches Leben wurde immer weniger von der Schule bestimmt. Alljährlich wurden Kinder und Jugendliche während des Krieges klassenweise zum Ernteeinsatz verpflichtet. Dazu gehörte das Auflesen von Kartoffelkäfern oder der von den alliierten Flugzeugen abgeworfenen Brandplättchen und die Verteilung von nationalsozialistischem Propagandamaterial. Vielfältige Sammelaktionen waren über die Schule oder die Hitler-Jugend organisiert. Sie sollten die Opferbereitschaft der Deutschen und den Geist einer solidarischen „Volksgemeinschaft" beschwören.

Alltägliche Erscheinungen im Straßenbild waren die Sammlungen für das Kriegswinterhilfswerk oder die „Schulaltstoffsammlungen", bei denen die Angehörigen der HJ Altpapier, Spinnstoffe oder Metalle sammelte. Ab April 1940 riefen die Behörden regelmäßig zur „Metallspende" für die Rüstungsbetriebe auf. Erfrierungen von Wehrmachtssoldaten an der Ostfront führten ab dem Winter 1941/42 zu Sammelaktionen von Winterbekleidung und Decken.

Das Humanistische Gymnasium förderte die Sammlung durch die Schüler, „die sich dieser vaterländischen Aufgabe mit Eifer und beachtlichem Erfolg widmeten." Alle Schüler gehörten nun dem DJ bzw. der HJ an. „Außerdem betätigten sich viele außerhalb der Schulzeit als Melder im zivilen Luftschutz, als Helfer bei der Feuerwehr und als Hilfskräfte in der Landwirtschaft oder in einem kriegswichtigen Betriebe." Schulleiter Hoengen stellte zudem ein großes Interesse der Schüler für das Flugwesen fest, da viele Schüler an Segelfluglehrgängen teilnahmen.

Folgen für das Leistungsverhalten und die wehrgeistige Erziehung

Durch die ständigen außerschulischen Belastungen stellte man allerdings in Teilen der Schülerschaft Lustlosigkeit, nachlassenden schulischen Leistungswillen und Disziplinlosigkeit fest. Diesen Erscheinungen versuchten die Lehrer mit Strenge bzw. Schulverweisen und der sogenannten „wehrgeistigen Erziehung" entgegenzuwirken. Daher forderte Direktor Hoengen, dass „der Unterrichtsstoff auf wehrgeistige Erziehung ausgerichtet werden [muss], d. h. es soll in den Herzen der Schüler eine seelische Gesamthaltung erzeugt werden, welche die Notwendigkeit wehrhaften Wollens und Handelns für den Einzelnen und das Volk anerkennt. Dabei soll auch auf England als den Feind des europäischen und Weltfriedens hingewiesen werden."[87]

Der Krieg gegen Großbritannien in Nordafrika führte dazu, dass Studienrat

[87] KAV, I 2, Nr. 12186 Konferenzniederschriften [des Städtischen Humanistischen Gymnasiums] von 1941-1955.

Klingen die Schüler zweimal in der Woche den deutschen Wehrmachtsbericht als Hausaufgabe mitschreiben ließ. Dieser Bericht wurde in Englisch über den Reichsrundfunk durch das Propagandaministerium nach England ausgestrahlt.[88]
Die Zeitschrift der englischen Gesellschaft für Frieden durfte als Konsequenz in der Schule nicht mehr vorhanden sein. Darüber hinaus wurde ein „Ausleihverbot von Werken, engl., amerik., franz, und russischer Schriftsteller aus den Schülerbüchereien" von der Schulbehörde angeordnet. Am 2.10.1942 erfolgte noch einmal der Hinweis, alle Bücher von jüdischen Autoren und von Emigranten aus Lehrer- und Schülerbibliothek zu entfernen und diese im Unterricht nicht mehr zu benutzen.
Leistungsverhalten, mangelnde Disziplin und das Sammelverhalten der Schüler beschäftigten die Lehrer weiterhin. So sollten im Schulgebäude, wo selbst das Pfeifen verboten war, „Ruhe und Ordnung" herrschen. Dies erfolgte ganz im Sinne des früheren Erlasses „Straffe Handhabung der Schulzucht".
Verschärfte disziplinarische Entscheidungen waren an der Tagesordnung. So wurden bei einer Disziplinarkonferenz am 20. Oktober 1943 zwei Schüler von der Schule verwiesen, die durch „ordinärste Ausdrücke" und anstößige Verhaltensweisen u. a. „beim Einsatz in M. Gladbach zur Bekämpfung von Fliegerschäden" aufgefallen waren. Sie wurden als „durchaus verdorben und haltlos" und als „stark angefault" bezeichnet. Den Klassenlehrern und den übrigen Lehrern wurde aufgegeben, „alle Schüler der Klasse 4 in taktvoller Weise über die schlimmen Folgen sexueller Ausschweifungen aufzuklären, besonders im Biologieunterricht."[89]

Die Kriegssituation und das Ende

Erhebliche Auswirkungen hatte im Schuljahr 1941/42 die Einberufung der jüngeren Kollegen Finger, Kötz, Klusen und Jansen zur Wehrmacht. Der Unterricht konnte nur mit Kolleginnen vom Lyzeum und sogenannten Hilfskräften (Fr. Boch, Fr. Schlager, Hr. Maxaner, Hr. Rietbrock, Fr. Vüllers und Fr. Bender) einigermaßen aufrechterhalten werden. Allerdings litt vor allem der naturwissenschaftlich-mathematische Unterricht. Der monatliche Sporttag fand in Kooperation mit der Oberschule für Jungen in Dülken statt.
In den letzten Kriegsjahren, als immer mehr Schüler als Luftwaffenhelfer (LWH), zum Reichsarbeitsdienst (RAD) und zur Wehrmacht einberufen wurden, kam es zu Entlassungszeugnissen mit dem Reifevermerk in den Klassen 6 (Untersekunda) und 7 (Obersekunda). Von den 23 Abiturienten im Schuljahr

[88] Marcus, Klaus, Der große Krieg und die kleine Stadt, S. 274.
[89] KAV, I 2, Nr. 12186 Konferenzniederschriften [des Städtischen Humanistischen Gymnasiums] von 1941-1955, S. 76.

1941/42 erhielten 16 Schüler ein Abgangszeugnis mit Reifevermerk, da sie vor der eigentlichen Abiturprüfung zur Wehrmacht bzw. zum Reichsarbeitsdienst einberufen wurden.
Die Militarisierung der Schule wurde u. a. durch die mehrmaligen Werbevorträge von Wehrmachtsoffizieren zur Rekrutierung von Offiziersnachwuchs deutlich. Zudem wurde der Schule reichliches Propagandamaterial nebst Kriegsberichten von Heer, Luftwaffe und Kriegsmarine zur Verfügung gestellt, was der wehrgeistigen Erziehung dienen sollte. Obligatorisch war für alle Schüler der Klassen 6 – 8 und die Lehrer die Luftschutzunterweisung.
Die Kriegssituation bedingte eine Sicherung des Schulgebäudes und seiner Nebengebäude innerhalb des „Rahmens des erweiterten Selbstschutzes". Entsprechende Regelungen wurden auf Anforderung des Reichsluftschutzbundes (RLB) am 6. Juni 1941 getroffen. Acht Schüler aus der 7. Klasse blieben als Wache nachts im Schulgebäude und schliefen dort. Bei Alarm wurden die Lehrer, die Bereitschaftsdienst von 12 Uhr mittags bis zum Schulbeginn am nächsten Tag hatten, alarmiert.
Dazu schreibt Klaus Marcus: „Um 19.00 Uhr musste man antreten. Im damaligen Kartenzimmer ... stand ein zweistöckiges, eisernes Bettgestell mit Strohsäcken und einer Decke belegt... Wenn in der Nacht Luftalarm gegeben wurde, gingen wir zur Familie Lohmann [Hausmeister der Schule, d. Verf.] in den Keller. Kurze Zeit später traf dann einer unserer in der Nähe wohnenden Studienräte ein, um sozusagen als „Wachhabender" zu fungieren. Meistens waren das Stud.Rt. Dr. Cremer von der Wilhelmstraße bzw. Stud.Rt. Schlager von der Adolf-Hitler-Straße [heute Bahnhofstraße]. Sie hatten einen Sonderausweis, um bei Alarm die Straßen betreten zu dürfen... Aber meine Kameraden und ich brauchten bis zu unserer Einberufung zur Flak im Januar 1944 nie eingreifen, und auch danach, selbst während der schweren Angriffe im Februar 1945, blieb die Schule unversehrt."[90]
Im April 1942 feierte das Gymnasium mit einem Schülerappell in der Aula Walter Paulus, der seit 1942 Lehrer am Humanistischen Gymnasium war. Paulus war 1933 in die SA, 1937 in die NSDAP und 1938 in den NSLB eingetreten. Die öffentliche Ehrung durch Oberbürgermeister Koch, Ortsgruppenleiter Enders und durch seine Schule[91] erfuhr Oberleutnant Paulus, da er der erste Träger des Ritterkreuzes des Eisernen Kreuzes in Viersen war. Paulus hatte „3 schwere russische Panzer eigenhändig außer Kraft gesetzt."[92]
Auf der anderen Seite regte sich moderate Kritik an den kriegsbedingten Unterbrechungen des Schulalltags. So betonte Direktor Hoengen nach dem

90 Marcus, Klaus, Der große Krieg und die kleine Stadt, S. 369f.
91 Vgl. ebenda, Abbildung S. 286.
92 Vgl. ebenda, S. 285.

Vortrag eines Vertreters der Kriegsmarine im September 1942, „daß die Forderungen der Marine ohne weiter erfüllt würden, wenn nicht dauernd Hemmnisse der Schularbeit in den Weg gestellt würden." Als solche Hemmnisse wurden u. a. bezeichnet: die Anforderungen der HJ, die Entziehung der Schüler durch Erntehilfe und Wehrertüchtigungskurse, dann den durch den Krieg bedingten Lehrermangel und die damit verbundenen Unterrichtskürzungen, ferner die Herabsetzung der Schulzeit um fast 2 Jahre. Diese Kritik könnte u. U. ein Indiz dafür sein, dass das Verhältnis zwischen Hoengen und der NSDAP-Ortsgruppe in der Tat unter den Begehrlichkeiten der Hitlerjugend konfliktreicher geworden war.

Das letzte Schuljahr im Krieg

Zum Unterrichtsbeginn des Schuljahres 1943/44 teilte Direktor Hoengen den Schülern der Klasse 6, die als Jahrgang 1928 nach der Einberufung des Jahrgangs 1927 als Luftwaffenhelfer nun die ältesten Schüler waren, den „Befehl der HJ-Bannführung zum sofortigen Katastropheneinsatz in Mönchengladbach" mit.

„Während die auswärtigen Schüler nach Hause konnten, da deren späterer Heimtransport ungewiß war, wurde uns Viersener Schülern befohlen, um 10.00 Uhr am Neumarkt (heute Gereonsplatz) zwecks LKW-Transport nach Mönchengladbach anzutreten. Stahlhelme und Gasmaske – soweit vorhanden – waren mitzubringen", so der Schüler Klaus Marcus in seiner Erinnerung zum ersten Schultag nach den Sommerferien 1943.[93]

Die Mitteilungen der ersten Lehrerkonferenz, an deren Beginn der Schulleiter dem Kollegium „Erfolg und Freude bei ihrer Arbeit an der deutschen Jugend" wünschte, standen ganz im Zeichen der Kriegssituation und der Folgen für die Schule:

- Beurlaubung von Schülern der Klasse 6 als Helfer in der Kinderlandverschickung (KLV)
- Kollegiumssammlung für die verschickten Weihnachtspäckchen für die „im Felde stehenden Kollegen"
- Vorsemesterbescheinigung für diejenigen Schüler der Klasse 7, die als „Lagermannschaftsführer in der erweiterten KLV herangezogen werden, im Falle ihrer Einberufung zum RAD"
- Keine schulische Benachteiligung für Schüler der Klasse 7, die mindestens 5 Monate der Klasse angehört haben, durch ihren Dienst bei der KLV
- Unfallversicherungsschutz für „Unberufene durch blindgegangene feindliche Abwurfmunition"

93 Vgl. ebenda, S. 398.

- Belehrung der Schüler über „ihr Verhalten gegenüber Kriegsgefangenen und fremdländischen Arbeitskräften"
- Ermahnung der Schüler sich von „abgestürzten Flugzeugen oder abgeschossenen Flugzeugteilen fernzuhalten" und „abgeworfene Propaganda-Flugblätter sowie Bezugsscheine jeder Art" bei der Polizei abzugeben.

Die Mitte des Jahres 1943 einsetzende Luftwaffenoffensive der Alliierten führte zu verstärkten Beanspruchungen des Kollegiums hinsichtlich Luftschutz und Kinderlandverschickung. Schulinterne Übungen sollten das Verhalten der Schüler bei Luftalarm, die Sicherstellung der Schule und das reibungslose „rechts gehen" verbessern. Weiterhin musste die Unterrichtung der Schüler, die als Luftwaffenhelfer am Standort Krefeld ihren Dienst verrichteten, gewährleistet werden. Dabei spielte vor allem die Vergütung der jeweiligen Betreuungslehrer eine Rolle.

Bei öffentlicher Luftwarnung und Fliegeralarm mussten die Lehrer zusammen mit den Schülern die Klassen verlassen und in den Luftschutzkeller gehen. Schüler, die nicht weiter als 500 Meter vom Schulgebäude entfernt wohnten, durften nach Hause gehen.

Im Januar 1944 wurde die 6. Klasse (Untersekunda) nach der Einberufung von 38 Schülern als Luftwaffenhelfer aufgelöst. Die sieben nicht einberufenen Schüler wurden an die Oberschule für Jungen in Mönchengladbach verwiesen.

Angesichts des immer größeren Bedarfes an Nachwuchs für Luftwaffenhelfer, für den Reichsarbeitsdienst und für die Wehrmacht kam es zu einschneidenden Veränderungen hinsichtlich des Reifevermerks. Im Januar 1944 verfügte der Oberpräsident der Rheinprovinz, dass „einwandfrei leistungsfähige Schüler der Kl. 6 bei der Einberufung zum RAD den Vermerk erhalten, daß ihnen die Teilnahme an einem Sonderlehrgang für Kriegsteilnehmer zur Ablegung der Reifeprüfung genehmigt wird". Ab Ostern 1944 erhielten diejenigen Schüler der Klasse 7 bei Versetzung in die Klasse 8 den Reifevermerk, wenn sie für den Reichsarbeitsdienst oder zur Wehrmacht einberufen wurden.

Der Zeitgenosse Klaus Marcus berichtet über seine eigene Einberufung als Schüler des Jahrgangs 1928 wie folgt: „Auch für mich hieß es, von Schule und Elternhaus Abschied zu nehmen. Die Schüler der Höheren Schulen des Jahrgangs 1926 wurden als Luftwaffenhelfer von der Flak entlassen, um zum RAD bzw. direkt zur Wehrmacht einberufen zu werden. Wir, die Schüler des Jahrgangs 1928, stellten den Ersatz, nachdem unsere Klassenkameraden vom Jahrgang 1927 bereits im Sommer des vorherigen Jahres [1943] eingezogen worden waren. Am 10. Januar wurde ich mit 17 weiteren Klassenkameraden als Luftwaffenhelfer- im Volksmund nannte man uns „Flakhelfer" - ...nach Krefeld-Fichtenhain einberufen."[94]

[94] Vgl. ebenda, S. 571.

Schulleiter Hoengen ermahnte nochmals am 18.2.1944 das Kollegium eindringlich, „stets den deutschen Gruß auszusprechen" und machte darauf aufmerksam, „daß es Pflicht eines jeden Lehrers ist, die Kriegsmoral zu heben und alles zu unterlassen, was irgendwie in der Beziehung schaden könnte."[95] Klassenarbeiten konnten trotz öffentlicher Luftwarnung mit Genehmigung des Luftschutzleiters geschrieben werden, die aber "bei schwieriger Luftlage" abgebrochen wurden. In Deutsch und Geschichte musste der Unterricht „bei der frühen Einberufung unserer Schüler als Lw.H" erheblich gekürzt werden, mit dem Ziel, dass bereits zu Weihnachten auf Klasse 5 ein gewisser Abschluss erreicht wird. – Die O. K. W. - Berichte[96] sollten 1 x wöchentl. Im Geschichtsunterricht behandelt werden.

Das Ende

Am 3.9. 1944 teilte der Oberbürgermeister der Stadt Viersen mit, dass die Schule zur Einquartierung beschlagnahmt worden sei. Wenige Tage später wurde die Schule aufgrund der schweren Luftangriffe der Alliierten und der damit verbundenen Gefahr für die Schüler durch den Reichsverteidigungskommissar und Düsseldorfer Gauleiter Friedrich Karl Florian[97] im Einvernehmen mit dem Düsseldorfer Regierungspräsidenten – wie alle anderen Schulen – geschlossen.

An der letzten Lehrerkonferenz mit lediglich drei Tagesordnungspunkten am 14.11.1944 nahmen neben Schulleiter Hoengen die Lehrer Donner, Schlager, Becker, Strotmann, Klingen teil. Das Protokoll hatte folgenden Wortlaut:

1. **Der Direktor gibt der Konferenz mündl. Kenntnis vom Erlaß des Herrn Oberpräsidenten vom 20./10.44 Gen. Nr. 2784.**
2. **Da die Schule auf Anordnung des RVK geschlossen ist, soll auf Anregung der Kreisleitung die Werbung für die Verschickung der Klassen 1 – 4 verstärkt durchgeführt werden. Die Werbung soll durch Hausbesuche bei den Eltern erfolgen. Bedenken gegen die Verschickung sind nach Möglichkeit zu klären, wo dies nicht möglich ist, sollen sie schriftl. verfaßt werden. Als Anforderungsgebiete sind von der Kreisleitung Thüringen & Sachsen angegeben worden.**
3. **Studienrat Klingen erklärt sich bereit als Lehrer unserer Lwh. nach Stettin zu gehen.**

[95] KAV, I 2, Nr. 12186 Konferenzniederschriften [des Städtischen Humanistischen Gymnasiums] von 1941 bis 1955, Protokoll der allgemeinen Konferenz v. 18.2.1944.

[96] Oberkommando der Wehrmacht.

[97] https://www.rheinische-geschichte.lvr.de/Persoenlichkeiten/friedrich-karl-florian-/DE-2086/lido/57c6ae52069cf3.26220086 und https://rp-online.de/nrw/staedte/duesseldorf/gauleiter-florian-der-ewige-nazi_aid-21634465, abgerufen am 12.2.2021.

Als letzte Amtshandlung teilte Oberstudiendirektor Hoengen am 19. Dezember 1944 dem Oberpräsidenten in Koblenz den „Soldatentod" des Studienrats Erwin Nußbaum, der am 24.11.1944 gefallen war, mit.[98]
Ab dem 1. März 1945 wurde die Schule von den einrückenden amerikanischen Truppen belegt.

3.3 Nationalpolitische Lehrgänge 1933 – 1936 am Humanistischen Gymnasium – Beispiel für Indoktrination

Der Erlass des Reichsministers Rust v. 4. Oktober 1933 zu nationalpolitischen Lehrgängen verpflichtete alle Schüler der Ober- und Unterprimaner – ab 1934 auch Unter- und Obersekunda – einmal jährlich an einem Lehrgang teilnehmen. Dieser dauerte zwei bis drei Wochen. In der Regel fanden diese Lehrgänge in Jugendherbergen, im Rheinland bevorzugt in der Eifel, statt. Die Kosten – zwischen 40 bis 50 Reichsmark – für diesen „Lehrgang" mussten die Eltern selbst aufbringen. Für „Minderbemittelte", wie damals Schüler aus Haushalten mit geringem Einkommen benannt wurden, gab es eine finanzielle Unterstützung. Es sollte jeder Schüler an diesen Lehrgängen teilnehmen können. Die HJ-Mitglieder wurden in dieser Zeit von ihren sonstigen üblichen Diensten befreit.
Sonntags wurde für beide Konfessionen der Kirchgang ermöglicht. Während des Kirchgangs einzelner Schüler fanden sich die nicht-konfessionellen Schüler zu einer „national-sozialistisch ausgerichteten Feierstunde" zusammen. Gemeinsam wurde daran anschließend der „sonntäglichen Hitlerjugend-Stunde", die im Rundfunk übertragen wurde, gelauscht. Die bis ins kleinste Detail aufgeführte Ausrüstungsliste der Schüler bezeichnete als erforderlich die „vollständige H.J.-, SA-, SS-Uniform und das Liederbuch der Hitlerjugend."
Nichtarische Schüler waren von der Teilnahme grundsätzlich ausgeschlossen.[99]
Den NS-Ideologen kam es bei diesen Lehrgängen darauf an, jeglichen Schulbetrieb und Unterricht zu vermeiden, „denn es kommt im Lager nicht auf das Lernen an, sondern auf das Erleben."[100] Großen Wert legte man auf Sport, Wehrsport und das Gemeinschaftserlebnis, ferner auf das Singen von Volksliedern und das Erlernen von Kampf- und Marschliedern der SA.

98 LAV NRW R, HSA-Pe 12905, (Personalakte Nußbaum). Nussbaum war seit 1937 NSDAP-Mitglied und in verschiedenen NS-Organisationen.

99 KAV, I 2, Nr. 2378 Nationalpolitische Lehrgänge, Schreiben des Preußischen Ministers für Wissenschaft, Kunst und Volksbildung - U II Nr. 4949 – v. 16.6.1934.

100 RdErl. d. RMFWEUV. v. 13.7.1935, Deutsche Wissenschaft, Erziehung und Volksbildung, Heft 15, S. 337.

Erklärtes Ziel war es „ die Jugend in Heimat, Volk und Staat einzugliedern, in ländlicher Umgebung die gesunden rassischen Kräfte in ihr zu wecken und sie zu freudiger Bejahung des Gemeinschaftslebens zu erziehen.“[101]
Aufgrund der Erfahrungen, die man mit den ersten Lehrgängen gemacht hatte, stellte der Oberpräsident der Rheinprovinz am 5. Januar 1934 noch einmal klar, was sich die Nation zur Aufgabe gestellt hat: „Die Herausbildung eines charakterstarken Geschlechts, das den Willen hat, Kameradschaft zu pflegen und in Zucht, Einfachheit und Verantwortungsfreudigkeit zu leben. Es ist daher eine Hauptaufgabe, daß während der Lehrgänge eine Gemeinschaft gebildet wird (…) nach dem Brauche militärischer Verbände etwa (…) Führertum und Kameradschaft sind die sittlichen Werte, die diese Ordnung beleben und den Maßstab für jegliches Verhalten bei Lehrern und Schülern gleichermaßen geben.“[102]
Im Frühjahr 1935 bündelte der Oberpräsident die seit Dezember 1933 gemachten Erfahrungen und seine Erwartungen an die nationalpolitischen Lehrgänge in einer Denkschrift.[103] Gemäß der Empfehlung des Reichsministers Rust sollte diese Denkschrift „zum Gegenstand eingehender Beratungen“ gemacht werden, was dann auch auf der Lehrerkonferenz am 9.7.1935 geschah.
StR Dr. Cremer, der den ersten nationalpolitischen Lehrgang für die Ober- und Unterprima des Humanistischen Gymnasiums vom 8.12. bis zu 12.12.1933 in Reifferscheid (Eifel) zusammen mit StR Brettar geleitet hatte, referierte die Denkschrift im Kollegium. StR Klingen ging aufgrund seiner gemachten Lehrgangserfahrungen auf die Beschäftigung der Schüler während des Lehrgangs ein. Da die Eltern die Kosten des Lehrgangs aufbringen mussten, wies Direktor Dr. Schöne auf die Möglichkeit hin, bei der NSV (Nationalsozialistische Volkswohlfahrt) eine finanzielle Unterstützung zu beantragen.[104]
Die ideologische Ausrichtung der Lehrgänge wurde von Beginn an nicht verschleiert und im August 1936 mit der Herausgabe einer Lehrgangsfibel[105] noch einmal verdeutlicht:
Der Lehrgang sollte keine „Sommerfrische, kein Sportlehrgang, kein fachwissenschaftlicher Kursus sein, sondern eine neue Lebensform der Schule, die ei-

[101] Vgl. Ebenda, S.338.

[102] KAV, I 2, Nr. 2378 Nationalpolitische Lehrgänge, Schreiben des Oberpräsidenten v. 5.1.1934.

[103] Nationalpolitische Lehrgänge. Denkschrift des Oberpräsidenten der Rheinprovinz (Abteilung Höheres Schulwesen), Frankfurt 1935.

[104] KAV, I 2, Nr. 12182 [Protokollbuch des Städtischen Humanistischen Gymnasiums vom 1924 bis 1940], S. 269.

[105] Abdruck der Lehrgangsfibel in Editionen zur Geschichte, URL: https://jugend1918-1945.de/portal /ARCHIV/thema.aspx?bereich=archiv&root=8879&id=16015&redir=, abgerufen am 25.4.2020.

genartige Schulungsmöglichkeiten für Körper, Charakter und Geist bieten soll (...) in ständigem Bewußtsein der nationalsozialistischen Forderungen für ein solches Zusammenleben (...) Bedenklich sind zu lange Freizeiten, die dem einzelnen keine der Gemeinschaftsarbeit dienenden Aufgaben stellen. Langeweile ist der Nährboden für Zuchtlosigkeiten aller Art (...)"[106]

Die Lehrgangsfibel zeigt den vollzogenen inhaltlichen Wechsel auf, denn die politische Schulung bzw. Indoktrination stand nun im Vordergrund. Schulische Inhalte wurden an die Schule verwiesen. Jetzt ging es um die Erziehung und Formung der Schüler im Sinne der NS-Ideologie: „Die Haltung während des Lehrgangs muß soldatisch sein. In keinem Augenblick sich gehen lassen, kurz, klar und offen in der Sprache, frei und fest im Blick, gehorsam und genau im Befolgen von Befehlen, immer kameradschaftlich und opferwillig (...) die geistige Schulung im Lehrgang [ist] der Schulungsaufgabe der Hitlerjugendlager nicht gleichgestellt, sondern steht als notwendiger Bestandteil der nationalsozialistischen Jugenderziehung an der höheren Schule neben der H.J.-Schulung."

Die Auswahl der Lehrer, die die Schüler begleiteten, war unmissverständlich: „Nur solche Lehrer werden für die Mitwirkung bei den nationalpolitischen Lehrgängen als geeignet angesehen werden können, die sich freudig zum Nationalsozialismus bekennen und nicht durch andere weltanschauliche Bindungen gehemmt sind. Sie müssen sich der hohen Bedeutung dieser neuen Aufgabe vollauf bewußt sein und sich ihr verantwortungsfreudig hingeben."[107]

Daher wurde 1935 angeordnet, dass katholische Geistliche und Ordensangehörige nicht mehr als „Begleiter der Schüler in die nationalpolitischen Schülerlehrgänge entsendet werden sollen, da sich aus den Pflichten, die ihnen ihre Zugehörigkeit zum geistlichen Stande auferlegt, in den nationalpolitischen Schüler- und Schülerinnen-Lehrgängen Schwierigkeiten ergeben."[108]

Im Schuljahr 1934/35 fand im Mai 1934 für die Untersekundaunter Leitung von StR Dr. Cremer ein Lehrgang in Urbar bei Koblenz, für die Unter- und Oberprima im Oktober unter der Leitung von StR Finger in Altenberg (Bergisches Land) und im Dezember für die Obersekunda unter Leitung von StR Klingen in der Jugendherberge Langenberg (Sauerland) statt.

StR Dr. Cremer zog in seinem Bericht ein Fazit: „Die Schulung im nationalsozialistischen Gedankengut wie auch die körperliche Ertüchtigung geschah

[106] KAV, I 2, Nr. 2378 Nationalpolitische Lehrgänge, Lehrgangsfibel Nationalpolitische Lehrgänge, S. 9.

[107] Ebenda.

[108] KAV, I 2, Nr. 739 Nationalpolitische Lehrgänge, Schreiben des Oberpräsidenten v. 18.5.1935.

stets im Gemeinschaftsverbande. Die Zucht war straff und stellte an alle Teilnehmer hohe Anforderungen. Angesichts des sehr günstigen Wetters wurde die körperliche Ertüchtigung in den Vordergrund gestellt. In den Nachmittagsstunden gab es dann Unterweisung und Lesung über Rassenkunde, Bevölkerungspolitik, Staats- und Volkskunde und Geländesport. Zugrunde gelegt waren die Bändchen: Köpfe um Hitler, Nationalsozialistische Weltanschauung, Was der Spaten von der deutschen Vorzeit erzählt, Werner Beumelburg „Deutschland erwacht, Paul de Lagarde „Bekenntnis zu Deutschland".[109]

StR Klingen ging in seinem Bericht[110] über den Lehrgang in Langenberg auf die Verpflegung („überreichliche Brotnahrung, da Schnittenstärke (1,5 cm) und Aufstrich bezw. in keiner Proportion standen" und die Gewichtszunahme bei sieben Schülern („Durchschnitt 5 Pfund") besonders ein. Als Wunsch für zukünftige Lehrgänge äußerte er einen „ungestörten, würdigen Arbeitsraum" für Lehrer und eine Tafel.

Im Bereich der Schulung wurden folgende Themen behandelt:

- Rassenkunde (nach den Schulungsbriefen der P.O.)
- Hitlers Verhältnis zur Sozialdemokratie und zum Judentum (Mein Kampf I. u. II. Kapitel)
- N.S. Erziehung (Mein Kampf, II. Bd., II. Kap.)
- Die 25 Thesen der N.S.D.A.P. (Nach May, Nationalkatechismus)
- Anlage & Arbeitsweise des Langenberger Senders
- Marschkompaß, Planzeiger, Kartenkunde.

„Hinein in die H.J." hieß der Vortrag des langenbergischen HJ- Bannführers Rademacher. StR Klingen ergänzte in seinem Bericht „mit einem besonderen Appell an den N.D.". Den Hintergrund dieser Zusatzbemerkung erläuterte Klingen selbst, denn „zu irgendwelchen Mißhelligkeiten ist es nie gekommen, trotzdem noch eine größere Zahl von N.D.Mitgliedern[111] der H.J. fern standen."

StR Finger und der evangelische Pastor Totzeck, ebenfalls NSDAP-Mitglied, begleiteten im November/Dezember 1934 Unter- und Oberprima in Altenberg (Bezirk Köln). Nationalpolitische Lehrgänge als Fortbildungsveranstaltung besuchten StR Becker in Kettwig (September 1934), Dr. Cremer in Manderscheid und StR Kötz in Kettwig (beide September 1935).

[109] KAV, I 2, Nr. 2378 Nationalpolitische Schulung 1933-1936, Bericht Dr. Cremer v. 22.5.1934.

[110] Vgl. ebenda, Bericht Klingen v. 12.12.1934.

[111] Der „Bund Neudeutschland" (ND) wurde 1919 als „Verband katholischer Schüler Höherer Lehranstalten" ins Leben gerufen. 1932 gehörten dem Bund ca. 21 000 Jungen an. Nach der nationalsozialistischen Machtergreifung gerieten die Mitglieder immer mehr mit der HJ in Konflikt. 1939 wurde der Bund verboten. Vgl. https://jugend1918-1945.de/ND/default.aspx?bereich=projekt&root=29189&id=29189, abgerufen am 05.01.2021.

Auf einer gemeinsamen Lehrerkonferenz des Humanistischen Gymnasiums und des Lyzeums am 8. November 1935 berichteten die Kollegen Klingen, Finger und Rohling über die Lehrgänge der Unter- und Obersekunda, der Unter- und Oberprima in Köln, Bonn, Herchem/Sieg und Mehlem/Rhein. Frau Schmitz berichtete über den Lehrgang der Untersekunda des Lyzeums in Langenberg. Es wurde eine Schulungsstunde beschlossen, in der die Schüler über die nationalpolitischen Lehrgänge berichten sollten. Zudem sollten die Eltern in einer Versammlung informiert werden.
Diese Elternversammlung wurde notwendig, da einige Eltern ihre Kinder in den Jugendherbergen besucht und ihnen Lebensmittelpakete und Geld gebracht hatten. Der Oberpräsident der Rheinprovinz in Person von Dr. Jungbluth wies in seinem Schreiben v. 6. Juni 1935 grundsätzlich auf die dadurch entstehende „unnötige Unruhe" in der Lehrgangsgemeinschaft hin und betonte die „erzieherische Notwendigkeit des Verbotes der Elternbesuche und der Zusendung von Lebensmittelpaketen und Geld."
Einzelne Schüler und die begleitenden Lehrer wie z. B. Dr. Rohling schrieben an Schulleiter Dr. Schöne Postkarten, bei denen sie die „ausgezeichnete Kost" immer wieder hervorhoben.[112] Selbstverständlich schlossen alle Ansichtskarten mit „Heil Hitler".
Die Schüler der beiden Untersekunden sowie der Unter- und Oberprima nahmen 1936 an den Lehrgängen in Trier, Reifferscheid und Engelskirchen teil und wurden von den Kollegen Donner, Klein und Tonn begleitet. Vor der Abreise ins „Lager" untersuchte der Stadtarzt die Schüler und gab ihnen gesundheitliche Verhaltensregeln mit auf den Weg.
Im Jahresbericht 1936/37 wurden die Schüler vom neuen Schulleiter Hoengen für ihre „Haltung und ihren Kameradschaftsgeist" gelobt. Dies unterstrich auch der Schulleiter des Gymnasiums Odenkirchen, Dr. S. Mager, der in einem Schreiben vom 19. Juli 1936 die Untersekunda des Humanistischen Gymnasiums für ihr Verhalten im Lehrgang in Reifferscheid würdigte: „Disziplin, Pflichterfüllung und Pflege der Kameradschaft waren ausgezeichnet. Besonders hervorzuheben ist wegen seiner Gesamthaltung der Schüler Hans Bischofs".
Diese durchgeführten national-politischen Lehrgänge waren dann die letzten des Humanistischen Gymnasiums, da im Dezember 1936 die Lehrgänge durch ministerielle Verfügung eingestellt wurden.

[112] KAV, I 2, Nr. 2304 Nationalpolitische Schulung 1933 - 1936, verschiedene Postkarten aus den Lehrgängen in Bonn, Köln und Herchem.

3.4 Was geschah mit den jüdischen Schülern?

Die Diskriminierung jüdischer Schüler schreitet voran.

Der Schriftverkehr vom März 1935 zwischen dem damaligen Schulleiter Dr. Schöne, dem Oberbürgermeister Gebauer und dem Oberpräsidenten der Rheinprovinz Abteilung für Höheres Schulwesen zeigt, zu welchen absurden Situationen und Spitzfindigkeiten es in Bezug auf jüdische Schüler kommen konnte.

Was war passiert?
In der städtischen Festhalle hielten die Schulgemeinden von Gymnasium und Lyzeum eine Feierstunde mit Chor, Orchester und Rezitationen vor 1300 Besuchern ab. Danach richtete die Bannführung der H.J. eine Beschwerde an den Oberbürgermeister darüber, „daß im Chor und Orchester jüdische Schüler mitgewirkt hätten."[113]
Dr. Schöne, Schulleiter beider Schulen, nahm zu der Beschwerde Stellung. Er zitierte verschiedene ministerielle Erlasse zur Stellung der nichtarischen Schüler in der höheren Schule. Dazu zählten die Befreiung von nichtarischen Schülern in einzelnen Unterrichtsstunden und Schulfeiern[114], die Verpflichtung von nichtarischen Schülern an allen Veranstaltungen der Schule teilzunehmen[115] und die Einrichtung des Staatsjugendtages am Samstag.[116]
Schöne stellte nachdrücklich klar, dass für ihn laut Erlass nichtarische Schüler an allen schulischen Veranstaltungen – auch samstags – teilnehmen müssten, falls die Eltern dieser Schüler keinen Befreiungsantrag gestellt hätten.
Bei der Veranstaltung in der Festhalle hätten „weder beim Sprechvortrag, noch bei den Tänzen, noch bei der szenischen Darbietung an irgendeiner Stelle ein jüdischer Schüler oder eine jüdische Schülerin mitgewirkt." Nur beim Chor und Orchester wären drei jüdische Schüler dabei gewesen, was „bei der großen Anzahl der Sänger und Orchestermitglieder an dem Abend offenbar gar nicht beachtet worden" sei.
Er sehe eigentlich keinen Grund für die HJ-Beschwerde, denn „wenn die jüdischen Schüler bei dem Fest unter den nationalen Symbolen standen, so ist das vom Standpunkt der höheren Schule nicht so ungeheuerlich, weil diese

[113] LHA Ko 405 A Schulkollegium Nr. 582, Schreiben Dr. Schöne an den Oberpräsidenten der Rheinprovinz v. 25. März 1934.

[114] Ministerialerlass U II C 30194 v. 18. Juli 1934 und U II C 321 v. 21. August 1934, https://scripta.bbf.dipf.de/viewer/resolver?urn=urn:nbn:de:0111-bbf-spo-8136063, abgerufen am 12.01.2021.

[115] Vgl. ebenda, Ministerialerlass U II C 30639 v. 31. August 1934.

[116] Vgl. ebenda, Ministerialerlass U II 30700/33 v. 30. Juli 1934.

Symbole bei uns auch im [sic!] engsten Schulveranstaltungen gezeigt werden, wo doch die jüdischen Schüler sehr oft dabei sein müssen." Abschließend beteuerte Schöne, dass der „Geist der Viersener Höheren Schulen [...] dem neuen Reiche voll gerecht werde."
Das Oberpräsidium teilte im Antwortschreiben an Dr. Schöne am 18. April 1935 unmissverständlich mit: „Ihre Ausführungen treffen zu hinsichtlich der Teilnahme der jüdischen Schüler an Schulveranstaltungen, nicht aber hinsichtlich der Mitwirkung bei den Darbietungen. Ich ersuche Sie, dafür Sorge zu tragen, daß solche Mitwirkung jüdischer Schüler in Zukunft unterbleibt."
Dieses Beispiel zeigt, dass die nationalsozialistische Schulpolitik mit Beginn der Machtergreifung keinen Zweifel daran ließ, Maßnahmen zur Trennung von arischen und nichtarischen Schülern durchzusetzen.

Die staatliche Diskriminierung jüdischer Schüler

Mit dem *„Gesetz gegen die Überfüllung deutscher Schulen und Hochschulen (25. 4. 1933)* " reglementierte man die Anzahl der Schüler Höherer Schulen und Studenten. Dabei wurde das rassistische Merkmal einer „nichtarischen" Abstammung berücksichtigt. Die Anzahl der deutschen jüdischen Schüler und Studenten wurde durch eine Verordnung von Reichsinnenmister Frick auf eine Quote von 1,5 % aller Neuaufnahmen an Höheren Schulen und Hochschulen begrenzt. Wurde diese überschritten, musste die Schule Schüler entlassen.
Diese festgelegten Quoten führten dazu, dass das Abitur ab 1934 von der Hochschulreife abgekoppelt wurde, d. h. das Abitur berechtigte nicht automatisch zum Hochschulstudium. Neben schulischen Leistungen wurden nationalsozialistischer Charakter und nationale politische Zuverlässigkeit überprüft, bevor den Schülern die Hochschulreife zugesprochen wurde. Die damit verbundene Diskriminierung jüdischer Schüler führte schon früh dazu, dass sie die Schulen verließen.[117]
Im Erlass v. 8.5. 1933 „Schüler nichtarischer Abstammung an höheren und mittleren Schulen" konnte man noch eine vermeintliche Kritik an der von Direktoren durchgeführten Ausgrenzung vermuten: „Wie ich erfahre, sind einzelne Leiter höherer Lehranstalten bereits dazu übergegangen, Schüler nichtarischer Abstammung und zum Teil auch Angehörige ausländischer Staaten vom Besuche der höheren Lehranstalt auszuschließen. Ein solches Vorgehen ist nicht zulässig. Es sind vielmehr die näheren Ausführungsbestimmungen des Reichsministers des Inneren zum Gesetz gegen die Überfüllung deutscher Schulen und Hochschulen vom 25. April 1933 und meine alsdann

[117] Trapp, Joachim, Kölner Schulen in der NS-Zeit, S. 74f.

ergehenden Anordnungen abzuwarten. Ich ersuche, zu veranlassen, daß danach zu Unrecht etwa bereits von der Teilnahme am Unterricht ausgeschlossene Schüler (Schülerinnen) wieder zugelassen werden."[118]
Schon ein Jahr später wurden nichtarische Schüler und Eltern eines Besseren belehrt.
Reichserziehungsminister Rust und Reichsinnenminister Frick forcierten die Diskriminierung und Ausgrenzung jüdischer Schüler. Im Erlass vom 4. April 1934 hieß es, „daß bei der Neuaufnahme von Nichtariern... die Abstammung angemessene Berücksichtigung zu finden hat. Unter den Anmeldungen ist... den Nichtariern mit nachgewiesenem arischen Bluteinschlag der Vorzug vor reinen Nichtariern und den Kindern aus seit längerer Zeit in Deutschland angesessenen Familien der Vorzug vor den Kindern erst seit kürzerer Zeit, insbesondere seit 1914, eingewanderter nichtarischer Familien zu geben. Ich gebe der Erwartung Ausdruck, daß die Anstaltsleiter... dafür Sorge tragen, daß von den Anmeldungen der unter die Beschränkung des Gesetzes fallenden Nichtarier in erster Linie diejenigen Berücksichtigung finden, denen vom Standpunkte einer im nationalsozialistischen Geiste geführten Gemeinschaftserziehung die verhältnismäßig geringsten Bedenken entgegenstehen."[119]
Weitere Verschärfungen und Diskriminierungen folgten in Form von Erlassen:

- „Befreiung nichtarischer Schüler vom nationalpolitischen Unterricht am Sonnabend" (21.8.1934)
- „Besuch von Schullandheimen durch nichtarische Schüler" (31.7.1935)
- „Errichtung gesonderter jüdischer Schulen" (10.9.1935)
- „Auswirkungen des Reichsbürgergesetzes auf das Schulwesen" (2.7.1937)
- „Aufhebung des hebräischen Sprachunterrichtes in den Höheren Schulen" (15.12.1937".[120]

Ab dem 15.11.1938 war jüdischen Schülern der Besuch deutscher Schulen nicht mehr gestattet. Sie mussten sofort entlassen werden. Im Schreiben des Reichserziehungsministers Rust heißt es, dass „nach der ruchlosen Mordtat von Paris[121] keinem deutschen Lehrer und keiner deutschen Lehrerin mehr

[118] Zentralblatt für die gesamte Unterrichtsverwaltung in Preußen 1933, Heft 10, S. 138, URL: https://www.digizeitschriften.de/dms/img/?PID=985843438_0075%7CLOG_0187, abgerufen am 20.07.21.

[119] Zentralblatt für die gesamte Unterrichtsverwaltung in Preußen 1934, Heft 2, S. 127, URL: https://www.digizeitschriften.de/dms/img/?PID=985843438_0076%7CLOG_0205, abgerufen am 20.07.21.

[120] Fricke-Finkelnburg, Renate, Nationalsozialismus und Schule, Amtliche Erlasse und Richtlinien 1933-1945, Opladen 1989, S. 257f.

[121] Rust bezieht sich auf das Attentat des 17-jährigen deutschen Juden Herschel Grynszpan, der am 7. November in der deutschen Botschaft in Paris den Legionsrat Ernst vom Rath

zugemutet werden kann, an jüdische Schulkinder Unterricht zu erteilen. Auch versteht es sich von selbst, daß es für deutsche Schüler und Schülerinnen unerträglich ist, mit Juden in einem Klassenraum zu sitzen. Die Rassentrennung im Schulwesen ist zwar in den letzten Jahren im allgemeinen bereits durchgeführt, doch ist ein Restbestand jüdischer Schüler auf den deutschen Schulen übriggeblieben, dem der gemeinsame Schulbesuch mit deutschen Jungen und Mädeln nunmehr nicht weiter gestattet werden kann."[122]

Die jüdischen Schüler: Rothenstein, Bonn, Feuer, Schnook, Anschel, Rosenmann, Schmerler

Die geringe Anzahl von jüdischen Schülern ist mit der relativ kleinen jüdischen Gemeinde in Viersen zu erklären. Während 1933 in der Stadt Viersen 130 jüdische Mitbürger lebten, waren es 1942 nur noch 9.[123]

Fünf Jahre vor der nationalsozialistischen Machtergreifung belegen die Klassenlisten des Schuljahres 1928/29 vier jüdische Schüler in unterschiedlichen Klassen. Dies waren Rudolf Rothenstein, Walter Bonn, Jakob Feuer und Kurt Schnook. Sie hatten die Schule aus unterschiedlichen Gründen am Ende des Schuljahres verlassen, da sie 1929/30 nicht mehr aufgeführt werden. Kurt Schnook hat als letzter jüdischer Schüler das Abitur am Humanistischen Gymnasium abgelegt.

Jüdische Schüler gab es laut Schulstatistik am Ende des Schuljahres 1935/36 nicht mehr, da die letzten beiden jüdischen Schüler – Klaus Anschel und Hermann Rosenmann – die Schule 1935 verlassen hatten. Trotz der Tatsache, dass es keine jüdischen Schüler mehr an der Schule gab, wurde im September 1940 ein weiterer diskriminierender Erlass des Oberpräsidiums dem Kollegium mitgeteilt: „Jüdische Mischlinge zweiten Grades erhalten nur dann Geschwisterermässigung, wenn der Vater Soldat ist. Mischlinge ersten Grades erhalten sie in keinem Falle."

Ausgrenzung und Diskriminierungen von jüdischen Mitbürgern waren für die Lehrer am Humanistischen Gymnasium sehr früh zu erkennen. Zum „Tag des Boykotts jüdischer Geschäfte" am 1. April 1933 hatte der Regierungspräsident Düsseldorf darauf hingewiesen, „daß bei Beschaffung von Geschäftsbedürfnissen usw. aus Staatsmitteln jüdische Kaufleute und Firmen grundsätzlich auszuschließen sind. Mit Juden abgeschlossene Lieferungs- usw. Verträge sind zum nächstmöglichen Zeitpunkt zu kündigen." Weiterhin erwartete man vom „deutschen Beamten", im „Kampf um die Ehre der Nation"

erschossen hat. Hintergrund war die Deportation der Familie von Grynszpan.

122 KAV, I 2, Nr. 743 Schulratsakten: Verschiedenes 1924-1938, Schreiben an den Regierungspräsidenten Düsseldorf v. 15.11.1938.

123 Rehm, Gerhard (Hg.), Geschichte der Juden im Kreis Viersen, Viersen 1991, S. 307f.

jüdische Ärzte und Rechtsanwälte zu meiden.
Die Diskriminierung jüdischer Mitbürger wurde auch im Humanistischen Gymnasium immer offensichtlicher. Laut Diensttagebuch-Nummer 477 v. November 1936 wurde die Schule vom Oberpräsidium der Rheinprovinz darüber informiert, dass Rechnungen von jüdischen Ärzten nicht mehr beihilfefähig und dass Atteste jüdischer Ärzte nicht ausreichend seien.

Rudolf Rothenstein emigrierte am 1.12.1933 nach Kaunus (Lit.), wo es eine große jüdische Gemeinde gab, dann nach Haifa. Er starb am 1. Dezember 1994 in Petah Tiqva in der Nähe von Tel Aviv im Alter von 79 Jahren.[124]

Walter Bonn ist während der Nazizeit in die Niederlande geflüchtet, wurde aber nach der Besetzung der Niederlande durch die deutsche Wehrmacht in Westerbork / Niederlande interniert und 1942[125] dann nach Buna-Monowitz deportiert.[126] Am 21. April 1944[127] wurde er mit 31 Jahren im KZ Auschwitz ermordet. Bonns Mutter Emmy wurde 1943 im Vernichtungslager Sobibor / Polen umgebracht. Seine Frau Hermine Bonn und deren Eltern wurden

Walter Bonn

Stolperstein Kehrstraße 52 in Nettetal

[124] Edith's Family Tree, Rudolf „Rudi" Rothenstein, URL: https://www.ruthsfamilyhistory.org/genealogy/individual.php?pid=I7922&ged=edith.

[125] Vgl. Transportliste, unter URL: http://www.tenhumbergreinhard.de/transportliste-der-deportierten/transportliste-der-deportierten-1942/transport-07091942-westerbork.html.

[126] Herinneringscentrum Kamp Westerbork, https://kampwesterbork.nl/de/geschichte/zweiter-weltkrieg/judendurchgangslager.

[127] https://www.geni.com/ Bank Lippman & Rosenthal people/Walter-Bonn/6000000027690303387.

ebenso in Auschwitz 1944 vergast. Walter Bonns Bruder Hans Günther starb drei Jahre nach Kriegsende an den Folgen medizinischer Experimente, die er in Auschwitz erleiden musste.
Walter Bonns Bettnachbar im Arbeitslager Buna-Monowitz war der italienische Schriftsteller und KZ-Überlebende **Primo Levi,** der sein Leben im Konzentrationslager in dem Buch „Ist das ein Mensch?" detailliert beschrieben hat[128].
Da Walter Bonn zu seiner Schulzeit, obwohl er Niederländer war, in Kaldenkirchen gewohnt hat, sind für ihn, seine Mutter und seinen Bruder Stolpersteine in Nettetal-Kaldenkirchen auf der Kehrstraße 52 verlegt worden.[129]

Jakob Feuer ist im Januar 1935 nach Haifa emigriert.

Kurt Schnook, der 1929 am Humanistischen Gymnasium das Abitur gemacht hat und dessen Klassenkamerad der ehemalige Viersener Oberbürgermeister Franz-Josef Zevels war, unterrichtete seit 1935 an der privaten „jüdischen Volksschule" in Düsseldorf. Kurt Schnooks Ehefrau Theresia lehrte dort Englisch. Schnook übernahm 1939 die Leitung der Schule, da sein Vorgänger nach England emigriert war. Er bemühte sich um eine Emigration in die USA für sich und seine Frau.[130] Die dortigen Einwanderungsbedingungen für Juden machten es jedoch unmöglich, dass sein in die USA emigrierter Schwager, ein Affidavit (Bürgschaft) für seine Schwester Thea Schnook und ihren Mann Kurt Schnook bekommen konnte. Jüdische Einwanderer in die USA mussten Blutsverwandte finden, die für sie bürgten bzw. ihnen Geld gaben, damit der amerikanische Staat nicht für die Immigranten aufkommen musste. Schnook nennt in seinen Briefen an Dr. Bergel den Betrag von 3000-4000 Dollar für zwei Jahre Aufenthalt. In erschütternder Weise machen die Briefe, die er am 3. Dezember 1940 und am 3. März 1941 an den in die USA emigrierten ehemaligen Kollegen Dr. Bergel schrieb, deutlich, wie das Ehepaar Schnook alle Hoffnung auf Rettung nur noch auf diese Beglaubigung setzte: „Vor einer Woche habe ich an einen Schwager in Cincinnati gekabelt mit der Aufforderung sich noch einmal wegen meiner Angelegenheit mit den Bürgen in Verbindung zu setzen. Von diesen Bemühungen hängt unter Umständen alles ab."[131]

128 Levi, Primo, Ist das ein Mensch?, München 1968, S. 84.
129 Joods monument, URL: https://www.joodsmonument.nl/en/page/121060/walter-bonn, abgerufen am 12.02.2021.
130 Historisches Portal Essen. Gedenkstätte Alte Synagoge, URL: https://media.essen.de/media/historisches_portal/historischesportal_dokumente/startseite_5/Gedenkbuch_Alte_Synagoge.pdf,, abgerufen am 12.02.2021.
131 Mahn- und Gedenkstätte Düsseldorf [MuG] Sammlung Kurt Schnook, K. (1940), Brief an Dr. Kurt Bergel vom 03.12.1940 und 3.3.1941.

Die Hoffnungen erfüllten sich nicht, denn am 23. Oktober 1941 wurde ein Ausreiseverbot für Juden erlassen. Kurt und Thea Schnook wurden im November 1941 von Düsseldorf ins Ghetto nach Minsk deportiert und dort ermordet.[132]

1930/31 wurde **Hermann Rosenmann** (9.7. 1920) angemeldet, der bis zum Schuljahr 1935/36 die Schule besuchte. Im Schuljahr 1932/33 kamen **Klaus Anschel** (11.1.1921) und **Bernd Schmerler** (4.3.1920) dazu.

Klaus Anschel zog nach der Scheidung seiner Eltern in Düsseldorf mit seiner Mutter Irma nach Viersen.[133] Sein Vater Rudolf Anschel, Inhaber einer später arisierten Druckerei in Köln-Mülheim, kam nach seiner Verhaftung im Juni 1938 in verschiedene KZ (Sachsenhausen, Dachau, Neuengamme und Buchenwald) und wurde in Buchenwald am 12. Februar 1942 ermordet.
Klaus Anschel verließ am 31. März 1935 mit 14 Jahren nach der Versetzung in die Obertertia das Humanistische Gymnasium, da ein Studium für jüdische Schüler nicht mehr möglich war. Auf seinem Abgangszeugnis steht unter Bemerkungen, dass „die Schule ihn entläßt mit den besten Wünschen für seine Zukunft."[134]
In einem persönlichen Gespräch mit einer Mitarbeiterin der Mahn- und Gedenkstätte in Düsseldorf erinnerte er sich an „einige antisemitische Bemerkungen vom Direktor [zu dieser Zeit Fritz Schöne] des Gymnasiums". In diesem Gespräch[135] bedauerte er, dass kein Lehrer außer Studienrat Max Brettar mit ihm gesprochen habe, als er das Gymnasium verlassen musste. Keiner der anderen Lehrer hatte „den Anstand oder das Bedürfnis, mit mir zu sprechen und zu sagen, es tät ihm leid, und mir alles Gute für die Zukunft zu wünschen oder so etwas. Kein einziger, obwohl das niemandem geschadet hätte, aber kein einziger hat das getan. Ich fühlte mich als Außenseiter." Von seinen Mitschülern habe er wenig Anfeindungen erlebt. Nach dem Ende des Zweiten Weltkrieges habe er Brettar Esspakete nach Viersen geschickt und ihn auch bei seinem ersten Besuch in Deutschland besucht. Brettar sei sehr dankbar gewesen.

132 https://www.wikiwand.com/de/Liste_der_Stolpersteine_in_D%C3%BCsseldorf, abgerufen am 12.2.2021.

133 Philipp, Michael (Hg.), Israel Nussbaum. Gut Schabbes! Jüdisches Leben auf dem Lande, Berlin 2002, S. 174.

134 KAV, I 2, Nr. 12142 Abgangszeugnisse [des Städtischen Realprogymnasiums) von 1924 bis 1935, S. 381.

135 Archiv der Mahn- und Gedenkstätte Düsseldorf, Interview von Angela Genger mit Klaus Anschel 1996 in London.

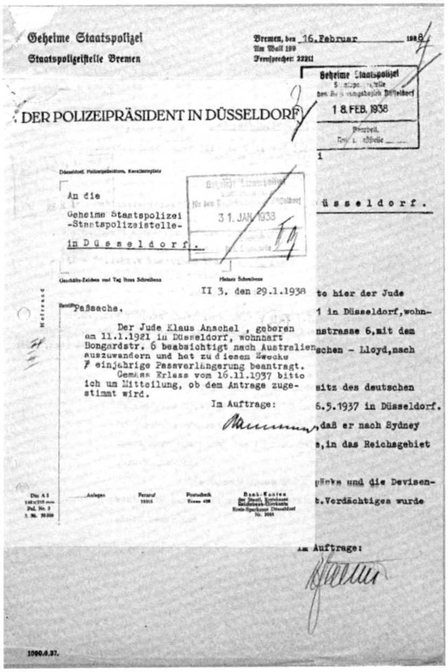

Geheime Staatspolizei
Staatspolizeistelle Bremen

Bremen, den 16. Februar 1938
Am Wall 199
Fernsprecher: 22211

Geheime Staatspolizei
Staatspolizeistelle
für den Regierungsbezirk Düsseldorf
18. FEB. 1938

DER POLIZEIPRÄSIDENT IN DÜSSELDORF

Düsseldorf, Polizeipräsidium, Kavalleriestraße

An die
Geheime Staatspolizei
-Staatspolizeistelle-
in Düsseldorf.

31. JAN. 1938

Geschäfts-Zeichen und Tag Ihres Schreibens

Meines Schreibens
II 3, den 29.1.1938

Betrifft: Paßsache.

Der Jude Klaus Anschel, geboren am 11.1.1921 in Düsseldorf, wohnhaft Bongardstr. 6 beabsichtigt nach Australien auszuwandern und hat zu diesem Zwecke 7 einjährige Passverlängerung beantragt.

Gemäss Erlass vom 16.11.1937 bitte ich um Mitteilung, ob dem Antrage zugestimmt wird.

Im Auftrage:

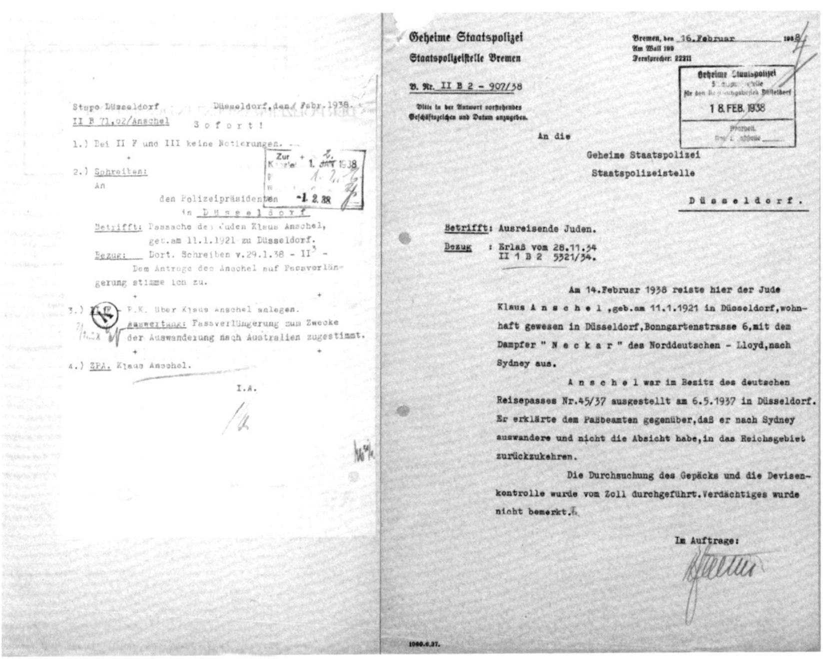

Stapo Düsseldorf
II B 71,02/Anschel

Düsseldorf, den / Febr. 1938.

Sofort!

1.) Bei II F und III keine Notierungen.

2.) Schreiben:
An
den Polizeipräsidenten
in Düsseldorf

Zur Kanzlei 1. Febr. 1938
-1. 2. 38

Betrifft: Passache des Juden Klaus Anschel, geb. am 11.1.1921 zu Düsseldorf.
Bezug: Dort. Schreiben v. 29.1.38 - II 3 -

Dem Antrage des Anschel auf Passverlängerung stimme ich zu.

3.) II F - P.K. über Klaus Anschel anlegen.
Auswertung: Passverlängerung zum Zwecke der Auswanderung nach Australien zugestimmt.

4.) ZPA. Klaus Anschel.

I.A.

Geheime Staatspolizei
Staatspolizeistelle Bremen

Bremen, den 16. Februar 1938
Am Wall 199
Fernsprecher: 22211

B. Nr. II B 2 - 907/38

Bitte in der Antwort vorstehendes Geschäftszeichen und Datum angeben.

Geheime Staatspolizei
Staatspolizeistelle
für den Regierungsbezirk Düsseldorf
18. FEB. 1938

An die
Geheime Staatspolizei
Staatspolizeistelle
Düsseldorf.

Betrifft: Ausreisende Juden.
Bezug: Erlaß vom 28.11.34
II 1 B 2 5321/34.

Am 14. Februar 1938 reiste hier der Jude Klaus Anschel, geb. am 11.1.1921 in Düsseldorf, wohnhaft gewesen in Düsseldorf, Bonngartenstrasse 6, mit dem Dampfer "Neckar" des Norddeutschen - Lloyd, nach Sydney aus.

Anschel war im Besitz des deutschen Reisepasses Nr. 45/37 ausgestellt am 6.5.1937 in Düsseldorf. Er erklärte dem Paßbeamten gegenüber, daß er nach Sydney auswandere und nicht die Absicht habe, in das Reichsgebiet zurückzukehren.

Die Durchsuchung des Gepäcks und die Devisenkontrolle wurde vom Zoll durchgeführt. Verdächtiges wurde nicht bemerkt.

Im Auftrage:

Anschel hat nach Beendigung der Schulzeit am Humanistischen Gymnasium in Duisburg und Düsseldorf bei Bekannten gearbeitet und die Herstellung von gebrannten Mandeln und Schokolade gelernt.
Klaus Anschel ist am 14. Februar 1938 von Bremen mit dem Dampfer „Neckar" alleine nach Sydney/Australien emigriert, wo er nach fünf Wochen Überfahrt in Sydney ankam. Die Gestapo Bremen informierte die Gestapo Staatspolizeistelle Düsseldorf über Anschels Ausreise. Klaus Anschel hatte sicherlich nicht die Absicht, in das Nazi-Deutschland zurückzukehren![136] Das Geld für die Überfahrt war auf Initiative von Israel Nussbaum, Lehrer an der jüdischen Schule und Kantor der kleinen jüdischen Gemeinde in Viersen, gesammelt worden.
Mit seinem dort lebenden Onkel betrieb er später in Melbourne ein Süßwarengeschäft. Seinen Vater hat er bei der Verabschiedung in Bremen zum letzten Mal gesehen. Seine Mutter Irma und seine Schwester Lore, die das Lyzeum in Viersen verlassen musste, folgten ihm 1939 nach Australien. Anschels Mutter lebte bis zu ihrem Tod 1993 – einen Tag vor ihrem 100. Geburtstag – in Melbourne. Sie erhielt eine Entschädigungsrente aus Deutschland infolge der Inhaftierung und Ermordung ihres früheren Ehemannes Rudolf durch die Nazis.
Anschel hatte mit seiner aus Wien stammenden Ehefrau Gerti in Australien zwei Kinder. Dort war er mit vielen Künstlern befreundet. [137] 1961 zog die Fa-

Klaus und Gerti Anschel in ihrer Galerie in London

[136] LAV NRW R, RW 0058 Nr. 51431.
[137] Brave New Visions: The émigrés who transformed the British art world:https://issuu.com/bravenewvisions/docs/brave_new_visions/8, abgerufen am 17.2.2021.

milie nach London, da eine lange Europareise zwischen 1956 und 1958 – außer Deutschland – das starke Interesse für den Kontinent erweckt hatte. Klaus und Gerti Anschel eröffneten 1962 auf der King's Road in London eine Galerie. Sie hatten als Kunstkenner und Galeristen einen hervorragenden Ruf, besonders in der Pop-Art-Szene. Sie kauften und verkauften Originaldrucke der angesagten britischen Künstler zu dieser Zeit, wie David Hockney, Peter Blake, Richard Hamilton, Alan Davie und Joe Tilson. Eine ihrer bekanntesten Kunden war die britische Schauspielerin Judy Dench. Nach dem Tod seiner Frau 1995 vermachte Klaus Anschel der Tate-Gallery in London David Hockney-Radierungen. 2017 ist Klaus Anschel mit 96 Jahren verstorben. Sein Sohn Daniel war ein Jahr vor ihm gestorben.

Hermann Rosenmann[138] war der Sohn von Simon und Feiga Rosenmann, die auf dem Viersener Friedhof beerdigt sind. In der Reichspogromnacht wurde die elterliche Wohnung mit sämtlichem Inventar von SS und SA völlig zerstört und ausgeplündert. Er wurde durch einen namentlich nicht genannten Lehrer misshandelt. Auch Schulkameraden und bisherige Freunde wandten sich von ihm ab, sodass er am

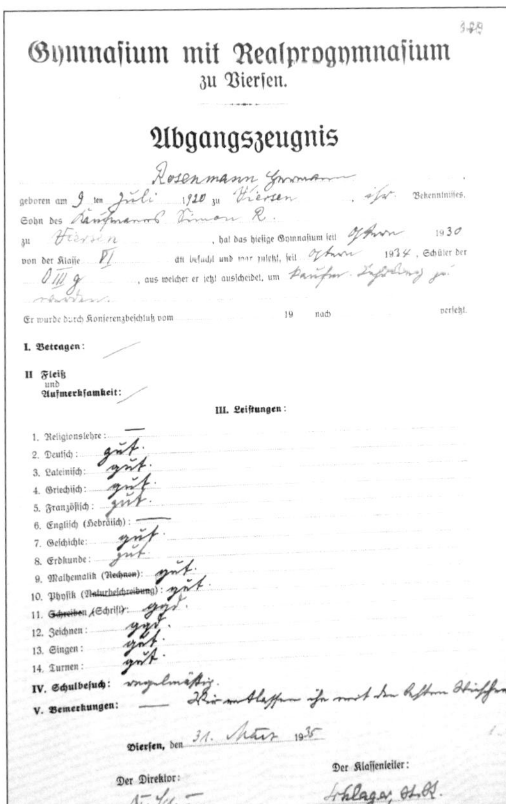

Gymnasium mit Realprogymnasium
zu Viersen.

Abgangszeugnis

Rosenmann Hermann

geboren am 9 ten Juli 1920 zu Viersen, isr. Bekenntnisses,
Sohn des Kaufmanns Simon R.
zu Viersen, hat das hiesige Gymnasium seit Ostern 1930
von der Klasse VI an besucht und war zuletzt, seit Ostern 1934, Schüler der
O III g, aus welcher er jetzt ausscheidet, um Kaufm. Lehrling zu werden.

Er wurde durch Konferenzbeschluß vom 19 nach versetzt.

I. Betragen: —

II Fleiß und Aufmerksamkeit: —

III. Leistungen:

1. Religionslehre: —
2. Deutsch: gut.
3. Lateinisch: gut.
4. Griechisch: gut.
5. Französisch: gut.
6. Englisch (Hebräisch): —
7. Geschichte: gut.
8. Erdkunde: gut.
9. Mathematik (~~Rechnen~~): gut.
10. Physik (~~Naturbeschreibung~~): gut.
11. ~~Schreiben~~ (Schrift): gut.
12. Zeichnen: gut.
13. Singen: gut.
14. Turnen: gut.

IV. Schulbesuch: regelmäßig.

V. Bemerkungen: —

Viersen, den 31. März 1935

Der Direktor:

Der Klassenleiter: Schlager, StR.

Abgangszeugnis 1935
Hermann Rosenmann

[138] KAV, I 2, Nr. 6916 Entschädigungsakte Hermann Rosenmann.

31. März 1935 in der Obertertia die Schule verließ. Hermann Rosenmann war ein ausgezeichneter Schüler, der auf seinem Abgangszeugnis in allen Fächern die Note gut hatte.[139]
Auch er wurde „mit den besten Wünschen" entlassen. Nach längerer Krankheit durchlief er eine dreijährige Lehre bei der jüdischen Firma „Kapokwerke" in Viersen. Nach dortiger anderthalbjähriger Anstellung musste er Mitte 1938 die Firma infolge der „Arisierung" verlassen. Er wurde verhaftet und kam im KZ Dachau am 17.11.1938 in Schutzhaft.[140] Nach seiner Entlassung floh er im April 1939 nach Belgien, wo er 1962 verstarb.

Bernd Schmerler ist 1931[141] auf dem Humanistischen Gymnasium eingeschult worden. Im Zeugniskonferenzprotokoll vom 16. März 1934 ist vermerkt worden, dass Bernd Schmerler (Schüler der Quarta / 7. Klasse) nicht versetzt worden ist, auch die Schüler Claßen und Tappiser nicht. In der ersten Konferenz nach den Osterferien 1934 wurden Claßen und Tappiser aufgrund ihrer Tätigkeit in der HJ und des damit zeitlich verbundenen Aufwands nachträglich versetzt. [142] Schmerler aber nicht!
Bernd Schmerler verließ Ostern 1934 die Schule. Er begann eine Polstererausbildung und folgte seinen Eltern Salomon[143] und Perel / Paula Schmerler wenige Tage nach Kriegsbeginn 1939 nach Brüssel. Er war vermutlich ab 1942 in der KZ-Außenstelle Breendonk und wurde zwischen dem 15. und dem 25. August 1942 in das SS-Sammellager Mechelen transportiert. Er war einer von 24 000 Menschen, die von dort aus in Konzentrationslager deportiert wurden. Mechelen, die ehemalige Dossin-Kaserne, war im Juli 1942 eröffnet worden. Die Transporte I (4. August 1942) bis XXVI (31. Juli 1944) von dort hatten alle Auschwitz-Birkenau zum Ziel. Bernd Schmerlers Name befindet sich auf der Transportliste XXIV mit der Nr. 288[144], mit insgesamt 624 Deportierten. Er wurde am 4. April 1944 deportiert[145]. Die Hälfte der Deportierten wurde sehr bald nach der Ankunft in den Gaskammern und Krematorien ermordet. Die nach der Selektion Übriggebliebenen wurden zum Arbeitseinsatz in den KZ-

139 KAV, I 2, Nr. 12142 Abgangszeugnisse [des Städtischen Realprogymnasiums) von 1924 bis 1935, S. 389.

140 https://stevemorse.org/dachau/dachau.php?=&offset=147905.

141 KAV, I 2, Nr. 12093 Stammliste von 1905 – 1948.

142 KAV, I 2, Nr. 12182, Protokollbuch des Städt. Humanistischen Gymnasiums von 1924 – 1940.

143 Salomon Schmerler war als sogenannter Ostjude Anfang des 20. Jahrhunderts nach Viersen gekommen. Er war Vertreter einer Bijouteriefirma.

144 URL: https://beeldbank.kazernedossin.eu/index.php/search?q=Bernd+AND+SCHMERLER&view=list.

145 Yad Vashem, URL: https://yvng.yadvashem.org/index.html?language=de&s_lastName=Schmer- ler&s_firstName=Bernd&s_place=&s_dateOfBirth=&cluster=true.

XXIV. Transport - 20 -

Nr.	Name	Geburtsdatum/-ort		Beruf
276.	Samson Ivan	11.5.99 Aurich	stl.	Landwirtschaftler
277.	Samson - Wollf Hanchen	12.3.00 Norden	stl.	Hausfrau
278.	Rubinowicz Lajb Mordka	22.3.94 Dobyzegow	stl.	Arbeiter
279.	Rubinowicz-Malinowicer Rejla	30.4.02 Osoworio	stl.	Schneiderin
280.	Rubinowicz Brajndla Chana	19.5.23 Dambrowa	stl.	Schneiderin
281.	Rubinowicz Gitman	16.11.26 Dambrowa	stl.	Schneider
282.	Driller - Jasgur Estera	11.8.02 Druskilinki	stl.	Hausfrau
283.	Driller Peter	25.11.30 Berlin	stl.	Schüler
284.	Resnikow - Rubenzik Sarha (Sonja)	11.12.94 Minsk	stl.	Hausfrau
285.	Resnikow Siegbert	23.8.33 Berlin	stl.	Schüler
286.	Jonis - Falinower Ryska	19.12.04 Warschau	stl.	Hausfrau
287.	Gruber Baruch	7.2.09 Krakau	stl.	Kürschner
288.	Schmerler Bernd	4.3.20 Wiesen	stl.	Polsterer
289.	Spindler recte Feiler Josef	24.11.03 Brzozow	stl.	Schneider & Schäftemacher
290.	Spindler - Buchbinder Beila	1906 Gradewo	stl.	Kürschnerin
291.	Piotrkowski Moisze Majer	16.1.97 Lodz	stl.	Schuhmacher

Bernd Schmerler

Deportationsliste Mechelen - Auschwitz 1944

Komplex Auschwitz-Birkenau gebracht. Durch Hunger, harte Arbeit, miserable Hygiene, körperliche und seelische Misshandlungen und zum Teil durch Todesmärsche wurden sie schnell dezimiert. 147 Menschen dieses Deportationszuges überlebten das Grauen, wobei die Frauen in der Überzahl waren. Bernd Schmerler wurde in Auschwitz vergast und erlitt das gleiche Schicksal wie seine Eltern Paula und Salomon Fritz Schmerler. Salomon Schmerler war 1942 von Drancy / Frankreich und dessen Ehefrau Paula 1943 von Mechelen nach Auschwitz-Birkenau deportiert worden.

Welche Erwähnung fanden diese Schüler in der schulinternen Erinnerung nach 1945?

In der Festschrift „50 Jahre Abitur" des Städtischen Humanistischen Gymnasiums liest man in einem von Oberstudienrat Klingen erstellten Verzeichnis der Gefallenen im 1. Und 2. Weltkrieg auf Seite 32: „Schmerler, Bernd, IV 1933, umgebr. d. Gewaltmaßn. des III. Reiches". Auf der folgenden Seite: „Schnook, Kurt, Abitur 1929, vergast in Theresienstadt".

Über weitere jüdische Schüler werden von Klingen keine Angaben gemacht.

In seinen einleitenden Bemerkungen zum Verzeichnis äußert er sich lediglich zu den Gefallenen. „Erschütternd ist die hohe Zahl unserer gefallenen Schüler. Mögen die langen Reihen der Namen allen die eindringliche Mahnung künden, nur dem Werk des Friedens innerhalb der Gemeinschaft der Völker zu leben!"[146]

4 Wiederbeginn des Unterrichts am 15.10.1945 und das „Gerangel" um das Schulleiteramt

Am 1. März 1945 war der Krieg für die Bürgerinnen und Bürger Viersens vorbei und die Stadt wurde von den amerikanischen Truppen besetzt.[147] Das Gymnasium diente dann zunächst als Unterbringungsort für die amerikanischen Soldaten.

Am 14.6.1945, also einem Monat nach der Kapitulation Deutschlands und dem Ende des Nationalsozialismus am 8. Mai, richtete das Oberpräsidium Nord-Rheinprovinz einen Erlass an alle Schulen, mit dem der Zustand der Oberschulen eruiert werden sollte. Der noch amtierende Oberstudiendirektor Hoengen beantwortete das Schreiben am 2. August 1945.[148]

Dabei ging er auf die Beschädigungen durch in der Nähe niedergegangene Bomben ein und hielt eine Wiederaufnahme des Unterrichts in „5 bis 6 Wochen" für möglich. Die personelle Situation wäre als schwierig zu bezeichnen, da nur noch er als Direktor und 12 Studienräte, von denen sich noch 3 in Gefangenschaft befänden, zur Verfügung ständen. Zudem hätten einige Studienräte das Pensionsalter schon überschritten. Hoengen selbst ging wohl davon aus, dass er von der Militärregierung als langjähriges NSDAP-Mitglied keine Konsequenzen zu befürchten habe.

Abschließend bemerkt Hoengen, dass die Klassen 7 und 8 z. Zt. nicht vorhanden seien, „da die Schüler im Reichsarbeitsdienst oder bei der Wehrmacht eingesetzt waren."

Das Schulgebäude war insgesamt bis auf die Turnhalle, deren Decke einzustürzen drohte, verhältnismäßig gut erhalten. Stark gelitten hatte aber das Dach der sogenannten Weberschule (Anbau), wo die Lehrerbücherei untergebracht war.

146 50 Jahre Abitur. Städt. Hum. Gymnasium Viersen 1954, S. 17.

147 Vgl. Marcus, Klaus, Der große Krieg und die kleine Stadt, S. 714 f.

148 KAV, I 2, Nr. 3795 Wiederaufnahme des Schulbetriebs im Hum. Gymnasium bzgl. allgemeiner Angelegenheiten 1945 – 1963, Schreiben Hoengen v. 2.8.1945 an den Oberpräsidenten.

In einem weiteren Schreiben[149] listet Hoengen die notwendigen Reparaturen auf und bittet um eine Ortsbesichtigung mit dem Bauamt. Die Schallplattensammlung für den Musikunterricht und das Klavier seien verschwunden, Einbußen der Lehrer-, Schüler- und Arbeitsbücherei seien erträglich. Die vorgeschriebene Aussonderung des NS-Schrifttums sei im Gange, nehme aber noch einige Zeit in Anspruch.
Die Akten und Zeugnislisten, die im Keller untergebracht waren, seien im "großen und ganzen" [sic] erhalten. „Einige ältere im ganzen Gebäude zerstreute Aktenbündel, die für die laufenden Geschäfte jedoch nicht mehr in Frage kamen, wurden gesammelt." Dies könnte die Ursache sein für das Verschwinden einzelner Akten. Auffällig ist vor allem, dass die Jahresberichte der Schule an das Reicherziehungsministerium für die Jahre von 1938 bis 1940 fehlen.
Am 7. September 1945[150] musste Schulleiter Hoengen – auch bezüglich seiner eigenen Person – dem Oberbürgermeister Dr. Schaub mitteilen: „Betr.Lehrkörper der Schule. Nach einem mir heute zugegangenen Erlasse des Herrn Oberpräsidenten der Nord-Rheinprovinz, Kulturabt./Gruppe III, vom 11.8. 1945 gelten bis auf weiteres Mitglieder der Partei nicht als Mitglieder des Lehrkörpers. Es blieben zur Verfügung nur die Studienräte: Donner, Schlager, Strotmann, Dr. Schneider und Finger. Entsprechend einem Erlasse derselben Stelle vom 25.8.45 vertritt mich bis zur endgültigen Regelung der dienstälteste Nicht-Pg.[151], im vorliegenden Falle Studienrat Donner."
Damit war das Kapitel Hoengen als Schulleiter aufgrund seiner NSDAP-Mitgliedschaft und der Entscheidung der Militärbehörde zunächst beendet.
Zur Frage der Schulreform und zur Begründung für die Wahl des Humanistischen Gymnasiums mit neusprachlicher Gabelung äußerte sich der kommissarische Direktor Emil Donner wie folgt: "Sie bedeutet einen scharfen Bruch mit der nationalsozialistischen Vergangenheit mit ihrer Unterdrückung der Persönlichkeit, ihrem friedensstörenden Militarismus, ihrer Überbetonung des Nationalismus und der eigenen Rasse, ihrer Staatsomnipotenz, ihrem Vorrang des staatlichen Rechtes gegenüber dem natürlichen und göttlichen Recht, ihrer Feindschaft gegen das Christentum. Die Schulreform will dazu beitra-

149 Vgl. ebenda, Schreiben v. 11.8.1945 an den Oberbürgermeister.
150 KAV, I 2, Nr. 3801 Vertretung, Einsatz, Entlassung und Wiedereinstellung von Lehrkräften am Hum. Gymnasium 1926-1947, Schreiben Hoengen v. 7.9.1945 an Oberbürgermeister Dr. Schaub.
151 Pg. = Abkürzung für Parteigenosse/Parteigenossin der NSDAP. Die Nationalsozialisten benutzten eine Vielzahl von Abkürzungen für viele Institutionen, Vorgänge, Gruppierungen u. ä. und benutzten diese auch nahezu durchgängig im Sprachgebrauch. Vgl. NS-Abkürzungsverzeichnis im Anhang und URL: http://www.documentarchiv.de/fs/ns_abkuerzungen.html, abgerufen am 8.3.2021.

gen, unser Volk wieder in die abendländische Völkerfamilie zurückzuführen."[152]
Diese Aussagen ungefähr 5 Monate nach Kriegsende zeigen nachdrücklich, wie die Nazi-Zeit im Nachhinein vom Alt-Philologen Donner bewertet wurde. Allerdings war auch bei ihm, dem Parteilosen, kein Hauch von Selbstkritik oder Problematisierung des eigenen Beitrags zur Stabilisierung des nationalsozialistischen Systems zu spüren.
Im Jahresbericht der Schule für die Jahre 1945 bis 1947, vom kommissarischen Schulleiter Donner verfasst, heißt es zur personellen Situation: „Bedingt durch die Zeitverhältnisse wurde die Schule am 15.10.1945 mit 7 Lehrkräften wieder eröffnet, da Studienrat Klingen am 11.10.1945 von der Militärregierung wieder zugelassen worden war. Ergänzt wurde das Kollegium durch eine Studienassessorin, die von der Abwicklungsstelle des früheren Oberpräsidenten der Nord-Rheinprovinz in Düsseldorf an die Schule überwiesen wurde... Die Unterrichtsverteilung vom 26.11.1945 weist schon 11 Lehrkräfte auf und die Zahl der Unterrichtsstunden in den Klassen 1-6 steigt auf 20-22 Stunden."
Zur Frage der Entnazifizierung äußert sich Donner kritisch. Seiner Meinung nach sei die Zulassung zum Unterricht bisher uneinheitlich vollzogen worden. So sei Hoengen ab dem 15.11.1945 lediglich wieder als Studienrat bei Beibehaltung des Oberstudiendirektorenamtes und der Dienstbezüge und nicht als Oberstudiendirektor eingestellt worden.
Weiterhin moniert Donner das Verhalten der Militärbehörde, da ein Teil des Kollegiums aufgrund des Fragebogens unmittelbar genehmigt wurde. Es bei anderen aber bei der Entlassung blieb: „Sie mußten sich erneut einem Entnazifizierungsverfahren unterziehen, das von verschiedener Dauer war. In einem Falle [Gerhard Tonn] folgte der Einspruch gegen die Entlassung im September 1945, die endgültige Entlastung erst am 8.5.1947. In allen Fällen, wo es angebracht schien [sic!], setzten sich sowohl das Lehrerkollegium als auch das Patronat [Stadtverwaltung] eifrig [sic!] für die Herbeiführung des alten Zustandes ein; insbesondere bemühten beide Stellen sich, daß dem Oberstudiendirektor die Leitung der Anstalt wieder übertragen wurde."[153]
Da das Gebäude des Lyzeums auf der Hauptstraße durch Bombenabwürfe beim Luftangriff am 24. Februar 1945 vollständig zerstört worden war, mussten die beiden Schulen sich das Gebäude auf der Wilhelmstraße teilen. Der Unterricht fand in einem wöchentlichen Wechsel vormittags oder nachmittags statt. Der zunächst geplante Wiederbeginn des Unterrichts konnte aufgrund

[152] KAV, I 2, Nr. 3795 Wiederaufnahme des Schulbetriebs im Hum. Gymnasium bezgl. Allgemeiner Angelegenheiten 1945-1963, Schreiben Donner v. 1.10.1945.
[153] Ebenda.

notwendiger Reparaturen am 8. Oktober nicht realisiert werden. Donner legte als Wiederbeginn daher den 15.10.1945 fest.
Erwähnenswert ist ein Relikt aus der Zeit des Nationalsozialismus. Die ehemaligen Schüler, die 1944 und 1945 die Schule in der Klasse 7 verlassen hatten, weil sie zum Reichsarbeitsdienst und als Luftwaffenhelfer eingezogen worden waren, hatten einen Reifevermerk erhalten, d. h. das Abitur ohne Abschluss erhalten. Diese Schüler mussten jetzt in vier Sonderlehrgängen mit dem Titel " Sonderlehrgang für Kriegsteilnehmer zur Erlangung der Hochschulreife" bis zur Ablegung des „normalen" Abiturs unterrichtet werden. Die Klasse 7 wurde in den 12-monatigen Sonderlehrgang integriert.
Neben diesem Lehrgang gab es noch einen 6-monatigen Lehrgang, dessen insgesamt 29 Schüler und Schülerinnen im April 1946 erfolgreich die Abiturprüfung bestanden. Im Oktober 1946 erhielten weitere 29 Teilnehmer des Lehrgangs II das Abitur. 1947 und 1948 legten weitere Absolventen der Sonderlehrgänge III und IV das Abitur ab.
Der damalige Teilnehmer eines Notabitur-Lehrganges Klaus Marcus erinnert sich: „Der Sonderlehrgang von 1945 war nicht mehr die Sexta von 1938. Er war vielmehr ein Gemisch von Jahrgängen, welche von 1922 bis 1928 reichten. Viele von uns waren jahrelang Soldat gewesen, aber schulisch nicht weiter als wir, die wir – hier hatten wir einmal Glück gehabt – den lückenhaften sogn. „Luftwaffenhelfer-Unterricht" als regulären angerechnet bekamen… Der Sonderlehrgang 1 nahm die „alten Herren" auf, jene Schüler, die bereits vor 1943 Soldat waren. Sie mußten noch einmal für sechs Monate die Schulbank drücken. Dann folgte der Sonderlehrgang 2, dem ich angehörte, der 12 Monate lief. Später folgten noch die Sonderlehrgänge 3 und 4, wobei letzterer die Abiturientia 1948 bildete. Damit war der Rückstau aus der Kriegszeit ausgeglichen und der normale Schulbetrieb konnte beginnen."[154]
Der Jahresbericht für das Schuljahr 1947/48 ist in den verschiedenen Archiven nicht aufzufinden. Emil Donner, der als Nicht-Parteigenosse und Dienstältester das Amt des Schulleiters kommissarisch ausgeführt hatte, erkrankte im Herbst 1947 und verstarb am 1. November 1947. Die Leitung des Gymnasiums wurde an Studienrat Walter Strotmann, wie Donner kein Mitglied der NSDAP, übertragen.
Michael Hoengen wollte unbedingt wieder als Schulleiter eingesetzt werden und verfolgte auf allen Ebenen dieses Ziel. Im Protokoll der Schulausschusssitzung vom 17. Juli 1947 lautet es dann, dass „Oberstudiendirektor Hoengen zunächst von der Militärregierung entlassen worden [sei], nach kurzer Zeit jedoch als Lehrer wieder eingesetzt worden. Durch Schreiben vom 26.3.1946

[154] Marcus, Klaus, Wirre Zeiten 1945-1949, S. 107f.

habe dann die Militär-Regierung mitgeteilt, dass Hoengen wieder als Direktor eingestellt werden könne, wenn die Schulbehörden es noch für wünschenswert hielten."[155]
Dem Wunsch der Viersener Politiker, ihn wieder als Direktor einzusetzen, wurde aber zunächst von der Schulbehörde in Düsseldorf nicht entsprochen. Man wollte keinen Pg. als Schulleiter. Diesen „unveräußerlichen" Standpunkt hatte die Ministerialrätin Dr. Luise Bardenhewer, die die Abteilung Höhere Schulen im Düsseldorfer Kultusministerium leitete, schon in Gesprächen mit Oberstadtdirektor Dr. Schaub am 14. Januar 1947[156] und 4. Juli 1947[157] verdeutlicht, „da ein ehemaliger Parteigenosse unter keinen Umständen Leiter einer höheren Lehranstalt werden könne… und grundsätzlich nur als Studienrat bestätigt [sei]."[158] Allerdings fehlte eine schriftliche Fixierung bzw. eine gesetzliche Bestimmung des ministeriellen Standpunktes. Schaub verwies in diesem Gespräch darauf, dass der Viersener Schulausschuss Hoengen als Leiter gewählt habe und bei einer anderen Besetzung der Direktorenstelle durch das Ministerium man zwei Direktorengehälter bezahlen müsste.
Die Position der Abteilungsleiterin Dr. Bardenhewer hielt sich aber nur bis 1948, da Hoengen im Jahresbericht 1948/49 mitteilen konnte: „Während der ersten Hälfte des Berichtsjahres lag wie im Vorjahre die Leitung der Schule in der Hand des Studienrats Walter Strotmann. Nachdem dann der frühere Leiter der Anstalt, Oberstudiendirektor Michael Hoengen, von der Frau Kultusminister [sic!] aufs neue in eingesetzt worden war, übernahm dieser am 3.11.1948 wieder die Amtsgeschäfte des Direktors."[159]
Strotmann selbst wurde am 5. Juli 1948 von der kurzfristig einberufenen Lehrerkonferenz auf der Grundlage der wieder eingesetzten Konferenzordnung von 1922 auf Antrag Studienrat Finger, ebenso kein NSDAP-Mitglied, für die Wahl zum Oberstudienrat vorgeschlagen. Ein Vertagungsantrag vom ehemaligen Pg. Dr. Cremer wurde abgelehnt. Hoengen erklärte diesen Beschluss – die Stellungnahme zur Wahl Strotmanns – am 6. Juli 1948 für ungültig, da er nicht rechtzeitig eingeladen worden sei. Hoengen unterschrieb diese Erklärung mit dem Titel des Oberstudiendirektors.
Zur Wahl Strotmanns als Oberstudienrat kam es dann auch nicht. Ratsherr Küsters und Pfarrer Totzeck wiesen in der Schulausschusssitzung am 5. Juli 1948 auf die schwierige Etatsituation Viersens und die nicht vorhandene

[155] KAV, I 2, Nr. 4269 Sitzungsniederschriften Schulausschuss 1946 – 1948, Protokoll der Sitzung v. 17.7.1947.
[156] Vgl. ebenda, Aktenvermerk Schaub v. 14. Januar 1947.
[157] Vgl. ebenda, Schreiben Schaub an Oberbürgermeister Hülser v. 4.7.1947.
[158] Bilski, Anja, Die Entnazifizierung des Düsseldorfer Schulwesens nach 1945, S. 253.
[159] KAV, I 2, Nr. 3795, Wiederaufnahme des Schulbetriebs im Hum. Gymnasium bzgl. allgemeiner Angelegenheiten, 1945 – 1963.

Dringlichkeit hin.[160] Der Ausschuss schloss sich dieser Argumentation an. Dennoch kann man sich nicht des Eindruckes erwehren, dass Hoengen die Wahl Strotmanns durch seinen ehemaligen Parteigenossen Totzeck hat verhindern lassen. Vermutlich beabsichtigte er, diese Oberstudienratsstelle, die durch den Tod von Emil Donner frei geworden war, mit seinem ehemaligen Parteigenossen Klingen zu besetzen. Klingen ist dann auch am 13.11.1950 vom Stadtrat zum Oberstudienrat gewählt und am 16. März 1951 von der Schulbehörde bestätigt worden.[161]

Im März 1949 war die Besetzung der Oberstudienratsstelle wieder Thema einer Lehrerkonferenz[162], denn im Protokoll der „Allg. Konferenz" (im Protokoll hieß es zunächst „Besondere") vom 9. März 1949 heißt es zunächst unter Punkt II: „1. Der Leiter erläutert zunächst die Kompetenz der Konferenz. 2. Der Leiter lässt abstimmen in geheimer Wahl, „ob das Kollegium mit der Wahl des Kollegen Strotmann einverstanden,"[sic!] Ergebnis: 14 Stimmen „Ja", 1 Stimme „Nein", 2 Stimmen „Stimmenthaltung". Hoengen ließ dann erneut über die Frage, wen er bei einer möglichen Ablehnung Strotmanns durch den Schulausschuss vorschlagen sollte, geheim abstimmen. Dabei erhielt der Kollege Finger eindeutig (10 Stimmen) das Vertrauen des Kollegiums.
Merkwürdigerweise ist das Protokoll nachträglich – aufgrund der Handschrift vermutlich von Hoengen – geändert worden. Die vorherige Fassung des Punktes 2 wurde durchgestrichen.

Insgesamt bestand der Lehrkörper im Schuljahr 1947/48 aus 17 Lehrern für die Unterrichtung von 410 Schülern. Neben Hoengen waren das die Planstelleninhaber Strotmann, Finger, Klingen, Dr. Cremer, Dr. Köhne, Dr. Klusen, Jansen, Tonn und Dr. Paulus. Zur Deckung des Unterrichts waren als „ostvertriebene Lehrer" die Studienräte Schmidt und Heydeck, der Studienassessor Hagedorn, der Studienreferendar Dr. Schütz eingesetzt.
Die Pensionäre Schlager und Becker erteilten zudem noch stundenweise Unterricht. Im November 1948 komplettierte der aus der Kriegsgefangenschaft zurückgekehrte „ostvertriebene" Studienrat Niechoj das Kollegium.
Laut Bericht konnten die vorgeschriebenen Wochenstunden nicht vollständig erteilt werden, da man sich weiterhin das Gebäude mit dem Lyzeum teilen

160 KAV, I 2, Nr. 4269 Sitzungsniederschriften Schulausschuss 1946 – 1948, Protokoll der Sitzung v. 5.7.1948.

161 KAV, I 2, Nr. 3795, Wiederaufnahme des Schulbetriebs im Hum. Gymnasium bzgl. allgemeiner Angelegenheiten, 1945 – 1963, Bericht über das Schuljahr 1950/51, Tgb. Nr. 134/51.

162 KAV, I 2, Nr. 12186, Konferenzschriften von 1941 – 1955, S. 163f.

Lehrerkollegium Schuljahr 1947/48
1. Diagonale v. u. n. o. Schlager, Hagedorn, Heydeck
2. Diagonale v. u. n. o. Becker, Finger, Dr. Cremer
3. Diagonale v. u. n. o. Hoengen, Dr. Klusen
4. Diagonale v. u. n. o. Strotmann, Klingen, Paulus
5. Diagonale v. u. n. o. Schmidt, Dr. Köhne
6. Links außen Jansen, rechts außen Tonn

musste. Zudem konnte der Samstagnachmittag aufgrund der Reinigung des Gebäudes nicht genutzt werden. Auf die Nutzung der Turnhalle im Winter musste verzichtet werden, da diese infolge des herrschenden Brennstoffmangels nicht beheizt werden konnte.

Bewerbung des Weseler Studienrats Konrad Schäfer um die Oberstudiendirektorenstelle

Nachdem Oberstudiendirektor Hoengen nur noch als Studienrat zugelassen worden war, hat sich der Weseler Studienrat Konrad Schäfer, gebürtig in Viersen, 1945 auf die vermeintlich freie Leiterstelle beworben.[163]

Schäfer war nicht Mitglied in der NSDAP, allerdings im NSLB und bei der NSV. Als Zeuge für die Richtigkeit seiner Aussagen im Fragebogen der Militärregierung nannte er u. a. Dechant Frenken. Am 2. Januar 1946 wurde Schäfer, der mittlerweile in Viersen wohnte, von der Militärregierung ohne

[163] KAV, I 2, Nr. 3820, Bewerbung des Studienrates Konrad Schäfer um die Direktorenstelle am Knabengymnasium.

Einschränkungen zugelassen und am 22. Mai 1947 in die Kategorie V eingereiht.[164]
Oberbürgermeister Dr. Schaub (ab 1946 Oberstadtdirektor) war anfangs durchaus positiv gegenüber der Bewerbung Schäfers für das Schulleiteramt eingestellt, was man der Korrespondenz mit Schäfer entnehmen kann. Am 18. September 1945 teilte er ihm allerdings mit, dass nach Rücksprache mit dem Oberpräsidium in Düsseldorf „eine Neubesetzung der Direktorenstellen einstweilen nicht erfolgen soll, da zunächst die dienstältesten Kollegen mit der Leitung der Anstalten beauftragt werden."[165]
Nachdem Hoengen aber nur als Studienrat zugelassen worden war, hielt Schäfer seine Bewerbung aufrecht. Seine Bewerbungen in Bonn und Krefeld zog er zurück, da es für ihn einen „besonderen Reiz" darstellte, die Leitung des Gymnasiums zu übernehmen, bei dem er zum ersten Abiturjahrgang der Schule im Jahre 1904 gehörte.
Schäfer hatte zudem die Zusicherung des Oberpräsidenten erhalten, dass das Land sich an einer späteren Pensionszahlung beteiligen würde. Für die Zusammenarbeit mit Hoengen im Falle seiner Wahl zum Oberstudiendirektor sah er aufgrund seiner „stets bewiesenen Loyalität" keine Probleme. Weiterhin erklärte er seine Bereitschaft, die Leitung des Lyzeums vorübergehend mitzuübernehmen, da der ehemalige Direktor Fritz Schöne dort als Schulleiter nicht zugelassen war.
Schäfer fügte seiner Bewerbung mehrere Erklärungen von Weseler Bürgern und Ex-Kollegen bei. Sie bescheinigten ihm Gegnerschaft zur NSDAP aufgrund seiner christlichen und politischen Überzeugungen, mutiges Eintreten für die Wahrheit und eine große Beliebtheit bei Eltern und Schülern.
Da Hoengen die Weiterzahlung seines Gehaltes als Oberstudiendirektor zugesichert worden war, äußerte die Stadtverwaltung Viersen gegenüber der Ministerialrätin Dr. Bardenhewer Bedenken dahingehend, „ dass die Stadt Viersen nunmehr das Gehalt für den Oberstudiendirektor Hoengen bezahlen müsse und sich deshalb dagegen zur Wehr setze, dass die Stelle mit einem anderen Leiter besetzt werde, weil die Stadt durch den zuständigen Ausschuss Herrn Hoengen erneut zum Leiter der Anstalt gewählt habe."[166]
Ein Jahr zuvor hatten sich im Februar 1946 das Lehrerkollegium des Gymnasiums und Hoengen selbst in einer konzertierten Aktion gegen Schäfer aus-

164 LAV NRW R, NW 1021 – 459 (Entnazifizierungsakte Schäfer).

165 KAV, I 2, Nr. 3725 Einrichtung der alliierten Kommandantur und Entnazifizierung der Verwaltung 1945.

166 KAV, I 2, Nr. 4269, Sitzungsniederschriften Schulausschuss 1946 – 1948, Aktenvermerk Dr. Schaub v. 14.1.1947.

gesprochen. Zudem gab man das „hohe Lebensalter" von Schäfer zu bedenken.
Das Kollegium wünschte im Kern ein Moratorium, um Hoengen den Weg zurück als Direktor nicht zu versperren, „denn dieser habe die Schule durch die Irrtümer und Verstiegenheiten des Nationalsozialismus hindurchgeführt". Drei Jahre zuvor hatte man Hoengen eine durchweg nationalsozialistische Haltung attestiert!
Hoengen mischte sich in das Bewerbungsverfahren ein, indem er Oberbürgermeister Hülser die Abschrift eines Briefes eines ehemaligen Kollegen Schäfers zukommen ließ. Der Briefeschreiber, der anonym bleiben wollte, warf Schäfer vor, „daß der Direktor [der Weseler Schule] und 2/3 des Kollegiums von der Militärregierung abgelehnt wurden (darunter ich)", und bezeichnete ihn als Denunzianten.[167]
Oberstadtdirektor Dr. Schaub teilte dann im April 1946 dem Oberpräsidenten mit, dass man Hoengen wieder zum Direktor gewählt habe, da auch die Militärregierung nach der positiven Entscheidung „an höherer Stelle"[168] die Erlaubnis gegeben habe, „wenn die Schulbehörden es noch für wünschenswert halten." Am Ende des Schreibens erklärt er, dass die „hier noch vorliegende Bewerbung des Herrn Konrad Schäfer (bisher an der staatlichen Oberschule für Jungen in Wesel) damit hinfällig [wird]."[169]
Hoengen, ein anonymer Informant – wohl aufgrund seiner Ablehnung durch die Militärregierung auch NSDAP-Mitglied -, die Stadtverwaltung in Person von Dr. Schaub, der Schulausschuss der Stadt Viersen und das Lehrerkollegium unter der stellvertretenden Leitung von Emil Donner machten somit den Weg für die Wiedereinstellung Hoengens als Oberstudiendirektor am 3. November 1948 frei.

[167] KAV, I 2, Nr. 3820 Bewerbung des Studienrates Konrad Schäfer um die Direktorenstelle am Knabengymnasium 1946.

[168] Die „höhere Stelle" war die Kultusministerin Teusch.

[169] LAV NRW R, BR Pe Nr. 9633, Schreiben Dr. Schaub v. 3.4.1946 an den Oberpräsidenten der Nord-Rheinprovinz Abt. Kultur III in Düsseldorf.

5. Entnazifizierung

5.1. Gesetzliche Grundlagen der Entnazifizierung

Grundsätzlich wird unter der Entnazifizierung[170] in Deutschland nach dem Ende des Nationalsozialismus die politische Säuberung der Gesellschaft mit dem Ziel der Entfernung von Personen aus Ämtern und hervorgehobenen Stellungen verstanden. Das Potsdamer Abkommen spricht im Artikel III von „der Ausrottung des deutschen Militarismus und Nazismus“. Neben der Strafverfolgung in den Kriegsverbrecherprozessen vor dem Militärtribunal in Nürnberg wurden mittels der Unterbringung in Internierungslager Personen, die ein Sicherheitsrisiko für die Besatzungstruppen und die Bevölkerung darstellten, neutralisiert.
Nach der Direktive JCS 1067 sollten alle „Mitglieder der Nazipartei, die nicht nur nominell in der Partei tätig waren, alle, die den Nazismus und den Militarismus unterstützt haben ... entfernt und ausgeschlossen werden aus öffentlichen Ämtern und aus wichtigen Stellungen in halbamtlichen und privaten Unternehmungen.“[171] Dazu diente ein erster kurzer vierseitiger Fragebogen, den jeder Beamte und Angestellte, der vor dem 1.1.1938 eine höhere Stelle als die eines Büroangestellten innehatte, ausfüllen musste. Nach Überprüfung der Glaubwürdigkeit der Beantwortung durch kommunale Beamte erfolgte eine erste Bewertung. Die Public Safety Branch der Militärregierung entschied abschließend, ohne dass der Betreffende angehört wurde, ob man entweder automatisch entlassen, suspendiert unter Wegfall des Gehaltes oder im Amt belassen wurde. War man vor dem 1. April 1933 der NSDAP beigetreten, Funktionär der NSDAP, Offizier der SS oder SA oder Angehöriger der

170 Hinsichtlich des Forschungsstandes ist hinzuweisen auf:
Rauh-Kühne, Cornelia, Die Entnazifizierung und die deutsche Gesellschaft, in: Archiv für Sozialgeschichte Heft 35, Bonn 1995, S. 35–70.
Fürstenau, Justus, Entnazifizierung. Ein Kapitel deutscher Nachkriegspolitik, Neuwied und Berlin 1969.
Vollnhals, Clemens (Hg.), Entnazifizierung. Politische Säuberung und Rehabilitierung in den vier Besatzungszonen 1945-1949, München 1991.
Niethammer, Lutz, Die Mitläuferfabrik. Die Entnazifizierung am Beispiel Bayerns, Bonn 1982².
Lange, Irmgard (Bearb.), Entnazifizierung in Nordrhein-Westfalen. Richtlinien, Anweisungen, Organisation, Siegburg 1976.
Krüger, Wolfgang, Entnazifiziert! Zur Praxis der politischen Säuberung in Nordrhein-Westfalen, Wuppertal 1982.
Wissenschaftliche Dienste Deutscher Bundestag, Die Entnazifizierung (WD 1-3000/072/11), Berlin 2011, URL: https://www.bundestag.de/resource/blob/414744/78fc7c8a664a0d7d87621bd9ebc4ed40/wd-1-072-11-pdf-data.pdf.

171 Vollnhals, Clemens Hg.), Entnazifizierung, S. 99.

Gestapo, wurde man unverzüglich durch Beschluss der Militärregierung entlassen.

Bis Ende 1945 wertete man 538.806 Fragebögen aus. 43.288 Personen wurden als entlassungspflichtig eingestuft, bei 28.585 empfahl man eine Entscheidung nach „Gutdünken" (discretionary removal) und bei 419.492 wurde eine Neuanstellung verboten.

Dies betraf auch die überwiegende Mehrheit der Lehrer, „da nur in geringem Umfang auf aufrechte Demokraten in der Lehrerschaft zurückgegriffen werden konnte, die bereits 1933/1934 zu 30 Prozent in der NSDAP organisiert gewesen war."[172] Akademiker hatten als Mitglieder der NSDAP eine besondere Bedeutung, was Falter mit seinen Forschungen nachdrücklich belegt hat.[173] Auch wenn sie in der Regel nur nominelle Mitglieder der Partei und ihrer Gliederungen waren, zählten sie wegen der Durchführung der nationalsozialistischen Bildungsinhalte zu den tragenden Säulen des Nationalsozialismus.

Von Bedeutung für diese Frühphase der Entnazifizierung im Kontext der erfolgten Entlassungen war ein Erlass des Oberpräsidenten der Nord-Rheinprovinz an die Regierungspräsidenten in Düsseldorf, Köln und Aachen vom 9. November 1945[174]. Dieser Erlass regelte grundsätzlich, dass Beamte, die länger als bis zum 31.12.1945 im aktiven Dienst, nicht verwendet wurden oder entlassen worden waren, kein Gehalt erhielten. Sie verloren zudem ihre Beamtenrechte einschließlich der bis dahin erworbenen Pensionsansprüche. Die Existenz dieses Erlasses erklärt das Verhalten der betreffenden Lehrerschaft, unverzüglich nach dem Krieg wieder mit dem Unterricht zu beginnen bzw. Widerspruch gegen ihre Entlassung einzulegen.

Ende 1945 gab die britische Militärregierung in Anlehnung an das Entnazifizierungsverfahren in der amerikanischen Zone einen umfänglichen Fragebogen heraus. Diesen hatte auszufüllen, wer in den öffentlichen Dienst eintreten, wer Beamter, Angestellter werden oder wer einen hervorgehobenen Beruf antreten wollte. In 133 Fragefeldern mussten persönliche Angaben gemacht werden, u. a. zur politischen Vergangenheit, zum Berufsleben, zu Vermögensverhältnissen und Auslandsaufenthalten. Auf falsche und unterschlagene Angaben drohten hohe Strafen. Im Unterschied zur amerikanischen Zone, wo jeder Erwachsene sich der Entnazifizierung unterziehen musste, gab es in der britischen Zone allerdings keine Registrierungspflicht.

172 Vgl. ebenda, S. 95.

173 Falter, Jürgen, Hitlers Parteigenossen. Die Mitglieder der NSDAP 1919-1945, Frankfurt a. M. 2020.

174 LAV NRW R, NW 1087 Gen 26/388 (SBE Berufungsausschuss Regierungsbezirk Aachen).

Die Direktive Nr. 24 des Alliierten Kontrollrats vom 12. Januar 1946 verschob dann das Eintrittsjahr in die NSDAP im Unterschied zur Direktive 1067 erheblich nach hinten, und zwar auf das Jahr 1937. Zu entlassen waren folgende Personen:[175]
„1. Personen, die als Amtsträger oder in anderer Weise in der Partei, von den Orts- bis hinauf zu den Reichsstellen, oder in einer der ihr angeschlossenen oder in solchen Organisationen, die militaristische Lehren fördern, aktiv tätig waren;
II. Personen, die nationalsozialistische Verbrechen, Rasseverfolgungen oder ungleichmäßige und ungerechte Behandlung gutgeheißen oder an solchen Taten willig teilgenommen haben;
III. Personen, die offen erklärte Anhänger des Nationalsozialismus oder militaristischer oder Rassenlehren waren, oder
IV. Personen, welche freiwillig der NSDAP, deren Führern oder Hoheitsträgern wesentlichen moralischen oder materiellen oder politischen Beistand irgendeiner Art geleistet haben."
Diese entlassenen Personen sollten durch Personen ersetzt werden, „die nach ihrer politischen moralischen Einstellung für fähig erachtet werden, die Entwicklung wahrer demokratischer Einrichtungen in Deutschland zu fördern."
Für den Bereich der Schule galt das auch für Lehrer, die vor 1937 die Stellung eines Vertrauenslehrers innehatten, z. B. am Humanistischen Gymnasium die Studienräte Michael Klingen und Gerhard Tonn, oder Amtsträger beim Nationalsozialistischen Lehrerbund (NSLB) waren.
Weiterhin regelte die Ziffer 5 der Direktive mögliche Irrtümer bei der Entlassungsentscheidung durch die Möglichkeit einer Nachprüfung. „Wenn sich aus der Überprüfung eindeutig ergibt, daß der Betroffene nur ein nomineller Nationalsozialist und weder ein Militarist noch eine den alliierten Zielen feindlich gegenüberstehende Person ist, kann er ungeachtet der zwingenden Vorschriften dieser Direktive im Amte verbleiben."[176] Ziffer 8 eröffnete sogar die Möglichkeit der Rückstellung des Verfahrens, wenn die betreffende Person kein „bedeutendes Mitglied der Nationalsozialistischen Partei" war.
Im Sommer 1946 forderte die britische Militärregierung die Entnazifizierungsausschüsse auf, beide Ziffern großzügig auszulegen, was den Entnazifizierungsausschüssen im Nachhinein den Vorwurf der Milde einbrachte. Von daher ist es nicht verwunderlich, dass Krüger den Paragraphen 5 dieser Verordnung als „Milderungsparagraph" bezeichnet.[177] Der Paragraph sollte „die

175 Vollnhals, Clemens (Hg.), Entnazifizierung, S. 107-118.
176 Kontrollratsdirektive Nr. 24 v. 12.1.1946, URL: http://www.verfassungen.de/de45-49/kr-direktive34.html, abgerufen 20.10.2020.
177 Krüger, Wolfgang, Entnazifiziert!, S. 29.

schablonenhafte Entlassung solcher Personen vermeiden, die nur bedeutungslose Teilnehmer an den Angelegenheiten der Partei waren ... Die Anwendung des Paragraphen erfordert jedoch die Erbringung unzweifelhafter Beweise, die sich auf Nachforschungen stützen, daß die in Betracht kommende Person nur dem Namen nach Mitglied der NSDAP war, kein Militarist und den Zielen der Alliierten nicht feindselig gegenübersteht." [178] Das war die Möglichkeit, über sogenannte Persilscheine bzw. Leumundszeugnisse in die Kategorie V (Entlastete) eingereiht zu werden.

Gerade über die Frage, ob die in dieser Kategorie eingestuften Beamten einen Rechtsanspruch auf Wiedereinstellung in ihr früheres Amt ableiten konnten, gab es 1946/1947 einen Dauerkonflikt in der nordrhein-westfälischen Landesregierung unter Ministerpräsident Arnold (CDU). SPD-Innenminister Walter Menzel war schon 1946 der Meinung, dass Beamte, die wegen politischer Gründe aus dem Amt entlassen wurden, ihren Beamtenstatus verloren hätten. Menzel hielt nationalsozialistische Beamte, also auch Lehrer, selbst bei Entlastung für ein Problem beim Aufbau der Demokratie. Er verfolgte eine personelle politische Säuberung des Öffentlichen Dienstes. Hüttenberger kommt zu der Einschätzung, dass Menzel der Objektivität der Entnazifizierungsverfahren misstraute und Einstufungen in die Kategorie V in der Regel „sehr willkürlich" und „häufig völlig unberechtigt" getroffen worden wären.[179]

Die britische Militärregierung verfolgte nun, die Entnazifizierungsprozesse zu beschleunigen. Dazu sollte die Mitarbeit der Deutschen in möglichst großem Umfange erreicht werden, um britische Arbeitskräfte einzusparen und ein Höchstmaß an Dezentralisierung herbeizuführen.[180] Mit der Zonen-Instruktion-Anweisung Nr. 3 begann die Militärregierung zu Beginn des Jahres 1946, die deutsche Bevölkerung an der Entnazifizierung zu beteiligen. Man bildete auf Regierungsbezirks- und Kreisebene Entnazifizierungs-Hauptausschüsse mit mindestens 6 Mitgliedern, die von den Parteien bestimmt wurden. Unterhalb dieser Gremien gab es Unterausschüsse für unterschiedliche Bereiche. In diesen Unterausschüssen saßen in der Regel Personen, die die zu Entnazifizierenden kannten und etwas über deren Vergangenheit sagen konnten. So gab es in Viersen das Komitee zur Entnazifizierung des Höheren Schulwesens unter der Leitung von Dr. Thekla Schmitz, einer Kollegin vom Lyzeum.

178 Reiter, Martin, Grundlagen der Entnazifizierung in NRW, http://nrwhistory.de/grundlagen-der-entnazifizierung-in-nrw-die-verordnung-nr-24-des-alliierten-kontrollrats-vom-12-januar-1946, abgerufen am 1.7.2020.

179 Hüttenberger, Peter, Entnazifizierung im öffentlichen Dienst, in: Schwegmann, Friedrich Gerhard (Hg.), Die Wiederherstellung des Berufsbeamtentums nach 1945, Geburtsfehler oder Stützpfeiler der Demokratiegründung in Westdeutschland?, Düsseldorf 1986, S.57.

180 Lange, Irmgard (Bearb.), Entnazifizierung in Nordrhein-Westfalen, S. 234.

Die Unterausschüsse bewerteten die Ausfüllung des Fragebogens und führten eine persönliche Befragung durch, allerdings wie auch im Falle des Hauptausschusses ohne eigene Nachforschungen anzustellen. Der Ausschuss ordnete die Personen in drei Gruppen ein:

1) muss entlassen werden
2) kann entlassen werden
3) ist einwandfrei, keine Bedenken.

Er leitete seine Bewertung an den Entnazifizierungshauptausschuss weiter. Dieser gab eine Empfehlung an den Public Safety Branch, der die letzte Entscheidung hatte.

Die nach der Zonen-Exekutiv-Anweisung Nr. 54 durch die britische Militärregierung von November 1946 beschlossene und im April 1947 eingeführte Kategorisierung in fünf Gruppen (Kriegsverbrecher, Nazis / Übeltäter, Nazis / geringere Übeltäter, Nazis / Anhänger / Mitläufer, Entlastete nach Überprüfung) konnte der Unterausschuss nicht vornehmen. Gegen die Entscheidung des Hauptausschusses konnten Rechtsmittel eingereicht werden, was zumeist zu einer besseren Einreihung führte.

Im März 1947 beschloss die Außenministerkonferenz der Alliierten, die Entnazifizierung vollständig den deutschen Behörden zu überlassen. Dies führte dazu, dass das Konsenspapier des deutschen Zonenbeirats[181] im Prinzip eine Beendigung der bisherigen Entnazifizierungspraxis forderte. Dies war nicht im Sinne der britischen Militärregierung. Sie übertrug Ende 1947 mit der Verordnung 110 zwar den Deutschen die Verantwortung für die Durchführung, behielt sich aber Entscheidungen bei den Kriegsverbrechern (I) und NS-Aktivisten (II) vor. Zudem durften deutsche Behörden zum 31. Dezember 1947 keine Entlassungen mehr vornehmen und die Wiederaufnahme abgeschlossener Verfahren war nur bedingt möglich.

Schon am 1. Dezember 1947 stellten die deutschen Entnazifizierungsausschüsse außer bei Berufungs- bzw. Spezialfällen auf Anordnung der Militärregierung ihre Arbeit ein. Mit der Verordnung Nr. 1 vom 17. Dezember 1947 übertrug die Militärregierung die Verantwortung für den „politischen Säuberungsprozess" an die NRW-Landesregierung bzw. an den Ministerpräsidenten. Der Justizminister hatte einen Tag zuvor der Militärregierung mitgeteilt, dass man den Minister a. D. Landgerichtspräsident Eduard Kremer zum ersten Sonderbeauftragten für die Entnazifizierung in Nordrhein-Westfallen bestimmt habe. Nach dessen Tod 1948 folgten Landgerichtsdirektor Engels,

[181] Die Bemühungen des im Februar 1946 auf Initiative der britischen Kontrollkommission gegründeten Zonenbeirats um ein einheitliches deutsches Entnazifizierungsgesetz werden ausführlich von Justus Fürstenau, Entnazifizierung. Ein Kapitel deutscher Nachkriegspolitik, a. a. O., S. 111f. dargestellt.

Robert Saalwächter[182] und bis zum Ende der Entnazifizierung Dr. Freiherr von Münchhausen in dieses Amt.
Zu einem nordrhein-westfälischen Entnazifizierungsgesetz ist es trotz dessen Verabschiedung im April 1948 – im Übrigen gegen die Stimmen der KPD und in Abwesenheit der SPD – aufgrund der Nichtgenehmigung durch die britische Militärregierung nicht gekommen. Auf dem Verordnungswege erließ man am 17. September 1949 die „Verordnung zum Abschluss der Entnazifizierung in Nordrhein-Westfalen", die das Ende der Entnazifizierung für alle bis spätestens 1950 vorsah. Ausnahme waren die Heimkehrer aus Kriegsgefangenschaft. Der Artikel 131 des Grundgesetzes vom Mai 1949 bestimmte, die Rechtsverhältnisse für alle Angehörigen des öffentlichen Dienstes, die am 8. Mai 1945 im Dienst waren und von den Militärregierungen entlassen waren, zu regeln.
Dies erfolgte dann durch das Durchführungsgesetz zum Artikel 131, GG, am 11. Mai 1951. Alle Staatsdiener, die durch Kriegseinwirkung oder ihr Verhalten während der NS-Zeit ihre Stelle verloren hatten, und in ihren Entnazifizierungsverfahren nicht als Hauptschuldige bzw. als Belastete eingestuft worden waren, mussten wieder in ein gleichwertiges Amt eingestellt werden. Das Ende der Entnazifizierung am 22. Januar 1952 bildete dann das „Gesetz zum Abschluss der Entnazifizierung im Lande Nordrhein-Westfalen". Demnach wurden noch nicht abgeschlossene Verfahren mit der Prognose Kategorie III bis V für beendet erklärt. In die Kategorie IV Eingereihte kamen automatisch mit Zahlung einer Bearbeitungsgebühr in die Kategorie V der Entlasteten.

5.2 Erfolg oder Misserfolg? - Entnazifizierung in der britischen Zone

Bis 1950 durchliefen ca. 2 Millionen Bürger in der britischen Zone das Entnazifizierungsverfahren, überwiegend lediglich durch Ausfüllen des Fragebogens. Nach einer Statistik des Bundesinnenministeriums waren rund 30 % nicht betroffen oder fielen unter Amnestieregelungen, womit das Verfahren eingestellt wurde. 58 % (!) wurden entlastet (V), 11 % als Mitläufer (IV) und 1,3 % (III) waren geringere Übeltäter. Die Kategorien I und II kamen in der

[182] Robert Saalwächter wurde im August 1950 wegen passiver Bestechung suspendiert. Er hatte zusammen mit seiner Ehefrau einen schwunghaften Handel mit „Persilscheinen" betrieben. Die verkauften Persilscheine vom Sonderbeauftragten für die Entnazifizierung in NRW – durchschnittlich 1000 – 1500 DM - erreichten einen Gesamtbetrag von fast 100 000 DM. Saalwächter schied nach einem Strafverfahren am 30.9.1950 endgültig aus allen Ämtern aus. Als Hintergrundlektüre zum umstrittenen Sonderbeauftragten – von der ZEIT „Großinquisitor" genannt - kann die Lektüre der entsprechenden Artikel „Mehr ist besser" im SPIEGEL v. 8.11.1950 und in der ZEIT v. 6.3.1952 „Wie war es möglich, daß der Bock Gärtner blieb?" dienen.

britischen Zone nicht vor bzw. es sind keine Zahlenangaben vorhanden.[183] In NRW wurden insgesamt 810 000 Personen – vor allem mittlere und höhere Angestellte und Beamte – überprüft, etwa 10 % der Bevölkerung über 18 Jahre. „Etwa 75 % wurden in die Kategorie V (entlastet), ca. 20 % in die Kategorie IV (Mitläufer) und nur ca. 4 % in die mit empfindlichen Sanktionen gekoppelte Kategorie III (Aktivist) eingestuft. Nur ca. 3 % der Bevölkerung wurden nachhaltig von ihrer politischen Vergangenheit tangiert, sei es in Form eines langwierigen Verfahrens mit mündlicher Verhandlung und der Vorlage von Entlastungszeugnissen (Persilscheinen), sei es durch Sanktionen (die aber auf dem Weg der Berufung o.ä. häufig wieder aufgehoben oder abgeschwächt wurden)."[184] Rauh-Kühne kommt zu dem Fazit, „daß unter den Bewohnern aller Westzonen diejenigen, die in der Britischen Zone die Entnazifizierung durchlaufen mußten, mit Abstand am günstigsten wegkamen."[185] Bezogen auf alle Bundesländer landeten von 13 Millionen Deutschen 98 Prozent [!] in den Kategorien IV und V.

Ein groteskes Beispiel liefert Wember im Kontext von SS-Offizieren als Kriegsgefangene, die in britischen Internierungslagern waren. Mit einer möglichst langen Verweildauer in Kriegsgefangenschaft hatte man beste Chancen, von der Spruchkammergerichtsbarkeit verschont zu werden und ohne Prüfung durch einen Entnazifizierungsausschuss in die Kategorie der Entlasteten eingereiht zu werden. So wurden von „40 000 SS-Angehörigen in britischer Kriegsgefangenschaft ab 1947 maximal 400 noch in die Internierung überführt und vor Spruchgerichte gestellt."[186] Die pauschale Einreihung von Kriegsheimkehrern in die Gruppe der Entlasteten war nach Wember gängige Praxis in Nordrhein-Westfalen. Viele SS-Angehörige kamen zudem im Juni 1948 in den Genuss einer Amnestie durch die britische Militärregierung.

Insgesamt betrachtet war die Entnazifizierung zum Scheitern verurteilt, weil die deutsche Bevölkerung die massenhaften Befragungen mit zunehmender Dauer des Entnazifizierungsprozesses ablehnte. Ein weiteres Problem bestand darin, dass die Mitglieder der Entnazifizierungsausschüsse immer mehr – vor allem in der lokalen Öffentlichkeit – angegriffen wurden. Außerdem gab es für sie Probleme bei der Wiederaufnahme der vorherigen Arbeitsstelle. Ralph Giordano bezeichnet vor allem die Mitglieder der Spruchkammern als „die eigentlichen Verlierer der Entnazifizierungsära und [als] zunehmend diskre-

183 Vollnhals, Clemens (Hg.), Entnazifizierung, S. 32f.

184 Faust, Anselm, Entnazifizierung, in: Nordrhein-Westfalen. Landesgeschichte im Lexikon, Düsseldorf 1993, S. 108.

185 Rauh-Kühne, Cornelia, Die Entnazifizierung und die deutsche Gesellschaft, in: Archiv für Sozialgeschichte Heft 35, Bonn 1995, S. 60.

186 Wember, Heiner, Umerziehung im Lager. Internierung und Bestrafung von Nationalsozialisten in der britischen Besatzungszone Deutschlands, Essen 1991, S. 291.

ditierte Gruppe [...] aus Gewerkschaften und Mitgliedern der SPD, nachdem niemand sonst mehr zur „Partei der Entnazifizierer" gehören wollte.[187]
Hinzu kam noch das Gefühl der Benachteiligung gegenüber Flüchtlingen und Vertriebenen, die sich im Rahmen der Entnazifizierung zumeist auf fehlende Nachweise über ihre Tätigkeiten bzw. NS-Mitgliedschaften beriefen. Vielmehr ist es häufig zu Solidarisierungen von Mitläufern und Unbelasteten, die keine Parteigenossen waren, mit NSDAP-Mitgliedern und Aktivisten gekommen. Noch absurder waren verbale Entgleisungen derart, bei denen man das „Unrecht der Entnazifizierung" mit den NS-Verbrechen konnotierte. So kam es dann auch, dass unbelastete Bürger wider besseren Wissens Persilscheine für NS-Aktivisten ausstellten.
Die Kritik an der Entnazifizierung und ein festzustellendes Desinteresse an der politischen Säuberung führten zum „white washing", indem man sich Entlastungszeugnisse von Pastoren, Kollegen, Vorgesetzten, Nachbarn, Kriegskameraden usw. ausstellen ließ, um zu belegen, dass man „ein guter Nazi" war, der eigentlich stets Gegner des Nationalsozialismus war.
Für die Hansestadt Hamburg kommt Szodrzynski zu einem ernüchternden Fazit. Wenn es den Beschuldigten gelang, „den einen oder anderen Pastor aus der Bekennenden Kirche, sozialdemokratischen oder kommunistischen NS-Gegner oder gar einen der wenigen in Hamburg verbleibenden „jüdischen Mischlinge" zur Ausstellung eines Persilscheins zu bewegen, so erstrahlten vor Gericht bisweilen ehemals tiefbraune Westen im weißesten Weiß." So ist es nicht verwunderlich, dass der Kommandant der britischen Militärregierung Hugh Armytrage im Mai 1946 meinte, dass die Deutschen bis auf die Männer um Hitler praktisch nur Mitläufer waren.[188]
Der amerikanische Offizier Saul K. Padover hat nach der Befreiung Aachens im Oktober 1944 eine Rundreise durch das Rheinland gemacht und Deutsche jedweder Schicht zur Zeit des Nationalsozialismus und ihrer eigenen Rolle interviewt. Padover profitierte davon, dass die Deutschen noch keine Zeit gefunden hatten, sich Ausreden für die Entnazifizierungsausschüsse zurechtzulegen und die Verdrängung der NS-Zeit noch nicht vorhanden war.
In den Interviews räumten fast alle ein, „dass sie von den Greueln an Zwangsarbeitern und politisch Verfolgten, vom Rassenmord an den Juden Kenntnis hatten."[189] Für Padover zeigten sich die meisten völlig empathielos gegenüber

[187] Giordano, Ralph, Die zweite Schuld noder Von der Last Deutscher zu sein, Hamburg 1998, S. 92.

[188] De Lorent, Hans-Peter, Täterprofile. Die Verantwortlichen im Hamburger Bildungswesen unterm Hakenkreuz, Hamburg 2016, S. 53.

[189] Spörl, Gerhard, Stumpf, weinerlich und hoffnungslos, in: Der Spiegel 34/1999, S. 49, URL: https://www.spiegel.de/politik/stumpf-weinerlich-und-hoffnungslos-a-ee65199c-0002-0001-0000-000014255336?context=issue, abgerufen am 12.1.2021.

dem Grauen des Nationalsozialismus. Viele stellten sich als Objekt des NS-Regimes und als „Muss-Nazis" dar. Von einem Gefühl der Mitschuld an den verbrecherischen Taten durch Unterstützung des Systems war nichts zu spüren. Padovers äußerst lesenswertes Buch wurde in den USA schon 1946 unter dem Titel „Experiment in Germany" veröffentlicht, aber es erschien erst 1999 dank des Verlegers Hans Magnus Enzensberger in deutscher Sprache.[190]
Die Entnazifizierung scheiterte letztendlich auch am mangelnden Unrechtsbewusstsein, an der schnell einsetzenden Verdrängung der Nazi-Zeit und am Verschweigen bzw. Negieren von persönlicher Verantwortung durch die zu entnazifizierenden NS-Unterstützer.
Die von den Alliierten intendierte Ausschaltung sämtlicher aktiver Nationalsozialisten aus allen Bereichen von Staat und Gesellschaft ist nicht gelungen. Von einer intensiven, von allen Schichten der Gesellschaft getragenen Auseinandersetzung konnte nicht die Rede sein.
Im Besonderen gilt das auch für das Schulwesen. Dies bestätigt nicht nur die Arbeit des Hamburger Lehrers Hans Peter de Lorent, der in zwei Bänden unter dem Titel „Täterprofile" 42 Biographien der Verantwortlichen im Hamburger Bildungswesen untersucht hat. Eindrücklich zeigen die Kurzbiographien, wie viele Personen in pädagogischer Funktion sich dem Nationalsozialismus ergaben, sich anpassten, mitmachten und sich nicht widersetzten.[191]
Die massenhafte Rehabilitierung ehemaliger Nationalsozialisten und deren Rückkehr mit zum Teil steilen Karrieren in bürgerlichen Existenzen haben die ehemaligen Widerständler und NS-Gegner mit Verbitterung erfüllt. Dies galt gerade auch den Politikern, die trotz ihrer Nazi-Vergangenheit beim Aufbau des bundesrepublikanischen Staates wieder mitmischten, was zum Vorwurf der „Renazifizierung" führte.
Ein extremes Beispiel sei mit der schleswig-holsteinischen Landesregierung aus dem Jahre 1950 unter dem CDU-Ministerpräsidenten Bertram genannt. Bis auf den CDU-Innenminister Pagel besaßen alle Mitglieder der Regierung eine Nazi-Vergangenheit. Dieser bezeichnete dann auch seine Kabinettskollegen als „Koalition aus SA, SS und NSDAP"[192].
Allerdings muss trotz vorhandener personeller Kontinuitäten in Politik, Wirtschaft, Bildungswesen, Polizeiapparat und vor allem in der Justiz in toto fest-

190 Padover, Saul K., Lügendetektor. Vernehmungen im besiegten Deutschland 1944/45, Frankfurt a. M. 1999.
191 De Lorent, Hans Peter, Täterprofile. Die Verantwortlichen im Hamburger Bildungswesen. Band 1 und 2, Hamburg 2016 und 2020.
192 Legband, Michael, Renazifizierung, http://www.geschichte-s-h.de/renazifizierung, abge rufen am 13.11.2020.

gestellt werden, dass die Nazi-Ideologie geächtet wurde und der demokratische Neuanfang in der Adenauerdemokratie weitestgehend positiv verlief. Seriös betrachtet kann von einer „Renazifizierung" der deutschen Gesellschaft trotz skandalöser Beispiele, wie z. B. der Fall des baden-württembergischen Ministerpräsidenten Hans Filbinger[193], dennoch nicht die Rede sein. Rauh-Kühne bezeichnete die „gesellschaftliche Reintegration nicht nur der Masse der Mitläufer, sondern, auch der NS-Elite als unumgänglichen Preis für die politische Stabilität in der frühen Bundesrepublik.[194] Zumal das Bemühen von Politikern, einen Schlussstrich zu ziehen, und der nicht zu verleugnende Korpsgeist in vielen gesellschaftlichen Bereichen Spuren der weitestgehend ergebnislosen Säuberungspolitik auswischte.

Ein Schelmenstück der zynischen Art leistete sich der NRW-Landtag 2009. Der Antrag des fraktionslosen Abgeordneten Rüdiger Sagel zur Einrichtung einer historischen Kommission zur Überprüfung der NS-Vergangenheit der Abgeordneten aller Fraktionen wurde mit den Stimmen von CDU, SPD und FDP zunächst abgelehnt.

2011 startete die Fraktion DIE LINKE eine erneute Initiative zur Aufarbeitung der NS-Vergangenheit der Abgeordneten der ersten Wahlperioden nach 1945. Das Landtagspräsidium beschloss darauf ein Projekt mit dem Arbeitstitel „Personal des demokratischen Neuanfangs. Die Abgeordneten des Landtags Nordrhein-Westfalen von 1946 bis 1954" in Auftrag zu geben.

Als die Fraktion DIE LINKE 2012 nicht mehr im Landtag saß, wurde der Beschluss zurückgenommen und „aus Kostengründen" fallengelassen. Selbst zu einer Materialsammlung für die Abgeordnetenbank konnte man sich aufgrund „anderweitiger prioritärer Aufgaben" nicht entschließen.[195]

Ausgerechnet die rechtskonservative AfD wollte mit einer kleinen Anfrage 2017 von der CDU / FDP-Landesregierung wissen, wie viele NS-belastete Personen in der Justiz, bei Polizei, Verfassungsschutz, Finanzämter Schulen und

[193] Die Filbinger-Affaire im Jahr 1978 war eine Kontroverse zwischen Filbinger und dem Dramatiker Rolf Hochhuth um das Verhalten Filbingers in der Zeit des Nationalsozialismus und dessen Umgang damit. Rolf Hochhuth bezeichnete Filbinger als „furchtbaren Juristen", was zu einer Unterlassungsklage Filbingers im Februar 1978 führte. Im weiteren Verlauf der Auseinandersetzung wurden vier Todesurteile entdeckt, die Filbinger als Militärrichter der Kriegsmarine 1943 und 1945 beantragt oder gefällt hatte. Er bestritt zuvor drei davon und gab dann an, sie vergessen zu haben, hielt aber an ihrer Rechtmäßigkeit fest. Letztendlich trat er 1978 zurück und gilt als Beispiel für das Versagen vieler NS-Juristen.

[194] Rauh-Kühne, Cornelia, Die Entnazifizierung und die deutsche Gesellschaft, in: Archiv für Sozialgeschichte Heft 35, Bonn 1995, S. 69.

[195] Landtag Nordrhein-Westfalen. 16. Wahlperiode, Drucksache 16/11664 v. 7.04.2016, URL: https://kleineanfragen.de/nordrhein-westfalen/16/11664-umgang-mit-der-ns-vergangenheit-im-landtag, abgerufen am 12.9.2020.

Universitäten seit 1946 beschäftigt waren. In der knappen Beantwortung heißt es: „Die Landesregierung misst der Erinnerung an die NS-Vergangenheit und der Aufarbeitung personeller Kontinuitäten [sic!] in der Landesverwaltung der Zeit nach dem Zweiten Weltkrieg große Bedeutung zu." Umfassende Listen oder Auswertungen zu NS-belasteten Personen im Landesdienst würden nicht vorliegen.[196] Wollte man nicht gründlich danach suchen?

5.3 Entnazifizierung im Stadtkreis Viersen

Am 1. März 1945 war der Krieg in Viersen beendet und die Stadt wurde von den amerikanischen Truppen besetzt. Allerdings war niemand mehr von Verwaltung, NSDAP und Polizei in der Stadt, da man sich ins rechtsrheinische Gebiet geflüchtet hatte. Die Viersener Bürger wurden mit einem alliierten Nachrichtenblatt „Die Mitteilungen der amerikanischen 12. Heeresgruppe für die deutsche Zivilbevölkerung" über die Handlungen der Militärregierung informiert. An deren Spitze stand Capt. John B. Mulford, der für die Bereiche „Politisches" und „Schulwesen" zuständig war.[197] Bezüglich der Entnazifizierung von Bürgern hielt man sich bis auf wenige Ausnahmen zurück. Allerdings mussten sich städtische Beamte und Lehrer der Entnazifizierung mittels eines kurzen Fragebogens stellen. Straßennamen aus der Nazizeit wurden umgehend geändert. So wurde aus der „Adolf-Hitler Straße" wieder die Bahnhofstraße und aus der „Straße der SA" die Remigiusstraße.

Im März 1946 informierte die britische Militärregierung, vertreten durch Colonel Sewell, die Stadtspitze in Viersen, wie der Entnazifizierungsausschuss gebildet werden sollte. Sewell ging davon aus, dass die Ausschussmitglieder ihren Dienst in Vollzeitbeschäftigung bis zum 30.9.1946 ausüben sollten. Mögliche Mitglieder mussten Auskunft über Parteizugehörigkeit, Religion, Berufstätigkeit geben und ihre besondere Kompetenz für diese Aufgabe nachweisen. Angehörige der Stadtverwaltung kamen für den Ausschuss nicht infrage. Allerdings musste die Stadtvertretung einen für die Organisation verantwortlichen Beamten benennen. Niemand der Beteiligten – auch das Schreibpersonal – durfte Mitglied der NSDAP gewesen sein.

196 Landtag Nordrhein-Westfalen. 16. Wahlperiode, Drucksache 17/1024 v. 23.10.2017, URL: https://landtag.nrw.de/Dokumentenservice/portal/WWW/dokumentenarchiv/Dokument/MMD17-1024.pdf;jsessionid=AFA709A37EF58AA7681EB535237E4D45, abgerufen am 12.09.2020.

197 KAV, I 2, Nr. 4369, Schriftwechsel mit der amerikanischen bzw. britischen Militärregierung 1945, Namensliste der für die jeweils genannten Fachgebiete zuständigen Offiziere v. 7. März 1945.

Ein Aktenvermerk des Oberstadtdirektors Dr. Schaub vom 2. Mai 1946[198] über ein Gespräch zwischen dem britischen Oberstleutnant Sewell, dem Oberbürgermeister Hülser, Stadtinspektor Wans und ihm zeigt die Probleme bei der Bildung des Entnazifizierungsausschusses auf. Es wurde auf die Schwierigkeiten hingewiesen, genügend Personen für diese ganztätige Beschäftigung zu finden. Man einigte sich darauf, zwei Ausschüsse mit jeweils 6 Personen, die jeweils drei Tage arbeiteten, zu etablieren. Als Bezahlung waren für diese 12 Personen 200 RM/Monat vorgesehen.

Durch diese Regelung wollte man verhindern, dass die Mitglieder für den normalen Arbeitsmarkt nicht zur Verfügung standen. Für sie bestand zudem das Risiko, an Reputation in der Öffentlichkeit zu verlieren. So spricht Bilski einen vom Sonderbeauftragten für die Entnazifizierung gegenüber der deutschen Öffentlichkeit gemachten Vorwurf an, „dass nämlich Personen, die bei Entnazifizierungseinrichtungen gearbeitet hätten, diskriminiert würden" und die wichtige Arbeit im Entnazifizierungsausschuss „nicht als Empfehlung betrachtet" werden würde."[199] Es kann sicherlich behauptet werden, dass man sich bei einigen belasteten Mitbürgern nicht beliebt machte. An diesen Vorbehalten konnte auch die tägliche Sonderzuteilung von 300 Kalorien wenig ändern.[200]

In den „Viersener Mitteilungen" vom 13. Juli 1946[201] wurde die Bevölkerung über das Entnazifizierungsverfahren des Stadtkreises Viersen informiert. Die beiden Entnazifizierungsausschüsse bestanden aus „den verschiedenen Parteien und Ständen":

Entnazifizierungsausschuss I: Liefkes (Zentrum), Lütters (C.D.U.), Bongartz (S.P.D.), Birker (Antifa), Jansen (Gewerkschaft) und Münster (KPD).

Entnazifizierungsausschuss II: Noffer (Zentrum), Bos (C.D.U.), Berger (C.D.U.), Wilden (S.P.D.), Werkmeister (K.P.D) und Abels (Unabh.). Frauen waren in beiden Ausschüssen nicht vertreten.

Weiterhin sollten Unterausschüsse mit mindestens drei Personen für Behörden, Schulwesen, Industrie, Handel, Gewerbe, Handwerk und freie Berufe gebildet werden. In den oben genannten „Mitteilungen" wurde auf die Möglichkeit hingewiesen, dass „alle Personen, die 1. Vor Einführung des neuen Entnazifizierungsverfahren [sic!] auf Anweisung der Militärregierung – oder 2. in Verfolg des neuen Verfahrens aus ihren Aemtern [sic!] oder Stellungen

198 KAV, I 2, Nr. 4283 Entnazifizierung, Aktenvermerk Oberstadtdirektor v. 2. Mai 1946.
199 Bilski, Anja, Die Entnazifizierung des Düsseldorfer Schulwesens nach 1945, S. 172.
200 KAV, I 2, Nr. 4283 Entnazifizierung, Aktenvermerk v. 29. Mai 1946: Schreiben an den Entnazifizierungsausschuss.
201 Viersener Mitteilungen Nr. 31 vom 13. Juli 1946, abgedruckt in: Marcus, Klaus, Wirre Zeiten 1945-1949, Viersen 1999, S. 127.

entfernt worden sind, oder deren angebliche Rechte geschmälert wurden, die Möglichkeit haben, beim Berufungsausschuß Einspruch zu erheben."
Zu einem gesonderten Berufungsausschuss in Viersen ist es nicht gekommen, da laut Schreiben der Militärregierung vom 13. Juni 1947 in „München-GLADBACH" [sic!] ein Berufungsausschuss zusammengestellt werde, der für Viersen zuständig sei, hauptsächlich seien aber Berufungsanträge an den Ausschuss in Düsseldorf zu richten.[202]
Schon im Dezember 1946 wurde aufgrund der vielen schon durchgeführten Überprüfungen ein Entnazifizierungsausschuss aufgelöst. Ab diesem Zeitpunkt gab es nur noch einen Entnazifizierungshauptausschuss unter Leitung von Jakob Noffer (Zentrum), der zudem nur noch nebenamtlich arbeitete.
Im August 1947 teilte Stadtinspektor Wans Oberstadtdirektor Dr. Schaub nach Rücksprache mit dem special branch der Militärregierung in Düsseldorf mit, dass „das Entnazifizierungsverfahren nach Verordnung 24 des Kontrollrates und das Kategorisierungsverfahren nach Verordnung 79 der Militärregierung für den Bereich des Stadtkreises Viersen als abgeschlossen gelten kann."[203] Tägliche Sitzungen seien nicht mehr notwendig. Man könne den Ausschuss bei Bedarf auch ein- bis zweimal im Monat stundenweise einberufen.
Hierbei handelte es sich nur noch um die Fragebögen von neu zugezogenen Bürgern, der aus der Kriegsgefangenschaft Heimgekehrten oder der Entlassenen aus einem Internierungslager.
Die Militärregierung beendete dann auch am 15. September 1947 die hauptamtlich betriebene Entnazifizierung in Viersen. Im Oktober und Dezember 1947 übersandte die Geschäftsstelle des Entnazifizierungsausschusses dem Oberstadtdirektor umfangreiche Listen mit Personen, die im Frühjahr 1945 von der Militärregierung aus ihren Beschäftigungsstellen entlassen worden waren. Diese Personen wurden nicht mehr politisch überprüft und kategorisiert.[204]
In einem Schreiben der Geschäftsstelle des Entnazifizierungs-Hauptausschusses für den Stadtkreis Viersen an den NRW-Sonderbeauftragten für die Entnazifizierung vom 26. Januar 1948[205] wird die Entnazifizierungsarbeit in Viersen quantifiziert. Demnach wurden bis zu diesem Zeitpunkt 3875 Per-

[202] KAV, I 2, Nr. 4245 Entnazifizierungsausschuß 1946-1948, Schreiben der Militärregierung an Oberbürgermeister Hülser v. 13.06.1947.
[203] KAV, I 2, Nr. 2545 Dienstangelegenheiten und Entnazifizierung (Bd. 1) 1946 – 1947, Schreiben der Geschäftsstelle des Entnazifizierungsausschußes [sic!] für den Stadtkreis Viersen an den Oberstadtdirektor vom 29. August 1947.
[204] Ebenda, Schreiben der Geschäftsstelle des Entnazifizierungsausschusses für den Stadtkreis Viersen an den Oberstadtdirektor vom 10. Oktober 1947 und 15. Dezember 1947.
[205] LAV NRW R, NW 1037 Gen 88/014 (SBE Der Sonderbeauftragte für die Entnazifizierung NW).

sonen entnazifiziert und kategorisiert. Lediglich 9 Fälle waren noch unerledigt. Man ging von monatlich 8 bis12 neu zu bearbeitenden Überprüfungen aus.
Aus Kostenersparnisgründen verfügte im April 1949 der Sonderbeauftragte, sämtliche Entnazifizierungs-Haupt- und Berufungsausschüsse des Regierungsbezirks Düsseldorf aufzulösen. Alle Akten mussten dem Entnazifizierungs-Hauptausschuss am Sitz des Regierungspräsidenten in Düsseldorf übergeben werden.[206]
Diese Übergabe erfolgte in Viersen umgehend am 23. April 1949. Dazu zählten u. a. Karteikarten mit der Nummerierung VN/00001 – VN/04031, sämtliche politische Fragebögen der abgeschlossenen Fälle der Kategorien V und IV sowie noch beim Berufungsausschuss „schwebende Fälle" der Kategorie III. Neben zahlreichen Aktenordnern wurde auch ein „Paket nicht abgeholter Entlastungszeugnisse" übergeben.[207]
Mit dieser Übergabe war das Kapitel Entnazifizierung in Viersen beendet. Klaus Marcus kommt dann auch zu dem ernüchternden Fazit für die Stadt Viersen, dass „nahezu alle Belasteten – wenn auch manchmal auf Umwegen und erst nach langer Zeit – wieder in ihre alten Berufe und Positionen zurückgekehrt [sind]"[208].

5.4 Komitee für die Entnazifizierung des Höheren Schulwesens in Viersen

Der Unterausschuss hatte die Aufgabe, die ausgefüllten Fragebögen auf der Grundlage der Kontrollratsdirektive Nr. 24 auf deren Wahrheitsgehalt zu prüfen und zu bewerten. Er sollte dann eine Empfehlung für den Hauptausschuss hinsichtlich der Entfernung aus dem Dienst bzw. des Verbleibens im Dienst aussprechen. Eine Einreihung in die entsprechenden Kategorien der ZEA 54 war dem Unterausschuss nicht gestattet, d. h. er besaß eine lediglich beratende Funktion. Letztlich wurde die vom Hauptausschuss vorzunehmende Einreihung von der britischen Militärregierung entschieden.
Die Mitglieder der Unterausschüsse, die es für verschiedene Berufszweige gab, wurden vom Hauptausschuss bestimmt und waren ehrenamtlich tätig. Sie wurden mit Mitgliedern besetzt, die im selben Beruf arbeiteten und persönliche Kenntnisse bzw. Erfahrungen hinsichtlich der zu entnazifizierenden Personen hatten.

206 KAV, I 2, Nr. 2548 Verwaltungsangelegenheiten 1947 – 1952, Verfügung des Sonderbeauftragten für die Entnazifizierung des Landes Nordrhein-Westfalen v. 2. April 1949.
207 LAV NRW R, NW 1037 Gen 88/006.
208 Marcus, Klaus, Wirre Zeiten 1945 – 1949, S. 130.

In der Regel hatte der Unterausschuss drei Mitglieder, worunter bei Lehrern gemäß der Forderung nach Diversität neben normalen Lehrern auch Schulleiter sein konnten. Die Tätigkeit war ehrenamtlich und es wurden lediglich Barauslagen erstattet. Grundsätzlich ausgeschlossen waren ehemalige Parteigenossen der NSDAP. Die Zugehörigkeit zu verschiedenen NS-Organisationen war allerdings anscheinend kein Hindernis. Dies belegen die Entnazifizierungsakten der Mitglieder des Viersener Komitee für die Entnazifizierung des Höheren Schulwesens.

Die Ausschussmitglieder sollten nach den Vorstellungen der britischen Militärregierung „anerkannte Nazigegner, charakterlich einwandfrei und möglichst nicht durch persönliche Interessen an einer objektiven Bewertung gehemmt sein."[209] Von Vorteil war, dass die Ausschussmitglieder die zu untersuchenden Kollegen und Kolleginnen schon vor der Machtergreifung der Nationalsozialisten zumeist kannten. Dadurch konnten sie mögliche veränderte Verhaltensweisen und Einstellungen der Personen ab 1933 in ihre Entscheidungsfindung einbringen. Diese persönliche Bekanntschaft führte auch dazu, dass die Empfehlungen des Unterausschusses überwiegend vom Hauptausschuss übernommen wurden. Es sei denn, man hatte in der Zwischenzeit von weiteren Belastungen erfahren.

Kritisch muss man hinterfragen, ob diese persönliche Bekanntschaft mit dem zu Bewertenden in manchen Fällen nicht Objektivität und Ehrlichkeit behinderte.

Die Zonen-Exekutiv-Anweisung 3 vom 7. März 1947[210] forderte „ein Höchstmaß an Wahrheit, Fairneß und Unparteilichkeit" von den Ausschussmitgliedern, daher durfte der Ausschuss nicht von einer einzigen Partei beherrscht werden und die Mitglieder mussten „gesellschaftlich und politisch zuverlässig sowie geeignet sein, die ausgeglichene Funktion" des Unterausschusses zu gewährleisten.

In Viersen bestand das „Komitee für die Entnazifizierung der Lehrkräfte für das höh. Schulwesen" ab Mai 1946 aus der Studienrätin Dr. Thekla Schmitz, dem Studienrat Alfred Diepers und der Oberschullehrerin Gertrud Lohschelder.

Frau Dr. Schmitz war kurzzeitig Aushilfslehrkraft für wissenschaftliche Fächer am Humanistischen Gymnasium und leitete bei der Wiederaufnahme des Unterrichts im Oktober 1945 kommissarisch das Lyzeum. Ihre Bewerbung um die Schulleiterstelle zog sie im Frühjahr 1947 zugunsten der an ihrer Stelle

209 Vgl. Fußnote 68 bei Bilski, A., Die Entnazifizierung des Düsseldorfer Schulwesens nach 1945, S. 139.

210 LAV NRW R, NW 1000 Gen 1a/008 (SBE Hauptausschuss Regierungsbezirk Düsseldorf).

gewählten Oberstudiendirektorin Frau Dr. Bartz zurück. Oberstudienrat Donner würdigte in der Schulausschusssitzung vom 18. Februar 1947 ihre erworbenen Verdienste „in jahrelanger Arbeit an der Anstalt und besonders auch während der Stellenvakanz um den Wiederaufbau der Anstalt."[211] Der Vorschlag Donners, Frau Dr. Schmitz zur Oberstudienrätin zu befördern, wurde von der Verwaltung wohlwollend aufgenommen, aber zunächst zurückgestellt.

Die Begründung war das laufende Entnazifizierungsverfahren von Marga Vüllers (NSDAP-Mitglied), die in der NS-Zeit am Lyzeum zur Oberstudienrätin befördert worden war. Den Ausgang des Verfahrens wollte man abwarten.

Studienrätin Dr. Thekla Schmitz kannte die Lehrerschaft am Humanistischen Gymnasium und am Lyzeum Studienanstalt und war gewiss für die Arbeit im Komitee qualifiziert. Sie war – wie gefordert – keine Parteigenossin, allerdings in unterschiedlichen NS-Organisationen. So war sie in der NS-Frauenschaft (seit 1934), im NSLB (1933), im RLB (1934), in der NSV (1934), seit 1925 war sie Mitglied im VDA. Die Richtigkeit ihrer eigenen Aussagen im Fragebogen der Militärregierung vom 10. September 1945 wurden von ihrer späteren Komitee-Kollegin Frau Lohschelder bestätigt. Sowohl der Entnazifizierungsaussschuss der Stadt Viersen als auch die britische Militärregierung sahen daher keine Bedenken („no objection") für eine Weiterbeschäftigung als Studienrätin. Frau Dr. Schmitz wurde am 23. Juli 1946 in die Kategorie V eingeteilt.[212]

Oberschullehrerin Gertrud Lohschelder war kein NSDAP-Mitglied, aber im NSV (1934), im NSLB (1935), im RLB (1934), im VDA (1925) und im Deutschen Frauenwerk (1937). Im Schuljahr 1935/36 nahm sie am nationalpolitischen Lehrgang für Lehrerinnen in der Fichteschule in Essen teil.[213] Die Beantwortung ihres Fragebogens ergab am 23. Mai 1946 eine einstimmige Entscheidung („no objection – decision accepted unanimously") zwischen Militärregierung und Entnazifizierung bezüglich einer Weiterbeschäftigung im Schuldienst. Am 6. Juni 1947 wurde Gertrud Lohschelder in die Kategorie V eingereiht.[214]

Studienrat Alfred Diepers machte im kurzen ersten Fragebogen vom 7. August 1945 Angaben zu seiner Mitgliedschaft im NSLB (1934 bis 1940) und im NSV (1933 bis 1937). Dies wiederholte er im Mai 1946 im großen Fragebogen der Militärregierung. Allerdings räumte Diepers ein, dass er alle Angaben aus

211 KAV, I 2, Nr. Sitzungsniederschriften Schulausschuß, Protokoll v. 18.02.1947.

212 LAV NRW R, NW 1021 – 1292 (Entnazifizierungsakte Schmitz).

213 KAV, I 2, Nr. 3803 Jahresberichte, schulischer Verlauf, Ergebnisse, Instandhaltung des Mädchengymnasiums 1922–1964, Jahresbericht 1935/36.

214 LAV NRW R, NW 1021 – 1291 (Entnazifizierungsakte Lohschelder).

dem Gedächtnis gemacht habe, da seine Unterlagen durch einen Brand zerstört worden waren. Frau Dr. Schmitz hat die Angaben als Zeugin bestätigt. Im Januar 1946 wurde Diepers in die Kategorie V eingereiht.[215]
Nicht in allen Entnazifizierungsakten der Lehrer des Humanistischen Gymnasiums lassen sich die Stellungnahmen des Viersener Komitees finden. Ein negatives Votum konnte in keinem einzigen Fall gefunden werden, vielmehr wurde z. B. aus dem Parteigenossen Dr. Karl Rohling ein Antifaschist gemacht. Ein typisches Statement war das für den Parteigenossen Gerhard Tonn am 16. April 1947, der letztendlich dann auch entnazifiziert wurde: „Wir halten Studienrat Gerhard Tonn seiner Gesinnung und Betätigung nach nicht für einen Nationalsozialisten und befürworten es, daß er bald wieder in sein Amt eingesetzt wird."[216]

5.5 Waren Entlastete wirklich unbelastet? - Veränderte Kategorisierung III bis V im Verlauf des Entnazifizierungsprozesses

In einem offenen Brief 1946 „Brief an eine junge Deutsche" [Luise Rinser[217]] prangert Hermann Hesse das Verhalten einiger seiner Freunde während der Nazizeit an. Sie beteuerten selbst bei jahrelanger NSDAP-Mitgliedschaft, dass sie niemals „mit den verfluchten Nazis sympathisiert hätten ... Sie seien damals 1934 nach schwerem Ringen in die Partei eingetreten, einzig, um dort ein heilsames Gegengewicht gegen die allzu wilden und brutalen Elemente zu bilden ... Nicht einer von ihnen schreibt, er bereue, er sehe die Dinge jetzt anders, er sei verblendet gewesen. Und auch nicht einer schreibt, er sei Nazi gewesen und werde es bleiben, er bereue nichts, er stehe zu seiner Sache."[218]
Ein Schreiben vom Innenminister des Landes Nordrhein-Westfalen Walter Menzel vom 5. September 1947[219] offenbart die Problematik der Einstufung von ehemaligen NSDAP-Mitgliedern in die Kategorien IV und V . Der Minister moniert den Sprachduktus abgelehnter Bewerbungen im öffentlichen Dienst, da „in Gruppe IV oder V eingestufte Bewerber von der unteren Dienst-

215 LAV NRW R, NW 1021 – 1293 (Entnazifizierungsakte Diepers).
216 LAV NRW R, NW 1021 – 2 (Entnazifizierungsakte Tonn).
217 Luise Rinser (1911- 2002) war eine deutsche Schriftstellerin, die lange Zeit aufgrund ihres poltischen Engagements im Nachkriegsdeutschland als Vorzeige-Deutsche und Kämpferin gegen den Nazismus galt. Eine zu ihrem 100. Geburtstag erschiene Biografie (Sanchez de Murillo, Jose, Luise Rinser. Ein Leben in Widersprüchen, Frankfurt a. M. 2011) zeigte aber frühe Verstrickungen im Nazisystem auf. NSDAP-Mitglied war sie nicht, allerdings Mitglied im BDM, NSF und NSLB.
218 Wagenbach, Klaus (Hg.), Vaterland, Muttersprache. Deutsche Schriftsteller und ihr Staat von 1945 bis heute, Berlin 1979, S. 51 - 53.
219 LAV NRW R, NW 1087 Gen 26-361.

stelle mit der Begründung abgelehnt worden sind, man könne nicht so viele „Nazis" anstellen oder es sei nicht möglich „belastete Personen" anzustellen usw." Der Innenminister hielt diese Ausdrucksweise für nicht angebracht, da „in Kategorie V eingestufte frühere Beamte als entlastet zu gelten haben." Er empfiehlt daher, im Falle einer Ablehnung eines Bewerbers aus politischen Gründen, auf eine Begründung zu verzichten.

Der Sonderbeauftragte für die Entnazifizierung in NRW definierte im Rundschreiben Nr. 21 vom 8. Juli 1948[220], wer in die Kategorie IV (Mitläufer) einzureihen wäre. Lediglich nominelle Mitgliedschaft bei innerer Ablehnung des Nationalsozialismus im Gesamtverhalten sei für die Einreihung entscheidend. „Ein nominelles Mitglied wird sich im allgemeinen darauf beschränken Mitgliedsbeiträge zu zahlen, nur an Versammlungen teilzunehmen, deren Besuch unter Zwang gestellt ist… Es wird sich meist um solche Parteimitglieder handeln, die nur unter Druck in die Partei eingetreten sind, um den Wünschen ihrer Vorgesetzten gerecht zu werden, oder um sich ihre Existenz zu erhalten." Wer sich über die reine Mitgliedschaft hinausgehend in der NSDAP engagiert hatte, konnte dies durch das Zeigen von aktivem Widerstand in Worten und Taten kompensieren. Entlastend waren zudem erlittene „Nachteile finanzieller, beruflicher oder körperlicher Art." Sie ermöglichten die Einreihung in Kategorie IV. Das „Ausmaß des Widerstandes" entschied über die Einreihung in die Kategorie V.

Für Krüger konnte daher schon ab Mitte 1949 nicht mehr von Mitläufern in der Kategorie V die Rede sein. Selbst Gestapo-Angehörige, Wachpersonal von Konzentrationslagern und Beteiligte an der Reichskristallnacht wurden zu Mitläufern erklärt und in die Kategorie V eingeteilt.[221]

Beschaffte Leumundszeugnisse und der Eindruck, den der zu Entnazifizierende beim Ausschuss hinterließ, wurden bei der Einreihung immer entscheidender. Von daher muss man von einer Verschiebung der Kategorien sprechen. „Kategorie III für die großen Aktivisten und Schwerbelasteten, Kategorie IV für kleinere Aktivisten, Nutznießer und Minderbelastete."[222]

So kann man wie Niethammer folgerichtig von einer „Mitläuferfabrik"[223] als Synonym für die Entnazifizierungsausschüsse sprechen, denn die Kategorie V umfasste die eigentlichen Mitläufer, die sich durch bloße Parteimitgliedschaft und durch Mitgliedschaften in anderen NS-Organisationen wie z. B.

220 LAV NRW R, NW 1037 – Gen 382-057 (SBE Berufungsausschuss Regierungsbezirk Aachen).

221 Krüger, Wolfgang, a. a. O., S. 126f.

222 Ebenda, S. 129.

223 Niethammer, Lutz, Die Mitläuferfabrik. Entnazifizierung am Beispiel Bayerns, Berlin-Bonn 1982.

im NSLB und im NSV auszeichneten. So kam es zu einer Entwertung des Begriffes „entlastet“, denn aktiver bzw. passiver Widerstand und ablehnendes Verhalten gegenüber der Naziideologie war für die Kategorie V nicht mehr notwendig.

Daher muss man sich fragen, ob die in der Kategorie V der Entlasteten eingereihten Bürgerinnen und Bürger wirklich frei von Schuld waren oder ob sie lediglich wegen „günstiger Leumundszeugnisse“ von Kollegen, Kirchen, Widerstandsgruppen, jüdischen Mitbürgern, Nachbarn, Schülern und deren Eltern zu dieser Gruppe zählten.

Es war so möglich, dass man zunächst im britischen Internierungslager landete, um dann am Ende mithilfe eines Rechtsbeistandes als Entlasteter aus dem Entnazifizierungsprozess herauszukommen, wie die Darstellung der Entnazifizierungsakte von Oberstudienrätin Marga Vüllers noch belegen wird.

Welch ein Hohn für alle aktiven Antifaschisten und diejenigen, die im Kampf gegen den Nationalsozialismus ihr Leben im Konzentrationslager verloren haben!

Da befand sich die in der Nazizeit beförderte Vüllers, Mitglied in der NSDAP und anderen NS-Organisationen, Blockwartin beim BDM und Buchhalterin bei der NS-Frauenschaft, in derselben Gruppe wie völlig unbescholtene Bürger.

Nach den Bestimmungen der Zonen-Exekutiv-Anweisung 54 hieß es, dass in die Kategorie V nur eingeordnet werden durfte, wer weder in der NSDAP oder in anderen NS-Organisationen war. Von einer politischen Säuberung konnte aufgrund der immer stärker festzustellenden Großzügigkeit der Entnazifizierungsbehörden, auch der Unterausschüsse, aber nicht mehr die Rede sein.

Der Vorsitzende des Entnazifizierungsausschuss für den Regierungsbezirk Düsseldorf Robert Saalwächter wies in seinem Schreiben vom 13. August eindringlich darauf hin, dass „nur in Fällen, in denen besonderes Entlastungsmaterial vorgebracht wird, wie Wiederaustritt aus der Partei, aktiver Widerstand gegen die Partei und ähnliches der Entlastungsschein der Kategorie V für die Gruppe der zwangsweise zu Entlassenen erteilt werden kann.“[224]

Saalwächter hatte schon im Rundschreiben Nr. 21 vom 8. Juli 1948[225] sein Verständnis von Widerstand im Nationalsozialismus dargelegt. Darunter zählte er den Wiederaustritt aus der Partei, den Parteiausschluss, das Nichttragen

224 LAV NRW R, NW 1000 Gen 4a-016 (SBE Hauptausschuss Regierungsbezirk Düsseldorf).

225 LAV NRW R, NW 1037 Gen 382-057 (SBE Berufungsausschuss Regierungsbezirk Aachen).

des Parteiabzeichens, das Unterlassen des Hitler-Grußes, die Ablehnung des Kirchenaustritts, das Belassen des Kruzifixes in der Schule und die Unterstützung und Beherbergung von Gegnern des Nationalsozialismus.
Erst Anfang 1949 wurde durch die Militärregierung erlaubt, Nichtbetroffenen ein gesondertes Zeugnis auszustellen, damit sie nicht mehr in die Kategorie V eingereiht wurden. Dieses Zeugnis wies aus, dass derjenige als nicht betroffen galt, der weder der NSDAP noch einer ihrer Gliederungen angehört und den Nationalsozialismus in keiner Weise gefördert hatte. Allerdings war wohl die Beantragung dieses Zeugnisses 1949 nicht mehr von großem Interesse, denn im August 1949 stellte der Sonderbeauftragte für die Entnazifizierung im Lande NRW fest, dass „der angemeldete Bedarf an Bescheinigungen für Nichtbetroffene so gering [ist], daß sich ein Druckauftrag nicht lohnt."[226] Lapidar wurde angeraten, den notwendigen Bedarf selbst durch Umdruck herzustellen.
In der Gruppe der Entlasteten in Nordrhein-Westfalen befanden sich nach Lange[227] am Ende der Entnazifizierung im August 1951 624 568 Menschen. Darunter Jugendliche, die nach dem 1. Januar 1919 geboren waren und die unter die Jugendamnestie fielen, Kriegsheimkehrer ohne „erhebliche Belastungen" mit automatischer Einreihung in V und zudem Personen, die trotz politischer Belastung den Nachweis des aktiven Widerstands erbringen konnten. Die letzte Gruppierung waren Personen, die eigentlich in Kategorie IV waren, allerdings ohne Beschränkungen bzw. Sanktionen. Diese wurden gegen eine Verwaltungsgebühr von 3,- DM ab dem 18. Dezember 1949[228] ohne weitere Überprüfung in die Kategorie V überführt.

6. Mitgliedschaft in NS-Organisationen

6.1 NSDAP

Schon mit dem Potsdamer Abkommen wurde deutlich, dass es den Alliierten – ungeachtet der unterschiedlichen Interessen – grundsätzlich um die Umgestaltung des deutschen politischen Lebens auf demokratischer Grundlage ging. Dazu war es notwendig, Personen zur Verantwortung zu ziehen und sie aus Ämtern, Institutionen und Unternehmen zu entfernen. In den Fokus

[226] LAV NRW R, NW 1000 Gen 4a-102.
[227] Lange, Irmgard (Bearb.), Entnazifizierung, Siegburg 1976, S. 59.
[228] LAV NRW R, NW 1037 Gen 382-128, Rundschreiben Nr. 44 v. 10. 12.1949 des Sonderbeauftragten für die Entnazifizierung im Lande Nordrhein-Westfalen gemäß Verordnung zum Abschluss der Entnazifizierung v. 17.9.1949.

geriet selbstverständlich das Erziehungswesen in Deutschland, da hier während der nationalsozialistischen Herrschaft unstrittig die deutsche Jugend mit den Inhalten der faschistischen Ideologie indoktriniert wurde.
Den amerikanischen Streitkräften und den „Document Centers“, die von den westlichen Alliierten gegründet worden sind, ist zu verdanken, dass die NSDAP-Mitgliederkartei am Kriegsende in letzter Minute von den amerikanischen Streitkräften vor der Vernichtung bewahrt wurden. Die personenbezogenen Unterlagen schlummerten aufgrund des sehr geringen bundesrepublikanischen Interesses[229] im Berliner Document Center und warteten auf Rückgabe an den deutschen Staat. Die Übergabe wurde erst im Juli 1994 gemäß eines deutsch – amerikanischen Abkommens vollzogen.
Jahrzehntelang hatten die unterschiedlichen Bundesregierungen mit zum Teil fadenscheinigen und absurden Begründungen die Übernahme der NS-Akten hinausgezögert bzw. abgelehnt. Über die Gründe muss man nicht spekulieren. Im Giftschrank von Direktor Daniel Simon des Berlin Document Centers lagen vor der Öffentlichkeit – aber auch vor Geheimdiensten anderer Staaten – versteckt, die NSDAP-Mitgliedskarten von mehr als siebzig führenden deutschen Nachkriegspolitikern. So kommt Herwig auch zu der Erkenntnis, dass „noch in den 1960er Jahren die ehemaligen NSDAP-Mitglieder im Bundestag die größte Fraktion gestellt hätten.“[230] Bundespräsident Walter Scheel musste seine NSDAP-Mitgliedschaft – allerdings erst am Ende seiner Amtszeit – zugeben. Karl Carstens und Hans-Dietrich Genscher gaben ihre Ambitionen auf das Amt des Bundespräsidenten auf, nachdem sie vom Document Center vorab über ihre Mitgliedschaft informiert worden waren.
Seit der Übernahme der Akten 1994 – auf erheblichen Druck der amerikanischen Verbündeten – sind die Daten zur NSDAP-Mitgliedschaft in Form von Karteikarten im Bundesarchiv zugänglich. Diese enthalten Grundinformationen zur Person und deren NSDAP-Mitgliedschaft, z. B. Mitgliedsnummer, Datum des Aufnahmeantrages, des Eintritts, aber auch des Austritts. Der Aufnahmeantrag musste immer selbst unterschrieben werden. Die gerade im Rahmen der Entnazifizierung oftmals getätigte Behauptung, nichts von einer Mitgliedschaft gewusst zu haben, kann somit nicht aufrechterhalten werden, was auch Stand der Forschung ist.[231]

229 Meyer, Heiner, Berlin Document Center. Das Geschäft mit der Vergangenheit, Frankfurt a. M. 1988, S. 86ff.
230 Herwig, Malte, Die Flakhelfer. Eine gebrochene Generation, München 2014, S. 168.
231 Heusterberg, Babette, Personenbezogene Unterlagen aus der Zeit des Nationalsozialismus, in: HEROLD-Jahrbuch. Neue Folge, Neustadt a.d. Aisch 2000, S. 147–186]. Bundesarchiv, Virtuelle Ausstellung. PG. – Zum Mitgliedswesen der NSDAP, https://www.bundesarchiv.de/DE/Content/Virtuelle -Ausstellungen/Pg.-Zum-Mitgliedschaftswesen-Der-Nsdap/Pg.-zum-mitgliedschaftswesen-der-nsdap.html, abgerufen am 6.6.2020.

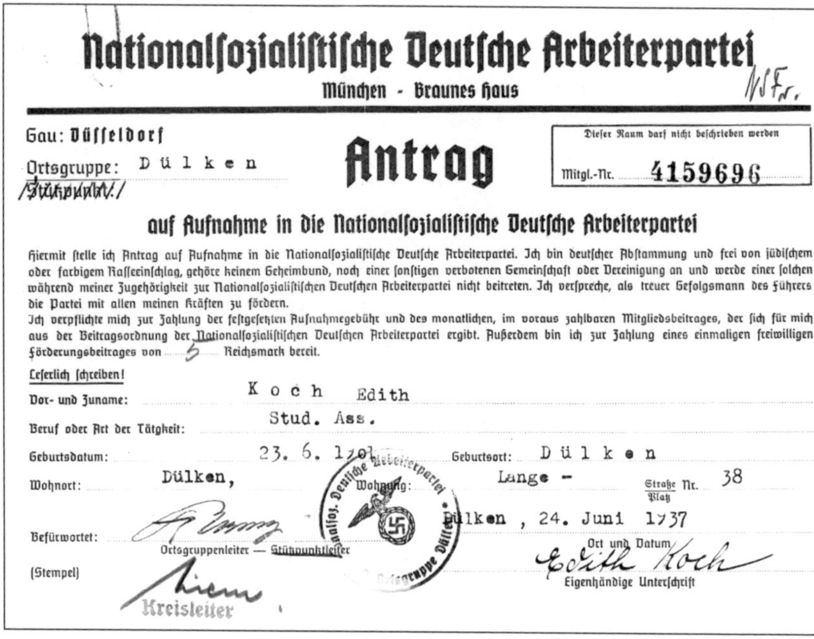

Nationalsozialistische Deutsche Arbeiterpartei

München - Braunes Haus

Gau: Düsseldorf

Ortsgruppe: Dülken

/Stützpunkt/

Antrag

Dieser Raum darf nicht beschrieben werden

Mitgl.-Nr. 4159696

auf Aufnahme in die Nationalsozialistische Deutsche Arbeiterpartei

Hiermit stelle ich Antrag auf Aufnahme in die Nationalsozialistische Deutsche Arbeiterpartei. Ich bin deutscher Abstammung und frei von jüdischem oder farbigem Rasseeinschlag, gehöre keinem Geheimbund, noch einer sonstigen verbotenen Gemeinschaft oder Vereinigung an und werde einer solchen während meiner Zugehörigkeit zur Nationalsozialistischen Deutschen Arbeiterpartei nicht beitreten. Ich verspreche, als treuer Gefolgsmann des Führers die Partei mit allen meinen Kräften zu fördern.

Ich verpflichte mich zur Zahlung der festgesetzten Aufnahmegebühr und des monatlichen, im voraus zahlbaren Mitgliedsbeitrages, der sich für mich aus der Beitragsordnung der Nationalsozialistischen Deutschen Arbeiterpartei ergibt. Außerdem bin ich zur Zahlung eines einmaligen freiwilligen Förderungsbeitrages von 5 Reichsmark bereit.

Leserlich schreiben!

Vor- und Zuname: Koch Edith

Beruf oder Art der Tätigkeit: Stud. Ass.

Geburtsdatum: 23. 6. 1901 Geburtsort: Dülken

Wohnort: Dülken, Wohnung: Lange - Straße Nr. 38

Dülken, 24. Juni 1937

Ort und Datum

Befürwortet:

Ortsgruppenleiter — Stützpunktleiter

Edith Koch

Eigenhändige Unterschrift

(Stempel)

Kreisleiter

NSDAP-Aufnahmeantrag Edith Koch

Der Frage „War es möglich, ohne eigenes Zutun Mitglied der NSDAP zu werden?" ging Michael Buddrus 2002[232] in einem Gutachten des Instituts für Zeitgeschichte nach. Buddrus stellte nach der Auswertung von ca. 11 000 Mitgliedskarten unmissverständlich fest, dass jeder Mitgliedsantrag unerschrieben werden musste. Eine automatische Übernahme von Angehörigen bestimmter NS-Verbände wie z. B. der Hitlerjugend in die NSDAP hat es nicht gegeben. Auch eine unabsichtliche Aufnahme in die NSDAP muss aufgrund des stark formalisierten Aufnahmeverfahrens ausgeschlossen werden. Anderslautende Behauptungen wie etwa „Ich habe nichts von meiner NSDAP-Mitgliedschaft gewusst" bezeichnet Buddrus als Legenden, „die ihren

Bundesarchiv, Informationen zum Verfahren der Aufnahme in die NSDAP, https://www.bundesarchiv.de/DE/Content/Artikel/Ueber-uns/Aus-unserer-Arbeit/Textsammlung-NSDAP-Aufnahmeverfahren/zum-nsdap-aufnahmeverfahren.html?chapterId=34074, abgerufen am 13.07.2020.

232 Buddrus, Michael, War es möglich ohne sein Zutun Mitglied der NSDAP zu werden? Gutachten des Institus für Zeitgeschichte München-Berlin für das Internationale Germanistenlexikon 1800 – 1950, in: König, Christoph (Hg.) Geschichte der Germanistik. Mitteilungen, Doppelheft 23/24, Göttingen 2003, S. 21 – 25.

Ausgangspunkt in Entlastungsbemühungen der unmittelbaren Nachkriegszeit hatten und durch häufige Kolportage zu einem gern bemühten „Allgemeingut“ avancierten, das mit der historischen Wirklichkeit nichts zu tun hat.“[233] Allerdings kann es durchaus vorgekommen sein, dass aufgrund der Kriegssituation oder eines Umzugs (veränderte Adresse) ein NSDAP-Mitglied seine Mitgliedskarte nicht persönlich erhalten hat.

Der Historiker Kellerhoff hat sich mit der „Rhetorik des Herauswindens“ und der Legende der „Karteimitglieder“ bezüglich der NSDAP-Mitgliedschaft beschäftigt. Es ging bei der Auseinandersetzung 2006 u. a. um die Mitgliedschaft bundesrepublikanischer Intellektueller wie Günter Grass, Walter Jens und Walter Höllerer.

Kellerhoff bezeichnete diese Diskussion als die Wiederaufnahme der Debatte um die Mitgliederkartei in den fünfziger Jahren. Anlass waren damals die Entlassungen und Wiedereinstellungen ehemaliger „Parteigenossen“ in den öffentlichen Dienst. Die Erinnerungslücken ehemaliger NSDAP-Mitglieder konfrontierte er mit der Erkenntnis, dass „historische Forschung Genaueres und Zutreffenderes zutage [fördert] als noch so ernsthaftes Erinnern.“[234]

Wie gestaltete sich das Mitgliederwesen der NSDAP seit der Machtergreifung?

Am 30. April 1933 verhängte die NSDAP eine Mitgliedersperre aufgrund des enormen Zulaufs und des damit verbundenen Verwaltungsaufwands. Zudem hatte man Angst vor sogenannten „Konjunkturrittern“, die eine Mitgliedschaft aus opportunistischen Beweggründen anstrebten und nicht aus Überzeugung. Auch in der Rheinprovinz erlebte die Partei nach der Machtergreifung einen enormen Mitgliederzuwachs. Der Zulauf sogenannter „Märzgefallener“ zur Partei war in der Rheinprovinz so hoch wie nirgendwo anders. Der ironische Begriff Märzgefallene wurde für die Mitglieder benutzt, die erst nach dem 30.1.1933, bzw. nach der Reichstagswahl im März 1933 die Aufnahme in die Partei beantragt hatten.[235]

Bis 1937 dauerte die Aufnahmesperre. Reichsschatzmeister Schwarz ermöglichte dann vom April 1937 als Ausnahme denjenigen den Beitritt in die NSDAP, die seit der Machtübernahme in den Gliederungen und angeschlossenen Verbänden der Partei als Nationalsozialisten tätig gewesen waren. Bis

233 Ebenda, S. 22.

234 Kellerhoff, Sven Felix, Die Erfindung des Karteimitglieds. Rhetorik des Herauswindens: Wie heute die NSDAP-Mitgliedschaft kleingeredet wird, in: Benz, Wolfgang (Hg.), Wie wurde man Parteigenosse? Die NSDAP und ihre Mitglieder, Frankfurt a. M. 2009, S. 167-180.

235 Weigel, Björn, „Märzgefallene“ und Aufnahmestopp im Frühjahr 1933. Eine Studie über den Opportunismus, in: Benz, Wolfgang (Hg.), a . a. O., S. 93-96.

zu diesem Zeitpunkt erhielt man nur den Status des Parteianwärters. Als Aufnahmedatum für Parteianwärter wurde einheitlich der 1.5.1937 – unabhängig vom Antragsdatum – festgelegt. Dies betrifft auch bis auf die 1933 Eingetretenen alle Lehrer mit NSDAP-Mitgliedschaft des Humanistischen Gymnasiums. 1937 wurde erstmals ein zweiseitiger Fragebogen zum Aufnahmeantrag eingeführt. Mit diesem Fragebogen wollte man vor allem die politische Zuverlässigkeit abklären. Diese Fragebogen sind allerdings Anfang der vierziger Jahre vom Reichsschatzmeister Schwartz vernichtet worden.
Der Politologe Jürgen W. Falter beschäftigt sich in seinem neuen Standardwerk „Hitlers Parteigenossen" intensiv mit der NSDAP-Mitgliedschaft. Er nimmt darin die von den Nazis akribisch betriebene Mitgliederstatistik und Mitgliedsbeantragung und -aufnahme mittels einer Stichprobe aus 42.000 Fällen unter die Lupe.
Falter macht u. a. deutlich, dass nicht jeder in der NSDAP willkommen war, nicht nur Personen jüdischer Abstammung, Farbige, Sinti und Roma und Angehörige von Freimaurerlogen. Die Mitgliedschaft sollte nur aktiven, einsatzbereiten und opferwilligen Personen vorbehalten bleiben. Zwischen 1933 und 1937 war die Partei nur für einen begrenzten Personenkreis geöffnet. Die Mitgliedersperre und der Antragsstau äußerten sich 1937 in einem wahren Mitgliederboom mit über 3 Millionen neuen Parteigenossen. Die Partei war mit dieser Antragsflut völlig überfordert. Manche Mitglieder haben ihr Parteibuch erst 1940 erhalten, denn „die Aufnahmeaktion nach der Anordnung 18/37 des Reichsschatzmeisters vom 20. April 1937 [konnte] im April 1940 restlos abgeschlossen werden."[236]
Im Kontext der sozialen Zusammensetzung der NSDAP-Mitglieder wurden insbesondere Lehrer untersucht[237]. Rund 25 % aller bis Ende 1934 in der NSDAP organisierten Beamten waren Lehrer, die zum großen Teil erst nach der Machtübernahme in die Partei eintraten. Es waren sechsmal so viele wie vor 1933. Die Parteileitung beobachtete dies mit Skepsis, denn „Konjunkturritter" bzw. Opportunisten waren unerwünscht.
Nach Falter haben viele Lehrer es vor der Machtübernahme lediglich vermieden, sich zu den nationalsozialistischen Zielen zu bekennen. So traten bis Ende 1932 nur rund 9600 Lehrer der Partei bei, hingegen wurden 1933 alleine 67000 Lehrer Mitglied, was eine überdurchschnittliche Eintrittshäufigkeit von Lehrern bedeutete. Für Falter steht fest „dass sich dann im Gefolge der Machtübernahme oder nennen wir es besser: Machtübertragung an Adolf Hitler

[236] Wetzel, Juliane, Die NSDAP zwischen Öffnung und Mitgliedersperre, in: Benz, Wolfgang (Hg.), a. a. O., S. 78.

[237] Falter, Jürgen W., Hitlers Parteigenossen. Die Mitglieder der NSDAP zwischen 1919-1945, Frankfurt 2020, S. 253 – 261.

und seine Bewegung die Situation grundlegend gewandelt hatte und keine Sanktionen mehr zu befürchten waren, sondern man eher auf Belohnung hoffen durfte, drängten diese verhinderten NSDAP-Mitglieder mit Macht in die Partei."[238]
Bis zum Kriegsende 1945 war deutlich mehr als die Hälfte aller Lehrer Parteimitglied. Falter belegt auch, dass die Parteiaustritte von Lehrern signifikant niedriger waren als bei Beamten anderer Berufe. „Selbst bei denen, die zwischen 1934 und 1945 NSDAP-Mitglied wurden und von denen kaum jemand wieder aus der Partei austrat, gab es bei Lehrern so gut wie keine Austritte mehr."[239]
Aufgrund der vorhandenen Skepsis Lehrern gegenüber wollte man sie einer „weltanschaulicher Schulung unterwerfen". Wenn Lehrer sich nicht aktiv im Sinne des Nationalsozialismus betätigen würden und wenig innere Überzeugung hätten, schlugen die NSDAP-Parteistrategen einen Parteiausschluss vor.[240]

6.2. NSLB (Nationalsozialistischer Lehrerbund)

Hinsichtlich des Erziehungswesens hatte die britische Militärregierung schon im Juli 1945 unmissverständliche Vorstellungen: „Es ist sehr wünschenswert, daß die Schulen in Gang bleiben, um die Bedrohung von Ruhe und Ordnung durch zahlreiche junge Landstreicher einzuschränken. Andererseits ist heute das deutsche Erziehungssystem eine der stärksten Waffen der Nazipropaganda."[241] Eine Wiederöffnung der Schulen sei nur möglich, wenn die Militärregierung sich davon überzeugt hat, dass alle Mitglieder der Nazi-Partei und alle, die mit den Nazis sympathisiert hätten, aus dem Lehrkörper entfernt und brauchbare Schulbücher erstellt seien.
Eine besondere Rolle spielte dabei auch der nationalsozialistische Lehrerbund (NSLB), bei dem 1937 nach eigenen Angaben 97 % der deutschen Lehrer organisiert waren, wobei eine Nichtmitgliedschaft bei der NSDAP durchaus möglich war.[242] Auch für das Kollegium des Humanistischen Gymnasiums war die NSLB-Mitgliedschaft die Regel, wie den Entnazifizierungsakten zu entnehmen ist. Im Jahresbericht 1936/37 war es Schulleiter Hoengen wichtig

238 Vgl. ebenda, S. 253.
239 Vgl. ebenda, S. 257f.
240 Vgl. ebenda, S. 241.
241 Auftrag der britischen Militärregierung v. 6. Juli 1945 an den Oberpräsidenten von Westfalen Rudolf Amelunxen, Url: https://www.bpb.de/izpb/10048/errichtung-der-besatzungs herrschaft?p=all, abgerufen am 10.10.2020.
242 Müller, Saskia/Ortmeyer, Benjamin, Die ideologische Ausrichtung der Lehrkräfte 1933-1945, a. a. O, S. 11 und S. 22f.

zu erwähnen, dass bis auf wenige Ausnahmen alle Kollegen dem NSLB angehörten.

Die meisten Lehrerverbände bis auf den Allgemeinen Deutschen Lehrerverband (ADLV) und die Allgemeine Freie Lehrergewerkschaft (AFLD) folgten der Forderung des NSLB-Vorsitzenden Hans Schemm, dem NSLB als Verband beizutreten. Weiterhin war es auch für jeden Lehrer möglich, trotz der Mitgliedersperre bei der NSDAP dem Bund beizutreten.

Der Deutsche Philologenverband wehrte sich lange gegen diese Gleichschaltung, allerdings nicht aus Gegnerschaft zu nationalsozialistischen Bildungsinhalten, sondern um nicht mit den aus Standesdünkel wenig geschätzten Volksschullehrern in einem Verband zu sein.[243] Im Juni 1936 löste sich der Philologenverband auf und der NSLB wurde zur Gesamtorganisation der Lehrerschaft. Eine zentrale Aufgabe des NSLB waren ab 1936 Schulungsseminare für Lehrkräfte im Sinne der NS-Ideologie, an denen auch Kollegen des Humanistischen Gymnasiums teilnahmen.

Bezüglich der Beitrittsmotive von Lehrern in den NSLB muss erwähnt werden, dass dieser sich auch die Vermögenswerte der bisherigen Lehrerorganisationen angeeignet hat, z. B. die Beitragseinzahlungen von Lehrern für ihre Altersversorgung.

Dennoch muss man betonen, dass 3 Prozent der Lehrerschaft nicht im NSLB waren. Diese nahmen damit auch persönliche Nachteile und Drohungen in Kauf, von möglichen Beförderungen ganz zu schweigen. Ortmeyer stellt in der Einleitung seiner Untersuchung über das Zentralorgan des NSLB „Der Deutsche Erzieher" die charakteristischen Merkmale von „Herrenmenschentum, Rassismus, Eugenik und Judenfeindschaft"[244] heraus.

Die nazistische Ideologie fand in den großen Lehrerverbänden fruchtbaren Boden, da man aufgrund von Krise und Notstandsverordnungen 1932 einen Rechtsruck vollzog und zu den Gegnern der Weimarer Republik zählte. Für die Doktorandin in der Forschungsstelle NS-Pädagogik an der Goethe-Universität in Frankfurt Saskia Müller verhielten sich die großen Lehrerverbände „im Übergang von der Weimarer Republik in den NS anbiedernd und zustimmend angesichts der anstehenden Machtübernahme. Die Vereine zeigten auch keine Skrupel, Satzungsänderungen vorzunehmen, die jüdische Mitglieder sowie die wegen sogenannter politischer Unzuverlässigkeit entlassenen Personen ausschlossen."[245] Für Müller waren Lehrkräfte eine bereitwillige Stütze

243 Vgl. Bilski, Anja, Die Entnazifizierung des Düsseldorfer Schulwesens nach 1945, S. 232.

244 Müller, Sakia/Ortmeyer, Benjamin, a. a. O., S. 13.

245 Müller, Saskia, Interview. Lehrkräfte im Nationalsozialismus, 08.10.2019, https://www.gew-bayern.de/aktuelles/detailseite/neuigkeiten/lehrkraefte-im-nationalsozialismus/, abgerufen am 10.01.2021.

des NS-Systems und der NSLB war auch keine angebliche Zwangsorganisation.
Lutz van Dick hat anhand autographischer Berichte von Zeitzeugen nachdrücklich belegt, dass es auch genügend Lehrer gegeben hat, die sich verweigert, Kritik geäußert und anderen Verfolgten geholfen hätten. „Sie taten dies unter den Bedingungen ihres Schuldienstes und widerlegen damit die These von der bruchlos gleichgeschalteten Schule der in ihr tätigen Menschen.“ Van Dick vermisst bei den Lehrkräften, die in irgendeiner Weise das nationalsozialistische System unterstützt haben, den „aufrechten Gang“, da bei ihnen Empathie für das Leid von anderen und die Fähigkeit, Verantwortung für das eigene Handeln trotz möglicher persönlicher Nachteile zu übernehmen, gefehlt habe.[246]
Der NSLB wurde im Zuge der totalen Kriegsführung am 20. Februar 1943 aufgelöst.

6.3 Weitere NS-Organisationen und Verbände

Die Schutzstaffel (SS) und die Sturmabteilung (SA)
Die Schutzstaffel (SS) war in ihren Anfängen während der Weimarer Republik für den persönlichen Schutz Hitlers und für den störungsfreien Verlauf von NSDAP-Versammlungen verantwortlich. Sie war der SA unterstellt und entwickelte sich ab 1933 zu einer Eliteformation. Die SS-Mitglieder verkörperten in ihren schwarzen Uniformen die Ideologie des nationalsozialistischen Herrenmenschen und standen in bedingungsloser Loyalität zu Hitler. Ab 1934 übernahm die SS unter der Führung von Heinrich Himmler mit ihren mörderischen Totenkopfverbänden die alleinige Zuständigkeit für die Bewachung aller Konzentrationslager. Zusammen mit dem Reichssicherheitshauptamt (RSHA) unter Reinhard Heydrich war man verantwortlich für die Ermordung von Millionen von Menschen.
Ab 1925 gab es sogenannte passive SS-Mitglieder, die durch eine Fördermitgliedschaft mit einem monatlichen Betrag die SS finanziell unterstützten. Eine NSDAP-Mitgliedschaft war nicht zwingend notwendig. Der Ariernachweis musste allerdings geleistet werden. Alle Fördermitglieder erhielten eine Mitgliedsnummer und einen Mitgliedsausweis.
Die Mitglieder der **Sturmabteilung (SA)** waren in der Öffentlichkeit durch ihre Braunhemden und Armbinden mit Hakenkreuz zu erkennen. Die nach dem gescheiterten Hitler-Putsch 1923 zusammen mit der NSDAP für zwei Jahre verbotene SA war vor allem in der Endphase der Weimarer Republik

246 Van Dick, Lutz, Oppositionelles Lehrerverhalten 1933-1945. Biographische Berichte über den aufrechten Gang von Lehrerinnen und Lehrern, Weinheim 1988, S. 18.

für die „Eroberung der Straße" als paramilitärische Organisation verantwortlich. Terror- und Gewalttaten vor allem gegenüber Juden, Kommunisten, Sozialdemokraten mit bis dahin unvorstellbarem Ausmaß waren an der Tagesordnung. Nach der Machtergreifung im Januar 1933 feierte die auf rund vier Millionen Mitglieder angewachsene SA die Kanzlerschaft Hitlers mit Fackelzügen und Aufmärschen. Nach der Ermordung ihres Führers Ernst Röhm 1934 verlor die SA vor allem aufgrund des Machtzuwachses der SS an Bedeutung. In der Öffentlichkeit war die SA dann in erster Linie im Rahmen der NS-Propaganda präsent.

Die NS-Volkswohlfahrt (NSV)

Trägerin der Wohlfahrtspolitik im NS-Regime war die 1932 in Berlin gegründete NS-Volkswohlfahrt (NSV), die durch verschiedene Wohlfahrtseinrichtungen, Gesundheitsprogramme und sozialfürsorgerische Initiativen zur propagandistischen Selbstdarstellung des NS-Regimes beitrug. Die NSV hatte 1943 rund 17 Millionen Mitglieder und war damit neben der Deutschen Arbeitsfront die zweitgrößte NS-Organisation.

Im Fokus der Wohlfahrtspflege stand die Stärkung der rassisch definierten Volksgemeinschaft, in der für Juden kein Platz war. Nicht zu verschweigen sind Zehntausende als erbbiologisch minderwertig diffamierte Behinderte, die der Vorstellung der Nationalsozialisten vom „gesunden Volk" nicht entsprachen und ab 1939 der verbrecherischen Euthanasie zum Opfer fielen.

Reichskolonialbund (RKB)

Der Reichskolonialbund wurde am 10. Juni 1933 als Dachorganisation verschiedener Kolonialgesellschaften und Verbände gegründet. Nach Auflösungen dieser Institutionen im Rahmen der Gleichschaltung kam es 1936 zu einem einheitlichen gelenkten Bund. Dieser wurde aufgrund der Konflikte zwischen der NSDAP und der Verbandsspitze vorübergehend durch Rudolf Heß aufgelöst.

In der Folge wurde der Bund von der Naziregierung als parteiunabhängige Organisation bis zu seiner Auflösung und Beschlagnahmung des Vermögens durch Martin Bormann[247] 1943 toleriert. Mit dem Kontrollratsgesetz Nr. 2 vom 10. Oktober 1945 wurde der Reichskolonialbund durch den Alliierten Kontrollrat verboten und eine Neugründung untersagt. Im „Gesetz zur Entnazi-

[247] Martin Bormann war ein wichtiger Vertrauter Adolf Hitlers und Inhaber höchster Parteiämter. Zuletzt war er Leiter der Partei-Kanzlei der NSDAP im Rang eines Reichsministers und im April 1945 von Hitler im Führerbunker in Berlin zu dessen Testamentsvollstrecker erklärt worden. Vgl. Zukunft braucht Erinnerung, URL: https://www.zukunft-braucht-erinnerung.de/martin-bormann/, abgerufen am 17.11.2020.

fizierung und Befreiung vom Militarismus" vom 5. März 1946 wurde festgestellt, dass der Reichskolonialbund weder eine Gründung der NSDAP noch eine Parteiorganisation und auch nicht ein der NSDAP angeschlossener Verband war.[248]

Verein für das Deutschtum im Ausland (VDA)

Die Ursprünge des VDA liegen im „Allgemeinen Deutschen Schulverein", der zur völkischen Bewegung zählte und 1881 in Berlin mit dem Ziel gegründet wurde, das „Deutschtum" in der ganzen Welt zu fördern und zu schützen. Der Name des Vereins verwies auf einen seiner Arbeitsschwerpunkte, nämlich die Gründung und Förderung deutscher Schulen im Ausland. Nicht zuletzt deshalb gehörten ihm zahlreiche Lehrer an. Dahinter stand das Interesse, die deutschen Minderheiten als Hebel für eine Ausdehnung des deutschen Machtbereichs zu benutzen und letztlich ein „Großdeutsches Reich" zu errichten.

Nach der Machtübernahme wurde der VDA in „Volksbund für das Deutschtum im Ausland" umbenannt und widmete sich der Förderung des großdeutschen Nationalismus mit Hilfe deutscher Minderheiten. 1939 wurde ihm die alleinige Zuständigkeit für „Volkstumsarbeit" im Ausland übertragen. Im Krieg engagierten sich führende Vertreter des VDA als Planer der nationalsozialistischen Rassen- und Vernichtungspolitik.

Der VDA wurde von den Alliierten nach der Niederlage des NS als „nazistische Organisation" verboten. 1955 kam es in München zu seiner Neugründung. Zahlreiche Prominente aus den Reihen der konservativen Parteien und der Heimatvertriebenen gehörten fortan dem VDA an. Seine finanzielle Förderung durch die Bundesregierung wurde 1998 eingestellt. Heute nennt sich der VDA „Verein für deutsche Kulturbeziehungen im Ausland e. V."[249]

Reichsluftschutzbund (RLB)

Der Ende April 1933 gegründete und dem Luftfahrtministerium unter Hermann Göring unterstehende Reichsluftschutzbund war zuständig für die Schulungen von ehrenamtlichen Luftschutzwarten. Sie standen den Luftschutz-Gemeinschaften in Häuserblocks vor. Der RLB diente mit seinem engen Netz an Luftschutzwarten der praktischen und psychologischen Luftkriegsvorbereitung sowie der Anleitung der Bevölkerung zum Selbstschutz. Zudem hatte der RLB während und nach Luftangriffen politische und poli-

248 Linkfang, Reichskolonialbund, URL: https://de.linkfang.org/wiki/Reichskolonialbund, abgerufen am 29.8.2020.

249 URL: https://jugend1918-1945.de/portal/jugend/lexikon.aspx?typ=lexikonID&id=3403&iframe=true, abgerufen am 29.08.2020.

zeiliche Kontrolle über die Bevölkerung. Bis 1939 wuchs der RLB auf über 13,5 Millionen Mitglieder an. Sein Auf- und Ausbau war mit einer aufwendigen Propaganda unter dem Motto „Luftschutz tut not" verbunden. Mit Plakaten, Werbe- und Schulungsmaterialien sowie öffentlichen Vorführungen und Lehrgängen sollte die Bevölkerung auf einen künftigen Krieg eingestimmt werden und lernen, sich vor Luftangriffen zu schützen.[250]

NS-Frauenschaft (NSF)
In der 1931 gegründeten NS-Frauenschaft mit insgesamt 2,3 Millionen Mitgliedern waren neben dem BDM die Frauen der NS-Volkswohlfahrt, des Reichsarbeitsdienstes und der nationalsozialistischen Studentenschaft organisiert. Als „Kerntruppe" überzeugter Nationalsozialistinnen diente die NSF der politischen Gleichschaltung aller anderen, nicht-nationalsozialistischen Frauengruppierungen.
Ab September 1933 wurde dann auch als Dachorganisation das Deutsche Frauenwerk (DFW) gegründet, dessen „Ziel die ideologische Ausrichtung der Frauen auf die Bereiche Haushalt und Familie [war]."[251] Sicherlich war der politische Einfluss der Frauen auf die von Männern dominierte NSDAP gering, dennoch übernahmen sie als öffentliche Funktionsträgerinnen aktive Verantwortung für die Volksgemeinschaft. Sie prägte das Leitbild der Frauen im NS-Regime.

6.4 Lehrerkollegium in NS-Organisationen

Zum besseren Verständnis des methodischen Vorgehens dienen die folgenden Erläuterungen. Zunächst waren die Lehrerverzeichnisse in den verschiedenen Festschriften eine große Hilfe, um die Namen und entsprechenden Dienstzeiten im Untersuchungszeitraum eruieren zu können. Die fehlenden Geburtsdaten der Lehrer, ohne die Archivrecherche in der Regel unmöglich ist, konnten in den meisten Fällen über die Bibliothek für Bildungsgeschichtliche Forschung des DIPF | Leibniz-Institut für Bildungsforschung und Bildungsinformation ermittelt werden.[252]
In einem nächsten Schritt wurden Informationen über etwaige NSDAP-Mitgliedschaft beim Bundesarchiv in Berlin eingeholt und durch entsprechende

[250] Lemo, URL: https://www.dhm.de/lemo/kapitel/der-zweite-weltkrieg/kriegsverlauf/luftschutz.html, abgerufen am 29.08.2020.
[251] Wenzel, Mario, Die NSDAP, ihre Gliederungen und angeschlossenen Verbände, in: Benz, Wolfgang (Hg.), a. a. O., S. 131.
[252] Bibliothek für Bildungsgeschichtliche Forschung des DIPF, URL: https://archivdatenbank.bbf.dipf.de/actaproweb/index.jsf, abgerufen am 12.11.2019.

Entnazifizierungsakten beim Landesarchiv in Duisburg ergänzt. Im Falle des Vorhandenseins waren die beim Landesarchiv gelagerten Personalakten in einigen Fällen äußerst aufschlussreich. Im Fall des seit 1944 vermissten Helmut Kötz war sogar die Gestapoakte – welch ein Zynismus – hilfreich.
Schließlich sind die Lehrer berücksichtigt worden, die mindestens ein Jahr als Studienrat, Studienassessor oder nebenamtliche Lehrkraft (vom Lyzeum) am Humanistischen Gymnasium in der Zeit von **1933 – 1944** unterrichtet haben und über die sich entsprechende Daten im Landesarchiv und Bundesarchiv finden lassen. Das Geburtsdatum war insofern von Bedeutung, als nur Lehrer bis zum Geburtsjahr 1913 berücksichtigt worden sind, zumal ab 1946 aufgrund der „Jugendamnestie" alle Geburtsjahrgänge nach 1918 von der Entnazifizierung ausgenommen worden waren.

Insgesamt ergibt sich für den Zeitraum 1933-1944 eine Population von 23 männlichen Lehrkräften. Die weiblichen nebenamtlichen Lehrkräfte vom Lyzeum (6) sind gesondert ausgewertet. 73 % des Stammkollegiums war Mitglied in der NSDAP, was trotz der geringeren Population signifikant höher ist als der von Bilski für die gymnasialen Lehrkräfte in Düsseldorf ermittelte Anteil von 55 %. Falter geht in seiner neuesten Untersuchung von einer Rekrutierungsquote von 60 Prozent unter Lehrern aus, was dem Anteil der NSDAP-Mitglieder unter allen Reichsbeamten entsprach.
67 % der Studienräte zwischen 1946 und 1950 waren Parteigenossen.
Dies bedeutet, dass von den Lehrern zwischen 1933 und 1950 insgesamt **72** % in der NSDAP waren. Immerhin war etwas mehr als ein Viertel bereit, einen Parteieintritt abzulehnen. Von einem Parteiaustritt, der durchaus möglich war, ist in den Entnazifizierungsakten nichts zu finden.

Beim NSDAP-Eintrittsdatum der haupt- und nebenamtlichen Lehrkräfte weichen die Auswertungsdaten im Unterschied zu den Forschungsergebnissen von Falter nach oben ab. 76 Prozent (Falter 63 Prozent) der Viersener Lehrer und Lehrerinnen sind zwischen dem 2.5.1937 und dem Kriegsende in die Partei eingetreten. Bemerkenswert ist die Tatsache, dass immerhin 4 Kollegen nach 1940 – also nach der erlebten Judenverfolgung 1938 und dem Kriegsbeginn 1939 – in die Partei eingetreten sind.

In der Düsseldorfer Untersuchung von Bilski waren es allerdings 44 Prozent, die schon 1933 ihr NSDAP-Mitgliedsbuch erhalten haben. Am Humanistischen Gymnasium (insgesamt 24 %) sind Dr. Schöne, Tonn, Totzeck, Reimann, Adam 1933 und Dr. Köhne 1934 (in Brasilien) in die NSDAP eingetreten.

Außergewöhnlich hoch mit 94 Prozent betrug die Mitgliedschaft im faschistoiden NSLB, d. h. nur ein Kollege (Walter Strotmann) gehörte dieser Organisation nicht an. Dieser Anteil entspricht fast exakt dem von Ortmeyer für das Jahr 1937 genannten Anteil von 97 Prozent.

Sehr hoch sind die Anteile beim NSV (81 %) und dem VDA (59 %) und immerhin rund 38 Prozent waren in der SA, wenn auch z. T. nur für eine kurze Zeit. Drei Lehrer (Brettar, Klein, Rohling) waren zudem Fördermitglieder der SS.

Bei den nebenamtlichen weiblichen Lehrkräften handelt es sich um Kolleginnen vom Lyzeum, die für die zur Wehrmacht einberufenen Lehrer ab 1941 zusätzlich am Humanistischen Gymnasium unterrichteten. Auffallend ist hier der geringere Anteil von NSDAP-Mitgliedern (2) und die 100 %-ige Mitgliedschaft im NSLB und in der NSV. Weiterhin waren rund 84 Prozent im VDA und in der NS-Frauenschaft.

Allerdings ist unter den Parteigenossinnen **Marga Vüllers** hervorzuheben, die aufgrund verschiedener Ämter im NS-System fast zwei Jahre von der Militärregierung interniert wurde und in allen maßgeblichen NS-Organisationen vertreten war. Letztendlich erreichte Vüllers, die schon 1933 Parteimitglied wurde, über mehrere Einsprüche gegen Entnazifizierungsbescheide Ende 1949 ihre Einordnung in die Kategorie V der Entlasteten. 1959 wurde sie am Lyzeum wieder in das von ihr unter dem NS-System erworbene Amt der Oberstudienrätin eingesetzt. Es kann angenommen werden, dass Vüllers von den Nationalsozialisten mit der vorangegangenen Beförderung für ihre verschiedenen Tätigkeiten im NS-System belohnt worden war.

Unrühmliches Fazit: Nach Abschluss der Entnazifizierungsverfahren im Dezember 1949 gehörten 72 Prozent (18 Lehrer) der NSDAP-Mitglieder zur Kategorie V der Entlasteten und 28 Prozent (7 Lehrer) waren als Mitläufer eingestuft worden! **Niemand wurde entlassen!**

6.5 Statistik der NS-Mitgliedschaft

Hauptamtliche Lehrer/Männer 1933-1944 (23)
Becker, Brettar, Cremer, Donner, Finger, Geiser, Hoengen, Jansen, Klein, Klingen, Klusen, Kötz, Maxaner, Nußbaum, Paulus, Rohling, Schlager, Schneider, Schöne, Strotmann, Tonn, Totzeck, Zart

NSDAP	17	73 %
NSLB	22	95 %
NSV	19	83 %
VDA	15	65 %
SA	8	35 %
RLB	5	22 %
SS Fördermitglied	3	13 %
RKB	3	13 %
Kein NSDAP-Mitglied	6	26 %

Hauptamtliche Lehrer nach 1945 (9)
Köhne, Leisering, Hagedorn, Reimann, Widdra, Adam, Niechoj, Schmidt, Schnabel

NSDAP	6	67 %
NSLB	8	89 %
NSV	7	76 %
VDA	4	44 %
SA	4	44 %
RLB	2	22 %
RKB	4	22 %
Kein NSDAP-Mitglied	3	33 %

Hauptamtliche Kräfte/Männer 1933-1950 (32)

NSDAP	23	72 %
NSLB	30	94 %
NSV	26	81 %
VDA	19	59 %
SA	12	38 %
RLB	7	22 %
SS Fördermitglied	2	6 %
RKB	7	22 %
Kein NSDAP-Mitglied	9	28 %

Nebenamtliche Kräfte/Frauen (6)
Boch, Bender, Grüggel, Hegemann, Koch, Vüllers

NSDAP	2	33 %
NSLB	6	100 %
NSV	6	100 %
VDA	5	84 %
NSF	5	84 %
RKB	2	33 %
RLB	2	33 %
BDM	1	17 %
Kein NSDAP-Mitglied	4	67 %

Parteieintritt (25)

01.05.1933	6	24 %
01.05.1937	15	60 %
1940	4	16 %

Entnazifizierungskategorie aller Parteimitglieder, für die ein Verfahren bis August 1949 durchgeführt worden ist. (25)

Kategorie IV (Mitläufer)	7	28 %
Kategorie V (Entlastet)	18	72 %

7 Entnazifizierung des Lehrerkollegiums bis 1950

7.1 Aktenlage

Die Aktenlage bezüglich der Entnazifizierungsakten der Lehrer des Humanistischen Gymnasiums kann als gut bezeichnet werden. Mit der Auflösung der Haupt- und Berufungsausschüsse 1949 wurden abgeschlossene Entnazifizierungsakten bei der Bezirksregierung in Düsseldorf gelagert. Laufende Verfahren landeten beim Sonderbeauftragten für die Entnazifizierung. Großes Interesse an diesen Akten nach Abschluss der Entnazifizierung in NRW mit dem entsprechenden Gesetz vom Februar 1952 schien nicht vorhanden gewesen zu sein, denn „ sie führten 12 Jahre in Kellern und Dachböden ein trauriges Dasein: niemand kümmerte sich um sie, ab und zu wurde eine Akte herausgesucht und ausgeliehen, aber dann nicht wieder richtig eingeordnet, kurzum, sie verstaubten, wurden hin und her geräumt und gerieten in Unordnung."[253]

Eine Vernichtung der Akten[254] sah dann ein Gesetzentwurf der FDP 1951 im Landtag vor. Die NRW-FDP wollte damit einen Schlussstrich ziehen und verlangte darüber hinaus eine „Generalamnestie". Dies war nicht verwunderlich, da der liberale Landesverband von Alt-Nazis unterwandert war. Zentrale Figur dabei war der Essener Rechtsanwalt und FDP-Mitglied Ernst Achenbach. Er gehört selbst zu den NS-Seilschaften, denen er seiner Partei an Rhein und Ruhr die Tür geöffnet hat. Im Wahlkampf anlässlich der Bundestagswahl 1949 warb die FDP mit einem Wahlplakat „Schluss mit Entnazifizierung, Entrechtung, Entmündigung – Schluss mit dem Staatsbürger 2. Klasse"[255]. Das Plakat erinnerte sowohl von der Orthographie – Schluss mit ss statt des damals richtigen ß – als auch vom Schrifttyp an die NS-Zeit. Welche Zielgruppe die FDP damit erreichen wollte, ist offensichtlich.

Erfreulicherweise hat der Gesetzentwurf dank des Eingreifens vom damaligen Justizminister Amelunxen (CDU) keine Mehrheit gefunden hat. So begann man nach einem gemeinsamen Erlass des Justiz- und Kultusministers vom April 1964 mit der Archivierung der über 20 000 Entnazifizierungsakten, die bisher bei den Bezirksregierungen gelagert waren, im Hauptstaatsarchiv in Düsseldorf. Heute befinden sich diese im Landesarchiv in Duisburg. Name, Geburtsdatum der betreffenden Person und die Aktensignatur sind in meh-

253 Lange, Irmgard (Bearb.), Entnazifizierung in Nordrhein-Westfalen, Siegburg 1976, S. 1.

254 Der Spiegel 9/1951, S. 4, URL: https://www.spiegel.de/spiegel/print/index-1951-9.html, abgerufen am 20.03.2020.

255 URL: https://www.geschichtsdokumente.de/flugblatt-schluss-mit-der-entnazifizierung-fdp-1949/,, abgerufen am 20.03.2020.

reren Aktenordnern alphabetisch – seit Oktober 2020 auch digital – geordnet. Das Landesarchiv bietet somit einen umfänglichen Überblick über die Entnazifizierung in Nordrhein-Westfalen. Dies gilt insbesondere für den Regierungsbezirk Düsseldorf, was für den Untersuchungsgegenstand dieser Arbeit von großer Bedeutung und Hilfe war, da die Entnazifizierungsakten der Lehrer des Humanistischen Gymnasiums bis auf wenige Ausnahmen vorhanden sind, wenn auch nicht immer vollständig.
Das Stadtarchiv Viersen verwaltet ebenfalls Akten zum Themenkomplex Entnazifizierung, die sich inhaltlich vor allem auf die Zusammensetzung des Entnazifizierungsausschusses, auf den Schriftverkehr mit der Militärregierung und Mitteilungen an Personen über deren Entlassung bzw. Einreihung in eine bestimmte Kategorie beziehen.
Die NSDAP-Mitgliedschaft einzelner Personen konnte mithilfe des Bundesarchivs in Berlin-Lichterfelde eruiert bzw. verifiziert werden. Dazu dienten die personenbezogenen Unterlagen der NSDAP-Mitgliederkartei (R 9361 VIII) und der NSDAP-Mitgliederkartei-Gaukartei (R 9361 IX). Von Interesse waren in einzelnen Fällen auch die Gestapo-Akten[256] beim LAV in Duisburg.

7.2 Was geschah mit dem Lehrerkollegium nach 1945?

„Beide Deutschlands haben eine große Chance vertan. Ein durch seine beispiellosen Verbrechen herausragendes Volk hat sich nach dem Krieg eine von Altnazis durchsetzte Politik, Justiz, Lehrerschaft und feige Kulturschaffende geleistet, die alle zusammen lieber „nicht daran rühren“ wollten. Allerdings hätte es bei unseren Nazi-Vorfahren Charakterstärke vorausgesetzt, um das Schweigen zu durchbrechen. Nicht, um Veteranengeschwätz von sich zu geben, sondern konkret und haarklein zu erzählen, wo überall sie weggeschaut, sich weggeduckt, in die Masse der Hitler Zujubelnden eingereiht haben, obwohl sie schon allein durch die Ausgrenzung der jüdischen Mitbürger ab der Machtübernahme 1933 genau wussten, dass sie ein verbrecherisches Regime gewählt hatten.“[257]
Ich hatte bei meiner Forschungsarbeit immer wieder die Bemerkung des jüdischen Schülers Klaus Anschel zum Verhalten der Lehrer im Kopf, als er das Gymnasium verlassen musste: „Es war natürlich ein schwerer Schlag für mich, und da hatte keiner der Lehrer – mit einer Ausnahme [Max Brettar, der

256 Die Akten der Staatspolizeileitstelle Düsseldorf mit den Außenstellen u. a. in Mönchengladbach und Krefeld stellen mit ca. 72.000 Akten den größten erhaltenen Aktenfundus der Gestapo dar.

257 Frank, Niklas, dunkle Seele feiges Maul. Wie skandalös und komisch sich die Deutschen beim Entnazifizieren reinwaschen, Bonn 2017, S .8.

Verf.] – den Anstand oder das Bedürfnis, mit mir zu sprechen oder zu sagen, es täte ihm leid, und mir alles Gute für die Zukunft zu wünschen oder so etwas, kein einziger, obwohl das niemandem geschadet hätte, aber kein einziger hat das getan."[258]

Es macht nach der Beschäftigung mit der Geschichte des Humanistischen Gymnasiums zwischen 1933 und 1945 betroffen, fassungslos und ohnmächtig, wie auch die Lehrer an meiner ehemaligen Schule mitgemacht, das System mitgetragen haben und jeglichen Widerstand haben vermissen lassen. Es kann auch nicht wirklich beruhigen, dass zumindest 5 Lehrer nicht in der NSDAP waren.

Am 7. September 1945 teilte Oberstudiendirektor Hoengen Oberbürgermeister Dr. Schaub mit, dass gemäß Erlass des Oberpräsidenten der Nord-Rheinprovinz vom 11.8.1945 „bis auf weiteres Mitglieder der Partei nicht als Mitglieder des Lehrkörpers [gelten]. Es bleiben also zur Verfügung nur die Studienräte: Donner, Schlager, Strotmann, Dr. Schneider und Finger. Entsprechend einem Erlasse derselben Stelle vom 25.8.1945 vertritt mich bis zur endgültigen Regelung der dienstälteste Nicht-Pg., im vorliegenden Falle Studienrat Donner."[259]

Bei Lehrern, die sich einer NSDAP-Mitgliedschaft verweigert hatten, hieß das Ergebnis ihres Fragebogens „no objection to appointment or retention", d. h. alle fünf Kollegen konnten am 15. Oktober 1945 ihren Dienst wieder antreten. Nach Durchsicht des zweiten Fragebogens durch den Viersener Entnazifizierungsausschuss wurden sie am 22. Mai 1947 in die Kategorie V (Entlastet) eingereiht.

Entlassen waren somit Oberstudiendirektor Hoengen, Michael Klingen, Dr. Heinrich Cremer, Wilhelm Becker, Gerhard Tonn, Theo Zart. In Kriegsgefangenschaft befanden sich noch die Parteigenossen Dr. Klusen und Franz Jansen, Pg. Walter Paulus wohnte kurzzeitig nicht in Viersen. Zudem wurde Helmut Kötz, ebenfalls Pg., noch vermisst.

Hoengen, Cremer, Becker, Tonn wurde am 13. September 1945 von Oberbürgermeister Dr. Schaub die Entlassung aus ihrem Amt unter Hinweis auf die Einspruchsfrist von 30 Tagen mitgeteilt.

Bei **Michael Klingen** ist auffallend, dass dieser trotz Parteizugehörigkeit und SA-Vergangenheit auf der Liste der entlassenen Lehrer nicht auftaucht.[260] Am

258 Mahn- und Gedenkstätte Düsseldorf, Sammlung Klaus Anschel, Interview von Angela Genger mit Klaus Anschel am 16.08.1996 in London.

259 KAV, I 2, Nr. 3801 Vertretung, Einsatz, Entlassung und Wiedereinstellung am Hum. Gymnasium 1926 – 1947.

260 KAV, I 2, Nr. 3725 Einrichtung der alliierten Kommandantur und Entnazifizierung der Verwaltung 1945, Schreiben des Oberbürgermeisters an Stadtinspektor Bischofs v. 12.9.1945.

29. September 1945 wird der Schule vom Oberbürgermeister mitgeteilt, dass ihm mündlich bei der Militärregierung die weitere Beschäftigung von Klingen genehmigt worden ist. Eine mögliche Erklärung könnte sein, dass Klingen zusammen mit seinem Kollegen Cremer für die amerikanische Militärregierung als Dolmetscher gearbeitet hatte.[261] Im Fragebogen 1147 vom 8. Oktober 1945 der amerikanischen Militärregierung ist dann auch vermerkt:
„This man has been interpreter for the US. Mil. Gov. and then in town admin. He is known to be pro-British in his ideas."[262] Eine Entfernung aus dem Schuldienst liege im Ermessen der Militärregierung. Oberbürgermeister Dr. Schaub erwähnt in einer Information an den stellvertretenden Schulleiter Donner, dass Klingen seinen Fragebogen schon vor mehreren Monaten[263] eingereicht habe, eine Entscheidung hierüber aber noch nicht getroffen sei. Dies holte die Militärregierung nach. Am 11. Oktober 1945 wurde Klingen wiedereingestellt.
Für **Dr. Cremer,** Studienrat für Englisch und Französisch, nahm die Militärregierung ihre Entscheidung vom 11. September 1945[264] zurück. Er durfte ab dem 17.10.1945, also zwei Tage nach Wiedereröffnung der Schule, als Lehrer wiedereingesetzt werden.
Offensichtlich war man bei der Viersener Stadtverwaltung schon sehr früh der Meinung, dass Cremers NSDAP-Mitgliedschaft kein Hindernisgrund für eine Weiterbeschäftigung im Schuldienst darstellen würde. Cremer war ab dem 12. September im städtischen Ernährungsamt angestellt, quasi „geparkt". Zwei Monate vorher hat es eine Nachfrage der Militärregierung gegeben, ob Lehrer trotz deren Entlassung durch die Militärregierung im Schuldienst beschäftigt werden.[265]
Michael Hoengen wurde am 13. November „wieder in das Amt eingesetzt, jedoch nicht als Direktor, sondern als Studienrat." **Wilhelm Becker** stand ebenfalls ab diesem Tage zur Verfügung.
Die Studienräte **Theo Zart** und **Franz Jansen** (ab Dezember 1946 wieder im Dienst), sind nach ihrer Rückkehr aus der Kriegsgefangenschaft 1946 aus dem Schuldienst entlassen worden. Beide konnten aber mit Genehmigung durch die Militärregierung bei der Stadtverwaltung beschäftigt werden. Zart kümmerte sich um Kulturangelegenheiten und Jansen war für die Neuordnung

[261] Marcus, Klaus, Klaus, Wirre Zeiten 1945 – 1949, S. 46.
[262] LAV NRW R, NW 1021 – 699 (Entnazifizierungsakte Klingen).
[263] In der Entnazifizierungsakte von Klingen befindet sich eine Erläuterung zu seinem Fragebogen v. 11. März 1945, d. h. 10 Tage nach der Besetzung Viersens durch das US-Militär.
[264] LAV NRW R, NW 1021 – 359 (Entnazifizierungsakte Cremer), Schreiben der Militärregierung v. 13.10.1945.
[265] KAV, I 2, Nr. 3795 Wiederaufnahme des Schulbetriebs im Hum. Gymnasium bzgl. allgemeiner Angelegenheiten 1945-1963.

der städtischen biologischen Sammlung [!] zuständig. Die Stadtverwaltung legte Wert auf die Feststellung, dass „beide Herren nicht im Schuldienst verwendet werden. Auch sonstige Lehrer, deren Entlassung von der Militärregierung angeordnet war, werden in den Schulen nicht beschäftigt."[266] Man reagierte mit diesem Schreiben auf eine diesbezügliche Nachfrage der Militärregierung vom 12. Juni 1946.

Theo Zart konnte ab dem 9.1.1947 wieder – jetzt am Mädchengymnasium – eingestellt werden.

Gerhard Tonn, der schon 1933 in die NSDAP eingetreten war, blieb zunächst weiter entlassen. Tonn konnte erst nach der Entscheidung des Entnazifizierungsausschusses ab dem 8. Mai 1947 wieder unterrichten.

Studienrat **Walter Paulus** war nach Rückkehr aus der Kriegsgefangenschaft nur kurzzeitig in Viersen, weil er seine während des Krieges ausquartierte Familie aus dem Hunsrück zurückholte. Da er seinen Fragebogen nicht umgehend abgegeben hatte, galt er als „nicht durchleuchtet" und zunächst suspendiert. Ab dem 19. Februar 1946 durfte Paulus wieder unterrichten, nachdem die Militärregierung aufgrund seines Fragebogens keine Bedenken sah.

Dr. Ernst Klusen stand nach seiner Rückkehr aus der Kriegsgefangenschaft und nach dem Screening durch die Militärregierung („The Fragebogen von Dr. Ernst KLUSEN has been approved. He may be employed as Teacher of the Secondary School VIERSEN"[267]) ab dem 21.3.1946 wieder zur Verfügung. Er wurde am 22.5.1947 vom Entnazifizierungsausschuss Viersen in die Kategorie V (Entlastet) eingereiht.

Von den im **Jahresbericht 1950/51**[268] aufgeführten plan- und außerplanmäßigen Studienräten/Studienassessoren (18) des Humanistischen Gymnasiums waren **61 % ehemalige Parteigenossen:**

Hoengen (Pg.), Klingen (Pg.), Dr. Cremer (Pg.), Dr. Köhne (Pg.), Reimann (Pg.), Klusen (Pg.), Jansen (Pg.) Paulus (Pg.), Leisering (Pg.), Dr. Adam (Pg.)[269], Hagedorn (Pg.).

Keine NSDAP-Mitglieder – dennoch z. T. in NS-Organisationen – waren: Strotmann, Schmidt, Finger, Niechoj, Schnabel, Warncke und Kaplan Linden.

266 KAV, I 2, Nr. 3801, Schreiben der Stadtverwaltung an die Militärregierung v. 15.6.1946.

267 KAV, I 2, Nr. 4283 Korrespondenz des Oberbürgermeisters Bd 2, 1937–1948, Schreiben der Militärregierung an OB Hülser v. 18.3.1946.

268 KAV, I 2, Nr. 3795 Wiederaufnahme des Schulbetriebs am Hum. Gymnasium bzgl. allgemeiner Angelegenheiten 1945- 1983.

269 Albrecht Adam war NSDAP-Mitglied seit 1933 und wurde am 20.3.1948 vom Entnazifizierungsausschuss Osterode in die Kategorie IV eingereiht (LAV NRW R, BR-Pe Nr. 6108).

Lehrerkollegium 1950
1. Diagonale v.u.n.o.: Klingen (Pg.), Niechoj, Jansen (Pg.), Paulus (Pg.),
2. Diagonale v.u.n.o.: Frau Klingen, Schlager, Scholz, Dr. Klusen (Pg.), Dr. Köhne (Pg.)
3. Diagonale v.u.n.o.: Hoengen (Pg.), Schmidt, Leisering (Pg.), Dr. Adam (Pg.), links neben Leisering Dr. Cremer (Pg.)
4. Diagonale v.u.n.o.: Strotmann, Linden, Schnabel
5. Diagonale v.u.n.o.: Hagedorn (Pg.), Warncke, rechts Reimann (Pg.)

Johannes Niechoj war von 1940 bis zum Kriegsende bei der SA, Mitglied beim NSLB (ab 1940) und NSV (ab 1937). Der gebürtige Ostschlesier Niechoj war Lehrer an den katholischen Lehranstalten der Armen Schulschwestern in Gleiwitz und an der Staatlichen Oberschule in Hultschin/Oberschlesien. Ehemalige Vorgesetzte und KollegInnen bescheinigten ihm eine konsequente Abwehrhaltung als überzeugter Christ gegenüber dem Nationalsozialismus. Umso verwunderlicher ist es, dass er ab 1940 sowohl dem NSLB und der SA beigetreten ist. Sein ehemaliger Kollege in Hultschin Hans Kühne[270] erkärte 1948 eidestattlich diese Entscheidung mit den beruflichen Hindernissen, die Niechoj von der NSDAP in den Weg gestellt wurden. Niechoj sei von der Schulbehörde wegen seiner Ablehnung des Nationalsozialismus nicht auf die Anwärterliste für das Amt des Studienassessors gesetzt worden. Um den ge-

[270] Hans Kühne war ab 1960 Oberstudiendirektor am ehemaligen Neusprachlichen Progymnasium in Viersen-Dülken (jetzt Clara-Schumann-Gymnasium).

forderten „Nachweis aktiver politischer Betätigung zu erbringen", sei er 1940 in den NSLB und in die SA eingetreten, ohne in der NSDAP zu sein. Johannes Niechoj wurde am 27. Oktober 1948 vom Entnazifizierungsausschuss Viersen in die Kategorie V eingereiht, „da er nach den beigebrachten glaubwürdigen Zeugnissen sich in keiner Weise für den Nationalsozialismus eingesetzt hat, ihm im Gegenteil feindlich gegenübergestanden hat."[271] Niechoj gehörte zu den fünf „Flüchtlingslehrern" (Niechoj, Schmidt, Leisering, Reimann, Schnabel), die 1949/50 planmäßig am Humanistischen Gymnasium eingestellt wurden. Er war bis 1971 Studienrat am Humanistischen Gymnsium.

Conrad Schmidt unterrichtete von 1948 bis 1952 an der Schule. Er war vom Gesetz zur Befreiung von Nationalsozialismus und Militarismus nicht betroffen, wie es die Spruchkammer Esslingen am 2. April 1947 entschieden hatte.[272] Er habe „diese Verbrecherregierung" nie unterstützt, „während die Parteigenossen schon wieder als vollwertige Beamte sogar regieren dürfen."[273] Sein Versuch Ende 1947, in Mönchengladbach-Rheydt eine Stelle als Studienrat zu erhalten, scheiterte, da die Versorgungsfrage (Regelung des Anspruchs auf Ruhegehalt usw.) bei Flüchtlingslehrern noch nicht geregelt war.

Alois Schnabel war ehemaliges Mitglied der Zentrumspartei und wurde im März 1949 in die Kategorie V eingereiht. Schnabel war allerdings Mitglied der NS-Organisationen NSLB, NSV und im VDA. 1961 erhielt er für sein Engagement bei der Landsmannschaft Schlesien das Bundesverdienstkreuz. Schnabel unterrichtete von 1949 bis 1961 an der Schule.

Eberhard Warncke war von 1950 bis 1955 Studienassessor am Humanistischen Gymnasium und war am 10. Mail 1948 in die Kategorie V der Entlasteten eingereiht worden.

Laurenz Linden war als Religionslehrer Mitglied des Lehrerkollegiums von 1946 – 1956. Während des Nationalsozialismus war Linden ab 1938 Kaplan an St. Notburga/Viersen und Krankenhauspfarrer im Notburgahaus. 1944 geriet er durch die Verbreitung der Schrift „Der Engel" in den Fokus der Nazis. Im Entnazifizierungsverfahren am 28.12.1948 gruppierte der Entnazifizierungsausschuss Viersen Linden in die Kategorie V als Unbelasteter ein. Ab 1956 stand Linden als Direktor an der Spitze des Diözesanarchivs in Aachen.

[271] LAV NRW R, NW 1021-3989-008 (Entnazifizierungsakte Niechoj).
[272] LAV NRW R, BR-Pe Nr. 1187 (Personalakte Schmidt).
[273] Vgl. ebenda.

Lehrerkollegium Schuljahr 1950/51
Vordere Reihe von l. n. r. Hagedorn, Klingen, Hoengen, Strotmann, Schmidt, Reimann, Dr. Cremer, Dr. Köhne
Hintere Reihe von l. n. r. Scholz, Finger, Warncke, Schnabel, Frau Klingen, Klusen, Linden, Dr. Paulus, Jansen, Dr. Adam, Niechoj, Dr. Leisering

7.3 Individuelle Entnazifizierung des Kollegiums oder wie man als „Antifaschist" herauskam.

Die Entnazifizierungsakten im Landesarchiv in Duisburg für den Stadtkreis Viersen und die Akten beim Sonderbeauftragten für die Entnazifizierung in Düsseldorf als Berufungsinstanz stellen eine herausragende Quelle zur Erforschung der Entnazifizierungsprozesse im Rheinland dar. Man muss noch heute – sozusagen posthum – den Parlamentariern des Landtages danken, die den Antrag der damaligen FDP-Fraktion hinsichtlich der Vernichtung der Entnazifizierungsakten mehrheitlich ablehnten.

Von fast allen Lehrern des Humanistischen Gymnasiums, die in der NS-Zeit dort hauptamtlich oder nebenamtlich arbeiteten, lassen sich Nachweise finden: ausgefüllte Fragebogen, Stellungnahmen der Militärregierung, Entscheidungen des Entnazifizierungsausschusses für den Stadtkreis Viersen, die

Bewertung des Unterausschusses bzw. des Komitees für die Entnazifizierung der Lehrkräfte im höheren Schulwesen, eigene schriftliche Anmerkungen bzw. Rechtfertigungen des Betreffenden und Leumundszeugnisse.
Zudem war in einigen Fällen der Blick in die Personalakten beim Oberpräsidenten der Nord-Rheinprovinz bzw. beim Schulkollegium in Düsseldorf von großem Nutzen, da diese Akten wichtige Informationen für das Verhalten der betreffenden Lehrpersonen in der NS-Zeit enthalten. An einigen Stellen konnte man den Eindruck gewinnen, dass die Entnazifizierungsausschüsse keine Kenntnis von diesen Aktenbeständen hatten bzw. diese ignorierten. Gerade im Falle des Oberstudiendirektors Hoengen offenbaren die Personalakten wichtige und weitergehende Erkenntnisse über dessen Wirken in der NS-Zeit.
Vom Stammlehrerkollegium in der NS-Zeit von 1933-1944 lassen sich beim Landesarchiv Entnazifizierungs- und Personalakten folgender Lehrer finden: Tonn (PG.), Dr. Cremer (PG.), Dr. Schöne (PG.), Klingen (PG.), Brettar (PG.), Geiser (PG.), Becker (PG.), Hoengen (PG.), Dr. Rohling (PG.), Dr. Paulus (PG.), Klusen (PG.), Jansen (PG.), Zart (PG.), Klein (Pg.), Kapelle, Dr. Schneider, Finger, Strotmann, Donner, Schlager.
Berücksichtigt werden auch die Studienräte, die sich bis zur Beendigung der Entnazifizierung ihrer NS-Vergangenheit stellen mussten: Leisering (PG.), Hagedorn (PG.), Köhne (PG.), Widdra (PG.), Reimann (Pg.), Dr. Adam (Pg.). Widdra (Pg.), ehemaliger Lehrer an einer NSDAP-Reichsschule, war erst ab 1954 Studienrat am Humanistischen Gymnasium.
Die Akten geben auch Auskunft über die Kolleginnen des Lyzeums, die zwischen 1940 und 1944 nebenamtlich den Lehrkörper ergänzt haben: Bender, Boch, Grüggel, Hegemann, Koch (PG.), Vüllers (PG.).
Verstorben bzw. vermisst im Amt sind: Nussbaum (PG.), Huben (PG.) und Kötz (PG.). Im Falle Huben gibt es weder eine Personal- noch Entnazifizierungsakte. Fritz Huben war ab Mai 1925 Studienrat am Humanistischen Gymnasium und ist 1942 im Amt gestorben.

Erwin Nussbaum war seit dem 1.5.1937 in der NSDAP (Nr. 5605973), in der HJ (1935), im NSLB (1934), RKB, RLB und im VDA.[274] Er wurde am 1. Mai 1943 zum Studienrat am Humanistischen Gymnasium ernannt und ist im November 1944 gefallen. Man kann davon ausgehen, dass Nussbaum ein überzeugter Nationalsozialist war. In einem Bewerbungsschreiben für den Schuldienst betont er, dass „über meine politische und weltanschauliche Einstellung sowohl meine Vorgesetzten im Schuldienst, als auch meine HJ Führer

[274] LAV NRW R, HSA- Pe Nr. 12905.

in Essen und Gangelt und die politische Leitung in Essen und Gangelt, sowie die Ortsgruppenleiter des NSLB Auskunft geben können."[275]

Schulgebäude Wilhelmstraße 12, Viersen

Die fünf „Aufrechten" und ein Sonderfall

Walter Strotmann war kein Mitglied in der NSDAP, er war im NSV und im VDA, von Dezember 1944 bis Ende Februar 1945 war er im Volkssturm Viersen, am 21.5.1947 in die Kategorie V eingereiht, Dienstzeit am Humanistischen Gymnasium 1919 – 1951

Walter Strotmann wurde auf der Grundlage seines Fragebogens vom 22. August 1945 von der Militärregierung als Lehrer zugelassen und gehörte zu den fünf Kollegen, die am 15. Oktober 1945 den Unterricht am Humanistischen Gymnasium wieder aufnehmen durften. Durch den Entnazifizierungsausschuss der Stadt Viersen wurde Strotmann am 23. Mai 1947 in die Kategorie V der Entlasteten eingereiht.

275 Vgl. ebenda, Bewerbungsschreiben.

Nach dem Ableben von Oberstudienrat Donner war Strotmann der dienstälteste Lehrer und leitete das Gymnasium von November 1947 bis zur Wiedereinsetzung von Michael Hoengen in das Amt des Direktors im November 1948. Bewerbungen von Strotmann zum Oberstudienrat 1948 und 1949 blieben erfolglos. Zu einer Beförderung zum Oberstudienrat ist es nie gekommen. 1948 scheiterte seine Bewerbung aufgrund der städtischen Finanzlage. Die Abwicklungsstelle des früheren Oberpräsidenten hatte dies am 22. Juli 1948 moniert und ihr Unverständnis darüber geäußert, dass „die Stadt Viersen nicht in der Lage sein soll, die relativ geringe Summe von etwa 400 DM im Jahre mit aufzubringen."[276] Die Stadt Viersen entschied dann 1949, die Stelle mit Strotmann zu besetzen, da „Herr Strotmann einer von den wenigen Lehrern der Anstalt ist, die nie Mitglied der NSDAP waren und er durch die Beförderung eine für die Leitung der Schule verdiente Anerkennung erfahren soll."

Allerdings hatte Schulleiter Hoengen als Mitglied des Schulausschusses am 17. Februar 1949 auf einen Erlass aus dem Jahre 1949 hingewiesen, wonach Beamte innerhalb der letzten 3 Jahre vor Erreichung der Altersgrenze nicht mehr befördert werden sollten. Dies war dann auch die offizielle Begründung für die Ablehnung der Oberstudienratsstelle für Walter Strotmann durch das Kultusministerium, obwohl die Ernennungsurkunde für Strotmann schon fertiggestellt war.

Die Stadt Viersen hatte in mehreren Schreiben zuvor darauf hingewiesen, dass Strotmann nur aufgrund äußerer Umstände bei der Stadt Viersen und der daraus erfolgten verzögerten Beschlussfassung nicht vor dem Erreichen der Altersgrenze gewählt werden konnte. Eine Besetzung der Stelle durch einen jüngeren Kollegen wollte man mit Rücksicht auf Strotmanns Gesundheitszustand vorerst nicht vornehmen. Dies geschah nach dessen Pensionierung und Michael Klingen wurde gewählt, obwohl er im Lehrerkollegium nicht die Zustimmung erhalten hatte. Hoengen hielt ihn allerdings für den am meisten geeigneten Studienrat.

Nach Durchsicht der Akten kann davon ausgegangen werden, dass Hoengen eine Beförderung Strotmanns zumindest nicht unterstützt hat. Dies ist umso unverständlicher, da Strotmann Hoengen 1943 in einem Konflikt mit der ortsansässigen NSDAP wohlwollend beigestanden hatte.

Strotmanns Beziehung zu Hoengen muss als ambivalent bezeichnet werden. Denn im Februar 1948 hat er sich an die Abwicklungsstelle / Schulkollegium Düsseldorf gewandt und die Wiedereinsetzung Hoengens als Direktor unmissverständlich gefordert: „Ich mache es nicht länger mehr mit, daß an der

276 LAV NRW R, BR 0150 Nr. 1333 (Personalakte Strotmann), Schreiben der Stadt Viersen an das Schulkollegium in Düsseldorf v. 10.6.1949.

Anstalt ein bewährter und erfahrener Oberstudiendirektor mit vollem Titel und vollem Gehalt seine Funktionen nicht ausüben darf, während ein Studienrat, dem naturgemäß die Verwaltungsgeschäfte ferner liegen, den Dienst übernehmen muss."[277]

In einer weiteren Beschwerde an die Kultusministerin vom April 1948 hört sich das dann völlig anders an: „Ich finde es unerträglich, dass gerade ich, der nie der Partei angehörte, ja nicht einmal in einer Gliederung wie z. B. dem NSLB war, nunmehr gezwungen bin, ausgerechnet einem ehemaligen PG. die Stelle offen zu halten! Und dabei bezieht der ehemalige PG. das volle Gehalt ohne Gegenleistung! Ich bin nicht mehr bereit, die Last der Schulleitung auf mich zu nehmen."[278]

Ihm wurde umgehend mit dem Verweis auf seine Dienstpflichten und schließlich auch auf die Möglichkeit der Stundenreduzierung geantwortet. Zudem unterstrich man nachdrücklich, dass „Dienstverletzungen eine entsprechende disziplinierende Würdigung erfahren."[279]

Befremdlich und unverständlich wirkt angesichts dieser Äußerungen das Leumundszeugnis Strotmanns für Hoengen im September 1945: „Er war kein Mann nach dem Herzen der Partei und hat sich nie bemüht, die Schule mit nationalsozialistischem Geist zu erfüllen."[280] Zwei Jahre zuvor hatte Strotmann zusammen mit weiteren Kollegen Hoengen bescheinigt, „stets im Kollegium die nationalsozialistische Haltung vertreten und den ganzen Unterricht in nationalsozialistischem Sinne ausgerichtet zu haben."[281]

Emil Donner[282] war kein NSDAP-Mitglied, war Mitglied bei der NSV (ab 1934), beim NSLB (ab 1.4.1936), beim VDA (ab 1. 4. 1936), am 8.9. 1945 zum Unterricht zugelassen, am 21.5.1947 in die Kategorie V eingereiht, Dienstzeit am Humanistischen Gymnasium 1909 – 1947

Emil Donner musste aufgrund der Entlassung von Oberstudiendirektor Hoengen als Schulleiter nach Kriegsende bei Wiederbeginn des Unterrichts am 15.10.1945 als dienstältester Kollege die Leitung der Schule übernehmen. Don-

[277] Vgl. ebenda, Schreiben Strotmann v. 2.2.1946.

[278] LAV NRW R, BR 0150 Nr. 1333 (Personalakte Strotmann), Schreiben v. 10.4.1948 an die Kultusministerin.

[279] Vgl. ebenda, Schreiben der Abwicklungsstelle, Abt. Höhere Schulen, v. 30.4.1948.

[280] LAV NRW R, NW 1021 – 2242 (Entnazifizierungsakte Hoengen), Leumundszeugnis für Hoengen v. 16.9.1945.

[281] LAV NRW R, BR-PE Nr. 9633, Schreiben an den Oberpräsidenten der Rheinprovinz, Abt. für höheres Schulwesen v. 18.2.1943. Die Erklärung ist unterzeichnet von den Studienräten Donner, Strotmann, Cremer, Becker, Klingen und Schlager.

[282] LAV NRW R, NW 1021 – 365 (Entnazifizierungsakte Donner).

ner gehörte 1943 als Nicht-Parteigenosse zu den Unterzeichnern einer Erklärung an die Schulbehörde, in der Hoengen eine durchweg nationalsozialistische Haltung attestiert wurde.
Im Zusammenhang mit der Bewerbung von Konrad Schäfer als Oberstudiendirektor setzte sich Donner im Februar 1946 eindringlich zusammen mit dem Lehrerkollegium - „unsere Stimme kommt aus dem Innern der Schule" - für die Wiedereinsetzung von Hoengen ein.
Mit immerhin 68 Jahren ist Donner „in Anerkennung der langjährigen verdienstvollen Tätigkeit" im Juli 1946 zum Oberstudienrat ernannt worden. Oberstadtdirektor Dr. Schaub wies in der Begründung darauf hin, dass „seine Beförderung zum Oberstudienrat schon im Jahre 1942 vorgesehen [war], doch ist er damals wegen seines Alters (und vermutlich, weil er nicht Parteigenosse war) nicht bestätigt worden."[283]
Emil Donner ist am 1. November 1947 im Amt verstorben. Sein Sohn Franz Josef Donner war ab 1953 Lehrer am Humanistischen Gymnasium.

Theodor Schneider[284] war kein NSDAP-Mitglied, war Mitglied bei der NSV (ab 1934), beim NSLB (ab 1933), am 8.9. 1945 zum Unterricht zugelassen, am 21.5.1947 in die Kategorie V eingereiht, Dienstzeit am Humanistischen Gymnasium 1934 – 1946

Schneider gehörte zu den Mitgliedern des Lehrkörpers ohne Parteimitgliedschaft und konnte weiter im Schuldienst arbeiten.[285] Religionslehrer Dr. Schneider bekannte sich schon 1932 zur Ablehnung des Nationalsozialismus[286]. Bei einer Zentrumswahlveranstaltung hielt Schneider einen Vortrag über die Unvereinbarkeit der nationalsozialistischen Weltanschauung mit dem katholischen Glauben. Selbst bei einer NSDAP-Wahlveranstaltung in Reifferscheidt hatte er den Mut, „die unüberbrückbare Kluft" zwischen Katholizismus und Nationalsozialismus in einem Diskussionsbeitrag herauszustellen. Als Folge habe ein Nationalsozialist dem örtlichen Pfarrer angedeutet, dass man „für Dr. Schneider das Beil schon geschliffen hätte." 1943 verdächtigte Oberstudiendirektor Hoengen Schneider, ihn wegen einer Äußerung bei der NSDAP-Ortsleitung in Viersen angeschwärzt bzw. denunziert zu haben. Die Gestapo hat im Juli 1938 eine Akte zu Dr. Schneider angelegt. Dort heißt

283 LAV NRW R, BR – Pe Nr. 9580, Schreiben Dr. Schaub an den Oberpräsidenten v. 9. September 1946.
284 LAV NRW R, NW 1021 – 440 (Entnazifizierungsakte Schneider).
285 Dr. Schneider war entgegen der Darstellung des Viersener Chronisten Klaus Marcus nicht in der NSDAP und wurde auch nicht aus politischen Gründen nach Altenberg versetzt, vgl. Marcus, Klaus, Wirre Zeiten 1945– 1949, S. 91 und S. 103.
286 LAV NRW R, NW 1021 – 440 (Entnazifizierungsakte Schneider).

es: „Er ist Organisator der Exerzitienkurse für Abiturienten. Eifrige Kirchenbesucher werden von ihm weitgehend unterstützt. Durch gute Beziehungen zu der Familie Kommerzienrat Kaiser ist es ihm möglich, schon mal Freistellen für Studium an mittellosen Schülern [sic!] zu vermitteln, jedoch kommen nur solche infrage, die Theologie studieren wollen. Weiterhin ist er nicht besonders in Erscheinung getreten. Vorstrafen sind nicht verzeichnet.“[287]
Schneider wurde am 21. Mai 1947 in die Kategorie V der Entlasteten eingereiht.
Im April 1947 stellte er ein Leumundszeugnis für Heinz Hüpkes jun., dem Sohn des NSDAP-Ortsgruppenführers Heinz Hüpkes sen., aus. Schneider fertigte zudem am 10. Mai 1947 für die Studienrätin Marga Vüllers auf deren Wunsch ein Zeugnis an.[288] Dies wirkt zumindest unverständlich. Auch in der Entnazifizierungsakte des ehemaligen Schulleiters und NSDAP-Mitglieds Schöne lässt sich ein Leumundszeugnis von Dr. Schneider finden.

Johannes Schlager[289] war kein NSDAP-Mitglied, war Mitglied bei der NSV (ab 1934), beim NSLB (ab 1.10.1936), VDA (ab 1. 4. 1936), Mitglied der Zentrumspartei, am 8.9.1945 zum Unterricht zugelassen, am 22.5.1947 in die Kategorie V eingereiht, Dienstzeit am Humanistischen Gymnasium 1910 – 1949

Georg Finger[290] war kein NSDAP-Mitglied, war Mitglied bei der NSV (ab 1934/1935), beim NSLB (ab 1.10.1936), VDA (ab 1.4.1936), am 8.9.1945 zum Unterricht zugelassen, am 21.5.1947 in die Kategorie V eingereiht, Dienstzeit am Humanistischen Gymnasium 1932 – 1958

Finger gehörte zu den fünf „Aufrechten“, die nach dem Kriegsende von der amerikanischen Militärregierung wieder zum Schuldienst zugelassen wurden. 1941 war Finger für ein halbes Jahr nach Diedenhofen im von den Nazis besetzten Elsaß-Lothringen abgeordnet. Unmittelbar nach dieser Abordnung wurde Finger von der Wehrmacht bis zum Kriegsende einberufen.

Albert Klein war kein NSDAP-Mitglied, SS-Fördermitglied (1937-1938), Mitglied beim NSLB (1936-1941), Mitglied NSV (1937-1941 – Blockwalter), Mitglied RLB (ab 1934 – Blockwalter, Dienstzeit am Humanistischen Gymnasium Viersen 1934-1938

287 LAV NRW R, RW 0058-16507 (Geheime Staatspolizei – Staatspolizeistelle Düsseldorf).
288 LAV NRW R, NW 1002-ED Nr. 74362-049 (Entnazifizierungsakte Vüllers).
289 LAV NRW R, NW 1021 – 463 (Entnazifizierungsakte Schlager).
290 LAV NRW R, NW 1021 – 371 (Entnazifizierungsakte Finger).

Schulleiter Hoengen äußerte sich in seinem Dienstleistungsbericht vom 16. Februar 1938 über Klein unter dem Punkt „Verhältnis zum nationalsozialistischen Staat“ wie folgt: „ Seine Haltung ist immer ehrlich nationalsozialistisch, sowohl im Unterrichte wie in der Unterhaltung, sodass angenommen werden kann, daß er die Gewähr dafür bietet, daß er ohne jeden Vorbehalt für den nationalsozialistischen Staat eintritt.“[291] Drei Jahre später wird Klein vom Direktor des Dreikönigsgymnasium Köln ebenfalls bestätigt, dass es keine Zweifel hinsichtlich seines Eintretens für den nationalsozialistischen Staat gebe.
Die NSDAP-Parteikanzlei in München erklärte am 2. August 1941, dass gegen Klein keine politischen Bedenken geltend gemacht werden. Allerdings erwarte man „in Zukunft eine tätige Mitarbeit in der nationalsozialistischen Bewegung“.
Dies kann ein Hinweis darauf sein, dass Klein seine Mitgliedschaften in den verschiedenen NS-Organisationen 1939-1941 beendet hat. Die Zugehörigkeit zu diesen seien vor allem zustandegekommen, um seine Ehefrau, die Halbjüdin war, zu schützen. Dies sei auch der Grund für seinen Wechsel vom Viersener Gymnasium nach Köln zum Dreikönigsgymnasium gewesen: „Ich hätte nicht wagen dürfen, meine Frau in Viersen zu zeigen, da dadurch die Frage der arischen Abstammung erneut aufgerollt worden wäre, während meine Frau in Köln nach dieser Hinsicht verhältnismäßig unerkannt blieb.“[292]
Klein streitet auch eine irgendwie geartete Mitarbeit bei der NS-Kulturgemeinde Viersen als Kulturwart ab. Sein damaliger Schulleiter Hoengen habe ihm während des Beschäftigungsauftrages in Viersen offiziell mitgeteilt, dass er zum Musikwart ernannt worden sei. Nach erfolgter Rücksprache mit der Schulbehörde und in Kenntnis, dass die NS-Kulturgemeinde ein Ableger der „NS-Gemeinschaft „Kraft durch Freude““ war, habe er sich an keiner Angelegenheit beteiligt.[293]
August Klein wurde nach Kriegsende sofort wieder bedenkenlos - „no objection – retention“ - für den Schuldienst zugelassen und am 22. August 1947 von der Denazifizierungskammer [!] Duisburg in die Kategorie V eingereiht.[294] Ab 1948 war Klein Lehrer am Mathematisch-Naturwissenschaftlichen Gymnasium in Mönchengladbach.

291 LAV NRW R, HSA-Pe Nr. 12917 – 115 (Personalakte Klein).
292 LAV NRW R, HSA-Pe Nr. 12917-35 (Personalakte Klein).
293 Vgl. ebenda, Nr. 12917-35.
294 LAV NRW R, NW 1004-G33.1 Nr. 401 (Entnazifizierungsakte Klein).

Die NSDAP-Mitglieder

Michael Hoengen, NSDAP-Mitgliedsnummer 4292146[295], eingetreten am 1.5.1937, Mitglied bei der SA-Reserve (1933-1938), beim NSLB Vorsitzender der Arbeitsgemeinschaft „Erziehung und Unterricht" seit 1.1.1937, NSV, VDA, Oberstudiendirektor/Studienrat am Humanistischen Gymnasium 1936 – 1952

„1. Der Vorsitzende begrüßt das Kollegium, das nach den Herbstferien zum ersten Male zusammentritt. Er weist auf die besonderen Aufgaben hin, die der Lehrerschaft durch den Kriegszustand erwachsen sind. Um die Verbundenheit mit Führer und Volk in dieser Zeit zum Ausdruck zu bringen, wird in Erneuerung des Treuegelöbnisses ein dreifaches Sieg-Heil auf den Führer ausgebracht."
(Protokoll der Lehrerkonferenz vom 11.9.1939, Vorsitzender: Michael Hoengen, Protokollant: Franz Jansen)[296]

Michael Hoengen übernahm nach Kriegsende weiterhin die Amtsgeschäfte des Schulleiters. So beantwortete er am 2. August 1945 eine Anfrage der Schulabteilung für das Höhere Schulwesen beim Oberpräsidium in Düsseldorf zum Zustand der „hiesigen Oberschule für Jungen"[297] und verfasste am 11. August 1945 ein Schreiben an den Oberbürgermeister bezüglich der Reinigung und Herrichtung der Schule.
Wenig später leitete Hoengen ein Gesuch der Ehefrauen der sich noch in Kriegsgefangenschaft befindlichen Kollegen Jansen und Klusen – beide NSDAP-Mitglieder – bezüglich ihrer finanziellen Notlage an den Oberbürgermeister weiter. Die erbetene Vorschusszahlung für das nicht angewiesene Augustgehalt wurde allerdings vom Oberpräsidium abgelehnt.[298]
Am 7. September 1945 informierte er Oberbürgermeister Dr. Schaub über einen Erlass vom 11. August 1945, wonach Mitglieder der NSDAP nicht mehr als Teil des Kollegiums galten. Der dienstälteste Lehrer Emil Donner als Nicht-Parteigenosse müsse die Leitung der Schule übernehmen. Die Entlassung Hoengens erfolgte mit sofortiger Wirkung am 13. September, also einen Monat später nach besagtem Erlass. Oberbürgermeister Dr. Schaub verwies im Ent-

295 BArch R 9361-VIII Kartei - 11570769 – (NSDAP-Mitgliedsausweis Michael Hoengen).
296 KAV, I 2, Nr. 12182 [Protokollbuch des Städtischen Humanistischen Gymnasiums von 1924 bis 1940], S. 360.
297 KAV, I 2, Nr. 3795 Wiederaufnahme des Schulbetriebs im Hum. Gymnasium bzgl. allgemeiner Angelegenheiten 1945-1963.
298 KAV, I 2, Nr. 4283 Korrespondenz des Oberbürgermeisters mit Bürgern, Verwaltungen und Verbände 1937-1948 etc., Bd 2.

lassungsschreiben auf die Möglichkeit des Einspruches gegen diese Entscheidung der Militärregierung.
Gegen seine Entlassung durch die Militärregierung legte Hoengen am 27.9.1945 schriftlich Widerspruch ein. Er fügte zu seiner Entlastung „einige inzwischen bei mir ohne jedes Zutun meinerseits eingelaufenen Schriftstücke" bei. Dies ist kaum nachzuvollziehen, da alle dem Widerspruch beigefügten Leumundszeugnisse innerhalb von zwei Tagen ausgestellt worden waren.
Für die Richtigkeit seiner Aussagen benannte er als Zeugen seine ehemalige Sekretärin Henriette Vornholt, seine Kollegin Elisabeth Hegemann und Prälat Josef Fritzen, der sein „persönlicher Vertrauensmann" gewesen war und mit dem er „manches Einschlägige" besprochen habe. Hoengen betonte, dass alle drei Zeugen nicht in der NSDAP gewesen seien. Auch bei Hoengen zeigt sich das bekannte Muster vieler Leumundszeugnisse: Untergebene, Kollegen, Kirchenvertreter bescheinigten dem Belasteten, dass er keine Nähe zum nationalsozialistischen Gedankengut gehabt hatte.
In seinem Statement stellt er sich als Opfer der Viersener NSDAP-Ortsgruppe dar, die seine „Vernichtung und Ausmerzung in Viersen" zum Ziel gehabt habe. Ohne es näher zu konkretisieren, behauptet Hoengen, dass man in „Parteikreisen" schon einen Nachfolger für ihn nach Beendigung des Krieges ausgesucht habe. Hoengen vergleicht seine Entlassung durch die britische Militärregierung mit dem angeblichen Vorhaben der NSDAP, denn „sollte [...] die von der Militärregierung angeordnete Entlassung bestehen bleiben, so würde die Militärregierung das ausführen, was die NSDAP mit mir vorhatte." Im Schreiben vom 27. September 1945 an Colonel Platt spricht er von der Militärregierung als „executor of the intentions of the NSDAP."[299]

Was war der Hintergrund für diesen merkwürdigen Vergleich zwischen der NSDAP-Ortsgruppe Viersen und britischer Militärregierung?

Zum besseren Verständnis dient ein Rückblick. Hoengen, der noch bei Kriegsbeginn – wie erwähnt – sein Kollegium den Treueeid auf den Führer hatte erneuern lassen, war 1943 bei der Partei in Misskredit gefallen. Grund war die Bemerkung „Mit diesem Zeugnisse kann er noch Minister werden" über die Zeugnisnoten des Schülers Kredt. Diese Aussage war von jemandem aus dem Kollegium an die Parteileitung in Viersen weitergegeben worden. Er sah den Kollegen Dr. Schneider als mutmaßlich Verantwortlichen für diese Weitergabe: „Die Denunziation war nur der Anlass, einen lang aufgespeicherten Haß an mir auszulassen."
Das Oberpräsidium in Koblenz nahm Hoengens nachgeschobene Entschuldigung für die o. g. Bemerkung nicht an. Man teilte ihm am 15. März 1943

299 LAV NRW R, NW 1021 – 2242-043 (Entnazifizierungsakte Hoengen).

mit, dass man dies nicht als „ausreichende Entlastung anerkennen" könne. Die von ihm gewählte Redewendung sei „ungehörig" und daher zu missbilligen. Von einem „Kesseltreiben" der Partei gegen ihn könne aber nicht die Rede sein und man wolle seitens der Schulbehörde auch kein weiteres Aufheben davon machen. Daher werde man auch seiner Bitte um Versetzung nicht nachkommen.

Bezüglich seiner Haltung zum Nationalsozialismus betont Hoengen in seiner Einlassung, dass ihm die Direktorenstelle in Viersen 1936 quasi aufgezwungen worden sei, weil „die Zustände an dieser Schule infolge der Eingriffe des parteihörigen Oberbürgermeisters [Heinz Gebauer] einer Beruhigung und Neuordnung bedurften und weil ich mich in Emmerich als langfristiger stellvertretender Direktor bewährt hatte." Auch habe man ihm seine "aufrichtige Freundschaft" mit dem von der nationalsozialistischen Schulbehörde aus dem Amt entlassenen Dr. Kapelle übelgenommen. Er selbst habe immer „Charakter und Mut" gegenüber den Einmischungsversuchen der Parteiinstanzen und einflussreicher „Parteileute" gezeigt: „Ich leitete die Schule, wie es mein Gewissen vorschrieb und ließ mir von keinem, auch von der Partei nicht, hineinreden." Seinen SA-Eintritt erklärt Hoengen mit einem Idealismus, der sich ergeben habe, „als im Januar die Hitler-Bewegung zur Macht kam und ihre Regierung allgemein anerkannt wurde, glaubte ich fest, es kämen nun bessere Zeiten."

Er sei 1937 „ohne sein Zutun Pg." geworden, denn die Viersener Parteileitung habe ihm eine Partei-Mitgliedskarte zugestellt. Diese Darstellung Hoengens ist angesichts der erwähnten Forschungsergebnisse zur NSDAP-Mitgliedschaft anzuzweifeln. Durch den Eintritt habe er verhindern wollen, dass das Humanistische Gymnasium „unter einem anderen Leiter dann in rein nationalsozialistisches Fahrwasser geraten wäre". Weiterhin habe er bei einer Ablehnung der Schulleiterstelle auch mögliche Existenzsorgen seiner Familie in Kauf nehmen müssen.

Abschließend erwähnt er einen weiteren Konflikt mit der lokalen NSDAP. Er habe sich im Januar 1942 gegen die Entfernung von Dr. Cremer ausgesprochen, der wegen einer angeblich tendenziösen Bewertung einer Klassenarbeit für den Sohn eines stadtbekannten Nationalsozialisten entlassen werden sollte.

Alle Leumundszeugnisse für Hoengen verfolgten das Ziel, ihn als unbescholtenen und niemals im nationalsozialistischen Sinn auftretenden und beeinflussenden Pädagogen und Direktor darzustellen. Der Kreispolizeichef Oxenknecht bestätigte am 11. Februar 1946 (auf Anfrage des stellvertretenden Schulleiters Emil Donner), dass im Falle Hoengen „die Kaltstellung einer Persönlichkeit, die dem System nicht genehm war", von den damaligen NSDAP-Ortsgruppenleitern Hüpkes und Enders beabsichtigt worden war. Die laut Oxenknecht angeblich beabsichtigte Verfolgung Hoengens durch die Gestapo,

die Hoengen mehrfach erwähnt, hat anscheinend nicht stattgefunden. Denn im Gegensatz zu anderen Kollegen des Gymnasiums (u .a. Dr. Schneider, Klusen, Brettar) gibt es keine Gestapo-Akte über Hoengen.
Hoengens Sekretärin Henriette Vornholt erklärte, dass Hoengen sie ermutigt habe, dem „fernmündlich" von Oberbürgermeister Dr. Koch gegenüber Hoengen vorgetragenen Verlangen nach Eintritt in die NS-Frauenschaft zu widerstehen. Hoengen habe zu keiner Zeit Druck auf sie ausgeübt. Vornholt schloss mit der Bemerkung, dass sie weder Pg. noch in der NS-Frauenschaft noch in einer anderen NS-Organisation gewesen sei.
Studienrat Donner bemerkt in seinem Leumundszeugnis für Hoengen, dass dieser ihn immer in sein Vertrauen hineingezogen habe. Daher sei er gut über „dessen innere Einstellung zum Nationalsozialismus unterrichtet: diese war in den wesentlichen Punkten ablehnend." Donner versteift sich abschließend zu der Bemerkung, dass Hoengen „keine innere Umstellung vornehmen müsse, um die Schule im neuen Geiste zu leiten." Ein Blick in Hoengens Personalakte hätte allerdings gezeigt, dass sein Kollege Donner ihn 1943 noch als überzeugten Nationalsozialisten gesehen hatte.
Die Leiterin der Irmgardisschule in Viersen-Süchteln Schwester Raphael forderte am 16. September 1946 die Wiedereinstellung des „Herrn Oberstudiendirektors" Hoengen, den sie als „Prüfungskommissar von jedem Nazismus frei" kennengelernt habe. Als Beleg für Hoengens „Gesinnung" führte sie auf, dass Hoengen „noch in den letzten Jahren seine einzige Tochter während der Sommerferien von uns betreuen ließ, obwohl es zur damaligen Zeit genügend nationalsozialistische Ferienheime gab."
Die Schülerväter Willy Mertens und Franz Dondit bestätigten die durch Hoengen erhaltene Unterstützung bei Problemen, die ihre Kinder mit der NSDAP-Ortsgruppenleitung hatten. Weitere Eltern von ehemaligen Schülern erklären, dass „Direktor Hoengen nie und nimmer, weder inner- noch außerhalb des Unterrichts im nationalsozialistischen Sinne auf unsere Jungen eingewirkt hat."
Der Brüggener Arzt Helmich bescheinigte am 17. September 1945, dass man seinen Sohn Peter[300]stets wohlwollend und entgegenkommend behandelt habe, insbesondere Oberstudiendirektor Hoengen. In der Entnazifizierungsakte finden sich drei (!) Bescheinigungen von Helmich. Die erste deutsche Fassung ohne Anmerkung ist von Helmich unterschrieben, die zweite nicht

300 Peter Helmich durfte als Halbjude aufgrund eines Erlasses v. 2. Juli 1942 bis zur mittleren Reife das Gymnasium besuchen, weil er schon in der 2. Klasse (Quinta) war. Seine Schwester Ursula musste dagegen das Viersener Lyzeum mit dem Versetzungszeugnis in die 6. Klasse (Untersekunda) verlassen. Sie hat 1948 im Sonderlehrgang am Humanistischen Gymnasium das Abitur gemacht.

unterschriebene Fassung enthält am Ende die Anmerkung „Helmich (Schüler) ist Halbjude". Die übersetzte – nicht unterschriebene – Fassung in Englisch enthält unter P. S. die Bemerkung „Peter was a half Jew".
Am 16. September äußerte sich Walter Strotmann, der nicht in der NSDAP und seinen eigenen Angaben nach der einzige Viersener Lehrer ohne Mitgliedschaft im NSLB gewesen war, zum Fall Hoengen. Strotmann bezog sich auf vertrauliche Gespräche mit Hoengen, in denen sich dieser als ein Mann gezeigt habe, „der für die Partei und ihre Bestrebungen wenig übrig hatte... Er war kein Mann nach dem Herzen der Partei und hat sich nie bemüht, die Schule mit nationalsozialistischem Geist zu durchdringen." Strotmann betonte, dass er die lediglich gezeichnete Erklärung „aus freien Stücken und aus voller Überzeugung" abgegeben habe. Er würde es im „Sinne wahrer Demokratie" bedauern, wenn Hoengen nicht mehr die Leitung der Schule übernehmen könne.
Am 13. November 1945 wurde dem stellvertretenden Schulleiter Donner mitgeteilt, dass Hoengen nach Entscheidung der Militärregierung vom 8.11. 1945 wieder in das Amt des Studienrats eingesetzt worden war. Der Entnazifizierungsausschuss der Stadt Viersen bestätigte im März 1946 einstimmig diese Entscheidung der Militärregierung und ordnete Hoengen am 22. Mai 1947 in die Kategorie V der Entlasteten ein.

Der Blick in die Personalakte – Kann der ehemalige Pg. Hoengen wieder als Schulleiter eingesetzt werden?

Die Auseinandersetzungen um diese Frage sind im Wesentlichen Bestandteil der Personalakte Hoengens[301] beim Oberpräsidium bzw. beim späteren Schulkollegium in Düsseldorf. Der Inhalt der Personalakte geht weit über das hinaus, was die Entnazifizierungsakte über dessen Persönlichkeit und Verhalten in der Zeit des Nationalsozialismus offenbart. Man muss annehmen, dass der Entnazifizierungsausschuss in Viersen diese umfangreiche Personalakte nicht ausgiebig – wenn überhaupt – eingesehen hatte, denn dann wäre ein differenzierterer Blick auf Einstellung und Verhalten Hoengens gegenüber dem Nationalsozialismus möglich gewesen.
Im Zusammenhang mit seiner von ihm gewollten Versetzung von Emmerich zum Humanistischen Gymnasium hatte die Gauleitung Essen der NSDAP auf Anfrage des Oberpräsidenten der Rheinprovinz am 4. März 1936 eine Auskunft über Hoengen erteilt. Die Gauleitung bescheinigte Hoengen – zu der Zeit noch nicht Pg. – politische Zuverlässigkeit. Er habe „früher der Deutschnationalen Volkspartei nahe gestanden, ist aber in der Kampfzeit politisch

301 LAV NRW R, BR- Pe Nr. 9633 (Personalakte Hoengen).

nicht besonders hervorgetreten. Es muss anerkannt werden, daß er sich in den letzten Jahren restlos und vorbehaltlos auf den Boden des nationalsozialistischen Staates gestellt hat."[302] Auch die Gauleitung Düsseldorf bestätigte am 20.11.1936, dass „in politischer Hinsicht nicht Nachteiliges bekannt geworden" sei. In einem weiteren Schreiben der NSDAP-Kreisleitung Rees wird er für seine nicht zu beanstandende „nationalsozialistische Gesinnung" bei einem nationalpolitischen Lehrer- und Schülerlehrgang gelobt. Selbst eine positive Beurteilung des SA–Sturms in Emmerich und die Erwähnung der Mitgliedschaft seiner Ehefrau Elisabeth in der NS-Frauenschaft fehlen nicht. Sein ehemaliger Emmericher Kollege Düffel erwähnt in einem Schreiben an die Schulbehörde, dass Hoengen der erste festangestellte Kollege war, der in SA-Uniform zum Unterricht gekommen war.

In Emmerich hatte Hoengen nach eigenen Angaben als stellvertretender Schulleiter zwischen Schule und Hitlerjugend vermittelt. Am 20. Januar 1936 schlug der Viersener Oberbürgermeister Koch „im Einvernehmen mit dem Beauftragten der NSDAP" Hoengen zum Leiter des Viersener Gymnasiums vor. Oberschulrat Dr. Poethen betonte in seinem Schreiben an das Reichserziehungsministerium bezüglich der Berufung Hoengens an das Viersener Gymnasium, dass „er die Schule im nat.sozialistischem Geist zu leiten versteht."[303]

Für Hoengen war in Viersen „anfangs alles in bester Ordnung" und von einem unfreundlichen Empfang in Viersen – wie er es später mehrfach behauptete – konnte nicht die Rede sein. Von der Entlassung Dr. Kapelles 1934 als Schulleiter habe er nichts gewusst. Dies ist anzuzweifeln, da sich Hoengen doch sicherlich über seine zukünftige Schule vorher informiert hatte.

Hoengen wurde nicht gegen seinen Willen nach Viersen versetzt und dort als Schulleiter eingesetzt. Oberschulrat Dr. Poethen, von dem er angeblich „nach Viersen gebracht wurde", hatte ihm das Angebot, Schulleiter in Viersen zu werden, gemacht, da er sich in Emmerich als stellvertretender Schulleiter beim Konfliktmanagement mit der HJ bewährt hatte.

Zudem wurde niemand in der NS-Zeit zum Direktor eines Gymnasiums befördert, ohne von der nationalsozialistischen Schulbehörde auf seine Identifikation mit der nationalsozialistischen Ideologie überprüft worden zu sein. Dies galt natürlich besonders für Bewerber, die zunächst – wie im Falle Hoengen – nicht Mitglied der NSDAP waren.

Bezüglich der Wiedereinsetzung Hoengens als Schulleiter nach Kriegsende nimmt der Schriftverkehr zwischen dem Schulkollegium in Düsseldorf, dem Kultusministerium und der Stadt Viersen in der Personalakte breiten Raum

302 Vgl. ebenda.

303 Vgl. ebenda, Schreiben von Dr. Poethen an das Reichserziehungsministerium v. 9.4.1936.

ein. Hoengen hatte diese nach seiner Wiederzulassung als Studienrat beantragt. Deswegen stellte das Schulkollegium Nachforschungen bezüglich seines Verhaltens in der NS-Zeit an. Denn für das Schulkollegium in Düsseldorf bedeutete das Urteil des Entnazifizierungsausschusses Viersen und die Bewertung der Militärregierung nicht automatisch eine Wiedereinsetzung Hoengens als Schulleiter. Dies zeigt eine handschriftliche Notiz des Düsseldorfer Oberpräsidiums unter einem Schreiben des Viersener Oberstadtdirektors Dr. Schaub vom 3. April 1946: „Eine Tätigkeit als *Leiter* einer höh. Lehranstalt ist bis auf weiteres auch für Hrn. Hoengen (auch bei Genehmigung durch die M. R. nicht möglich; aus grundsätzlichen Erwägungen)."[304]

Dr. Schnippenkötter vom Schulkollegium Düsseldorf teilte diese Position. Er selbst war vom Reichserziehungsministerium als Oberstudiendirektor an der Krupp-Oberrealschule in Essen wegen „unangebrachter Bemerkungen über die nationalsozialistische Bewegung"[305]suspendiert, zum Studienrat degradiert und im April 1934 zum Apostelgymnasium in Köln strafversetzt worden. Konsequent verfolgte Dr. Schnippenkötter die Linie – wie auch Frau Dr. Bardenhewer, Ministerialrätin im Kultusministerium -, dass ehemalige Parteigenossen nicht Leiter einer Schule werden sollten.

Hoengens Verhältnis zum Nationalsozialismus am Emmericher Gymnasium – sein ehemaliger Kollege Düffel erhebt Vorwürfe

Der für Viersen zuständige Dezernent des Schulkollegiums Dr. gr. Kruse hat im Rahmen der Nachforschungen einen ehemaligen Kollegen Hoengens in Emmerich, Jakob Düffel[306], kontaktiert, um über dessen Aktivitäten in Emmerich Informationen zu erhalten. Diese lieferte Düffel dann in einem vertraulichen Schreiben v. 31. Januar 1948 an Dr. gr. Kruse. Düffel beschreibt Hoengen als einen Mann, der als stellvertretender Schulleiter „würde- und anstandslose Konzessionen an die Parteiinstanzen (Zell, Mai) und die verhätschelten Führer der HJ (Egon, Sauer usw.)" gemacht habe. Unter anderem sei es bei einer Gedenkfeier in der Schule zu einem Vorfall gekommen, da Hoengen auf Verlangen eines HJ-Schülers einen jüdischen Schüler „eigenhändig am Kragen packte und ihn zur Tür hinausschob."

Hoengen sei auch als erster von den festangestellten Lehrern in den NSLB gegangen. Der NSLB-Emmerich bestätigte in einer Bescheinigung für Hoengen

304 Vgl. ebenda, Schreiben Dr. Schaub an den Oberpräsidenten in Düsseldorf, Abt. Höheres Schulwesen (späteres Schulkollegium) v. 3.4.1946.

305 Trapp, Joachim, Kölner Schulen in der NS-Zeit, S. 51.

306 Jakob Düffel (* 03.12.1880 - † 06.11.1959) war von 1908 bis 1944 am Emmericher Gymnasium als Studienrat tätig. Sein Hobby war die Heimatgeschichte. Mit dem Heimatbuch des Kreises Rees setzte er sich am Niederrhein ein literarisches Denkmal im Bereich Heimatliteratur. Nach Düffel ist in Emmerich heute eine Straße benannt.

den 1.9.1935 als Eintrittsdatum, also weit vor dem 1.1.1937, was Hoengen in seinem Fragebogen als Eintrittsdatum angegeben hat. Beim NSLB habe Hoengen Vorträge über Rassenkunde und die SA gehalten. Auch die Anschaffung einer „kostspieligen" Hitlerbüste blieb nicht unerwähnt.
Der vertrauliche Brief Düffels an Dr. gr. Kruse landete – wohl durch Indiskretion bzw. durch das nicht autorisierte Handeln eines Sachbearbeiters – in der Personalakte Hoengens. Dieser wurde über die Behauptungen Düffels in Kenntnis gesetzt. Die nachfolgende Strafanzeige Hoengens gegen Düffel wegen falscher Anschuldigung erbrachte einen Freispruch für Düffel. Die Strafanzeige Hoengens bezog sich in erster Linie auf die Anschaffung der Hitler-Büste und einzelner Filme über Rassenkunde, wozu – wie das Gericht feststellte – Hoengen berechtigt war. Der Tatbestand einer möglichen Rufschädigung war nicht Gegenstand des Prozesses.
Zur Gesamtbewertung Hoengens in der NS-Zeit dienten auch Hoengens Verhalten und Äußerungen im Zusammenhang mit der erwähnten „Minister-Bemerkung" über den Schüler Kredt. Hoengen verhörte zur Frage der Weitergabe penibel das Kollegium und kam zu dem Ergebnis, dass sein Kollege Dr. Schneider – kein Pg. - die NSDAP-Leitung in Viersen informiert und damit das Konferenzgeheimnis gebrochen hatte. Hoengen selbst konnte sich an seine angebliche Aussage zu Kredts Zeugnis nicht genau erinnern, was er in mehreren Schreiben auch kundtat. Gehört hatten seine „Minister-Äußerung" anfangs nur sein Parteigenosse Wilhelm Becker und Studienrat Dr. Schneider. Auf Hoengens Unverständnis stieß das Verhalten der Parteigenossin Edith Koch, die sich nachträglich an diese Äußerung erinnerte, was Hoengen als „Skrupelosität" (sic!) bezeichnete.
Hoengens Versuch, sich im Entnazifizierungsverfahren als Gegner des Nationalsozialismus darzustellen, gerät durch seine schriftliche Stellungnahme[307] zu den Beschuldigungen seitens der NSDAP-Viersen stark in Zweifel. Er weist hier nämlich besonders auf seine Verdienste im 1. Weltkrieg hin und betont, dass er in der „Systemzeit" in der katholischen, zentrumsnahen Stadt Emmerich viele politische Feinde hatte. Außerdem sei er für „würdig" befunden worden, nationalpolitische Lehrgänge zu leiten und für 8 Monate das Emmericher Gymnasium stellvertretend zu führen. Dort habe er sich hinsichtlich der Beziehung von NSDAP und Schule „gleichsam auf politischen Posten" bewährt.
In einem Nachtrag vom 26. Februar 1943 äußerte sich Hoengen zum erfolgten Verweis der Partei im „Fall Kredt": „Als deutscher Offizier und Gefolgsmann

307 LAV NRW R, BR-Pe Nr. 9633 (Personalakte Hoengen), Schreiben Hoengens v. 6.2.1943 an den Oberpräsidenten, Betr. Beschuldigungen der Partei, Ortsgruppe Viersen, gegen Oberstudiendirektor Hoengen.

des Führers nehme ich diesen Verweis aufrecht hin, erkenne ihn an und bin bereit, alle Folgerungen, die sich daraus ergeben, zu tragen."[308]

Ehrenerklärung für Hoengen – Vertreter der nationalsozialistischen Haltung

Zur Unterstützung ihres Direktors im Konflikt mit der lokalen NSDAP-Leitung gaben einzelne Kollegen am 17. Februar 1943 eine Ehrenerklärung für Hoengen ab. Sie gipfelte in folgenden Worten: „In der Äußerung des Direktors eine Verunglimpfung der Einrichtungen des Staates bezw. seiner führenden Männer zu sehen, würde nach Ansicht der Unterzeichneten ein Unrecht gegen den Direktor bedeuten. Sie haben 7 Jahre lang der Leitung des Direktors unterstanden, haben mit ihm zusammengearbeitet und ihn dienstlich und außerdienstlich in fast täglichem Umgang kennengelernt. Das Hauptgewicht seiner Tätigkeit legte Direktor Hoengen stets darauf, im Kollegium die nationalsozialistische Haltung zu vertreten und den ganzen Unterricht in nationalsozialistischem Sinne auszurichten. Dem entspricht auch der nachhaltige (sic!) Einfluß, den er auf die große Anzahl der Schüler ausgeübt hat und noch ausübt. Alle Unterzeichneten stehen zu den obigen Darlegungen."[309] Unterzeichnet ist die Erklärung von den Studienräten Donner, Strotmann, Schlager, Dr. Cremer, Becker und Klingen. Die drei Erstgenannten gehörten nicht der NSDAP an.

Hoengen, der ehemalige Pg., betreibt seine Wiedereinstellung als Schulleiter – Wie entscheidet Kultusminsterin Teusch (CDU)?

Diese Erklärung der Kollegen, Hoengens Äußerungen selbst und die angestellten Nachforschungen dienten dem Düsseldorfer Schulkollegium dazu, eine Überprüfung der Einreihung Hoengens in die Kategorie V der Entlasteten beim Sonderbeauftragten für die Entnazifizierung zu beantragen.
Man bezog sich dabei auf einen Erlass der Kultusministerin Teusch v. 23.8.1948, der klarstellte, dass man nur in Einzelfällen bereit wäre, "über die Mitgliedschaft in der vormaligen NSDAP hinwegzusehen, wenn es sich um Fälle handele, in denen der Betreffende etwa vor der Anstellung unter einem gewissen Druck den Eintritt in die Partei vollzogen hat, im übrigen, aber den eindeutigen Beweis erbracht hat, dass er keinerlei Nutzen durch seine Parteimitgliedschaft gehabt und dass er in dauerndem Gegensatz zur NSDAP gestanden habe."
Kultusministerin Christine Teusch änderte im Falle Hoengen allerdings ihre Position. Die Absicht des Schulkollegiums, Hoengen auf der Liste der noch

[308] Vgl. ebenda, Schreiben Hoengens v. 26.2.1943 an den Oberpräsidenten (Nachtrag).
[309] Vgl. ebenda, Schreiben von Studienrat Donner et. al. v. 18.02.1943 an das Oberpräsidium. Vgl. hierzu Anm. 272.

einmal zu überprüfenden Kategorisierungen zu belassen, wurde kategorisch abgelehnt. Das Kultusministerium hatte keine Bedenken gegen die vom Entnazifizierungsausschuss Viersen ausgesprochene Entlastung, da es Hoengen gelungen sei, die Anschuldigungen durch Leumundszeugnisse zu widerlegen. Für die Ministerin war Hoengen merkwürdigerweise angesichts der Entscheidung der Militärregierung vom 11. August 1945 "zu keiner Zeit aus politischen Gründen entlassen".[310] Eine Nachprüfung der politischen Einstellung war infolge einer Anordnung des Sonderbeauftragten für die Entnazifizierung zudem nach dem 1. Januar 1948 nicht mehr möglich.

Schulausschuss, Hauptausschuss und Rat der Stadt Viersen hatten durch entsprechende Beschlüsse schon ab März 1946 die Wiedereinsetzung Hoengens beschlossen und verfolgt. Oberstadtdirektor Dr. Schaub als Fürsprecher von Hoengen erachtete es im „Interesse der Schule für notwendig", dass dieser in sein früheres Amt als Schulleiter, „das er mit großer Umsicht und Tatkraft geführt hat", wiedereingesetzt werden sollte."[311]

Für Dr. Schaub war die Einreihung Hoengens als Entlasteter darin begründet, „dass Herr Hoengen sich während der nationalsozialistischen Zeit durch Handlungen und Äusserungen in scharfen Widerspruch zur nationalsozialistischen Bewegung befand."[312]

Zuvor hatte im Februar 1946 das Lehrerkollegium „aus innerer Verpflichtung heraus" sich für Hoengen ausgesprochen, denn er habe „unbeirrbar in seinen Grundsätzen die Schule durch Irrtümer und Verstiegenheiten des Nationalsozialismus hindurchgeführt und die Schüler nach Möglichkeit vor seelischen Schaden bewahrt. Fest steht, daß er an keiner Stelle auf Schüler und Lehrer irgendwelchen Druck ausübte. Aus vielen vertraulichen Unterredungen – man konnte ohne Besorgnis ein offenes Wort bei ihm wagen – ergab sich, daß er die Irrlehren des Nationalsozialismus erkannte und ablehnte."[313]

Die Stellungnahme des Lehrerkollegiums wurde von Emil Donner unterschrieben, der – wie erwähnt – nur drei Jahre zuvor mit einigen anderen Kollegen Hoengen u. a. eine durchweg „nationalsozialistische Haltung" im Lehrerkollegium attestiert hatte. Man kann sich nur der ironischen Bemerkung des Oberschulrats Dr. gr. Kruse anschließen: „Es kann allerdings vorkommen, daß die Leumundszeugen vergessen, was sie während der Nazizeit bescheinigt haben und so ergeben sich amüsante oder betrübliche Widersprüche."[314]

[310] LAV NRW R, BR- Pe Nr. 9633 (Personalakte Hoengen), Schreiben des Kultusministeriums v. 9. Dezember 1948 an das Schulkollegium in Düsseldorf.

[311] Vgl. ebenda, Schreiben des Oberstadtdirektors Dr. Schaub v. 3.4.1946.

[312] Vgl. ebenda, Schreiben des Oberstadtdirektors Dr. Schaub v. 30.9.1947.

[313] KAV, I 2, Nr. 3820, Bewerbung des Studienrates Konrad Schäfer um die Direktorenstelle am Knabengymnasium. 1946, Stellungnahme des Lehrerkollegiums 172/46 v. 12.2.1946.

[314] Vgl. ebenda, Schreiben von Dr. gr. Kruse an die Kultusministerin v. 2.9.1948.

Dr. gr. Kruse vermutete zu Recht, dass die „Gönner Hoengens Hintertüren besser zu finden wußten."[315] Das Schulkollegium lehnte eine Wiedereinstellung Hoengens als Schulleiter konsequent ab, denn man fühlte sich verpflichtet, „im Interesse der Klarheit und Sauberkeit, die Frau Minister (sic!) zu bitten, von der Übertragung der Leitung des städt. Gymnasiums an Herrn Hoengen Abstand zu nehmen; wir fürchten, es wäre der Weg auf einer schiefen Bahn. Gegen die Wiedereinstellung Hoengens als Studienrat haben wir nichts einzuwenden, am liebsten jedoch nicht in Viersen."[316]
Das Schulkollegium kam abschließend zu der vernichtenden Bewertung, dass „keiner, der sich ein klares Urteil bewahrt habe, behaupten (könne), dass Hoengen völlig entlastet sei und ohne Makel dastehe. Im Ganzen gehöre dieser zu „den schwankenden Gestalten und ist zu den typischen Mitläufern zu zählen."[317]
Die Einwände und Vorbehalte des Schulkollegiums änderten nichts an der Entscheidung der Ministerin Christine Teusch. Am 3. November 1948 war Hoengen, das ehemalige NSDAP-Mitglied, wieder Oberstudiendirektor am Humanistischen Gymnasium in Viersen und trat am 1. April 1952 in den Ruhestand.
Verwunderlich ist dies im Nachhinein, da in der Landeshauptstadt Düsseldorf bis auf einen Schulleiter[318] alle früheren Direktoren der 9 Jungengymnasien wegen ihrer NSDAP-Mitgliedschaft ausgetauscht wurden. Bei den Mädchengymnasien wurden alle ehemaligen Direktoren durch Frauen ersetzt.[319]

Fritz Schöne, NSDAP-Mitgliedsnummer 34812019[320], eingetreten am 1.5.1933, Blockleiter (1942/1943), war Mitglied bei NSV, VDA, SA-Reserve (1934-1938), NS-Kulturgemeinde, Oberstudiendirektor am Humanistischen Gymnasium 1934 – 1936, Oberstudiendirektor am Lyzeum/Studienanstalt 1934 – 1944 (1934 – 1936 in Doppelfunktion)

„Der Redner bedankt sich zunächst für die herzlichen, ihm gewidmeten Worte und gab anschließend das Gelöbnis, die Schule im Geiste Adolf Hitlers zu führen… Seine besondere Aufgabe sieht Herr Studiendirektor Dr. Schöne darin, die gesamte Schülerschaft der HJ zuzuführen und dann den Wunsch des Herrn Oberbürgermeisters

315 Vgl. ebenda, Aktennotiz Dr. gr. Kruse v. 27.12.1949.
316 Vgl. ebenda, Schreiben Dr. gr. Kruse an die Kultusministerin v. 22.9.1948.
317 Ebenda.
318 Hans Mosler leitete das humanistische Gymnasium in Oberkassel (jetzt Comenius-Gymnasium) von 1908 bis 1949. Er war nicht Mitglied der NSDAP und hatte vermutlich starke Fürsprecher aus Kirchenkreisen.
319 Bilski, Anja, Die Entnazifizierung des Düsseldorfer Schulwesens nach 1945, S. 255-258.
320 BArch R 9361-VIII KARTEI - 20631603 (NSDAP-Mitgliedsausweis Fritz Schöne).

Name Schöne, Fritz Dr.
G. D. 29. 9. 85 Ort Münster
Stand Stud. Direkt.
Mitgl.-Nr. 3481201 Eingetr. 1. 5. 33
Ausgetr.
Wiedereingetr.
Wohnung Viersen Remigiusstr. 74
O.-Gr. Viersen Gau Düsseldorf
Wohnung
O.-Gr. Gau
Wohnung
O.-Gr. Gau

NSDAP – Mitgliedskarte Fritz Schöne

erfüllen zu können, daß das Viersener Gymnasium zu einer Musterstätte der nationalsozialistischen Erziehungsarbeit werde." (Vereinigte Dreistädte Zeitung v. 4. Juli 1934)

Mitgliederzentralkartei und Gaukartei Düsseldorf der NSDAP geben keinen Hinweis auf die Behauptung von Schöne, dass er erst 1934, d. h. nach der am 30. April 1933 erfolgten NSDAP-Mitgliedersperre, in die Partei eingetreten sei. Die bis dahin vorliegenden Aufnahmeanträge wurden erst in den folgenden drei Jahren bearbeitet und entschieden. Für alle wurde der 1. Mai 1933 als Eintrittsdatum – wie auch bei Schöne – festgesetzt. Hier hat er möglicherweise die Unwahrheit gesagt.

Schöne wurde wie alle NSDAP-Mitglieder in der Lehrerschaft am 11. August 1945 entlassen. Am 13. November 1945 teilte Oberbürgermeister Dr. Schaub dem Ausschuss für die Höheren Schulen mit, dass die Militärregierung am 8. November die Entlassung von Dr. Schöne bestätigt hat.[321]

[321] KAV, I 2, Nr. 3801, Vertretung, Einsatz, Entlassung und Wiedereinstellung von Lehrkräften am Hum.Gymnasium 1926 – 1947, Schreiben Dr. Schaub v. 13.11.1945 an die Mitglieder des Ausschusses für die höheren Schulen.

In der Anlage zu seinem Fragebogen erklärt Schöne, dass er seine Stellung in Rheinhausen als Katholik unter dem Druck nationalsozialistischer Kreise aufgeben musste. Er habe zunächst an der Parteiarbeit nur teilgenommen, um „mäßigend" wirken zu können. Er sei in „langem Kampf mit der Partei" gewesen und habe sich schließlich 1937 von der Parteiarbeit zurückgezogen. Schöne kommt zu der Erkenntnis, dass er „von 1933 an bis zum Schluß von der Partei niemals als Nationalsozialist anerkannt worden" sei.[322]

Bezüglich seiner Zeit als Direktor des Lyzeums in Rheinhausen verweist Schöne auf Konflikte mit Vertretern der Schwerindustrie (Krupp, Friedrich-Alfred-Hütte), die nach seiner Ansicht aufgrund ihrer Nähe zum Nationalsozialismus mit ihm als Katholiken Probleme gehabt hätten. Fritz Schöne war im September 1932 vom Provinzialschulkollegium in Koblenz in die freigewordende Direktorenstelle am Viersener Lyzeum versetzt worden, da das von ihm bisher geleitete Mädchengymnasium in Rheinhausen mit einer Oberrealschule zusammengelegt worden war.

In seinem 22 Punkte umfassenden Statement geht er vor allem auf sein Verhältnis zum Viersener Oberbürgermeister Gebauer ein, der in ihm „keinen Nationalsozialisten" gesehen habe. Gebauer habe zudem Ermittlungen über seine Rheinhausener Zeit mit Hilfe der Gestapo eingeleitet. Eine entsprechende Gestapo-Akte der Staatspolizeileitstelle Düsseldorf ist im Landesarchiv Duisburg allerdings nicht aufzufinden.

Da ihm die Parteiarbeit widerstrebte, sei er im Sommer 1934 in die SA eingetreten. Mitte 1934 sei dann der Eintritt in die NSDAP nach „Aufforderung eines Vertreters der Partei" erfolgt. In seiner Erklärung geht Schöne auf verschiedene Situationen ein, die seinen Widerstand deutlich machen sollen, u. a. auf den Eklat bei einer Schulveranstaltung aufgrund der Teilnahme von jüdischen Schülern. Denn „nach allem kann ich abschließend folgendes sagen: Jahrelang habe ich dem Nationalsozialismus aktiven und passiven Widerstand geleistet. Das war in den ersten vier Jahren nach der Machtübernahme besonders aufregend und erforderte viel Nervenkraft. Ich bin den Verfolgungen der Gestapo ausgesetzt gewesen, meine Berufsstellung war lange Zeit täglich in Gefahr."

Als Beleg für seine Differenzen mit der NSDAP führt Schöne u. a. auf, dass man seiner Familie auf Veranlassung der lokalen Parteiführung das „Mädchen für den Haushalt" vorübergehend weggenommen habe. Die Tatsache, dass es sich hier vermutlich um eine junge Zwangsarbeiterin gehandelt hat, bleibt unerwähnt und war wohl für Schöne ohne Belang.

[322] LAV NRW R, NW 1021 – 8055 – 030 (Entnazifizierungsakte Schöne).

Schöne hat sich Leumundszeugnisse von Kollegen und Kolleginnen ausstellen lassen, die nicht in der NSDAP waren, darunter auch von Studienrat Dr. Schneider, Religionslehrer am Humanistischen Gymnasium. Unisono wurde Schöne bestätigt, „niemals auf die Jugend im Sinne des Nationalsozialismus eingewirkt zu haben".
Der ehemalige Parteigenosse Pastor Totzeck verwendete sich am 29. März 1946 vieldeutend für Schöne.[323] Darin erkennt man auch die ablehnende Haltung der evangelischen Kirche gegenüber der Entnazifizierung. Totzeck bezieht sich auf eine Eingabe Schönes an Oberbürgermeister Hülser vom 27. Februar 1946. Jegliche Beteiligung Schönes im NS-System negierend forderte Totzeck Oberbürgermeister Hülser in einem Appell auf, den Fall Schöne zur Sprache zu bringen: „Der Nationalsozialismus hat Millionen Menschen dazu erniedrigt, daß er sie unter seinen Willen zwang und so den eigenen Willen vergewaltigte. Jetzt ist der Nationalsozialismus zerbrochen, aber die Vergewaltigten müssen heute für den fremden Willen, der ihre Persönlichkeit zerbrach, die Verantwortung tragen und werden in Stadt und Land als Schuldige behandelt. Ich gestehe nicht an, zu erklären, daß diese Tatsache auf mir mehr lastet als der Verlust unserer Häuser und Städte. Als Mitglied des Ausschusses für höh. Schulen möchte ich daher unter keinen Umständen irgendjemand ungerecht verurteilen lassen. Ich möchte mit dafür sorgen, daß ein Mann, der stärkstem Druck widerstand und niemals Exponent eines nazistischen Geistes gewesen ist, nicht durch Entfernung aus seinem Amte diffamiert und nach Verlust von Hab und Gut auch noch brotlos gemacht wird."
Der Dank Schönes folgte unmittelbar: „Für Ihr mannhaftes Bemühen um meine Wiedereinstellung bin ich Ihnen dankbar. Wenn man sich, wie ich das z. Zt. muss, auf einem toten Gleis glaubt, dann weiss man den Wert solcher Haltung besonders zu schätzen."[324]
Schülereltern bestätigten durch Unterschriften, dass sie Schöne nie als Nationalsozialisten erlebt haben. Weiterhin ist ein ausführliches Leumundszeugnis von Dr. Helmich, dessen Frau Halbjüdin war und deren Tochter Ursula auf dem Lyzeum war, bis sie 1942/1943 von der Schule verwiesen worden ist, in den Akten zu finden. Dr. Helmich hebt die gute Behandlung seiner Tochter durch Schöne hervor, der diese lange Zeit unterstützt habe.
Schöne legte gegen seine Entlassung aus dem Schuldienst am 22. Mai 1946 Berufung ein. In seiner Begründung wiederholt er im Kern nur die Inhalte seiner Anmerkungen zum Fragebogen. Er geht auch auf die Nachfolge von Dr. Kapelle 1934 ein, denn er wollte zunächst nicht die Nachfolge eines „abgebauten Kollegen antreten". Er habe auf „weiteres Drängen" zugestimmt,

[323] Vgl ebenda.
[324] AEKV 02-31.29(II) 62, Schreiben Schönes an Totzeck v. 30.3.1946.

vorerst beide Schulen zu leiten, aber vor allem um „die Stelle für Dr. Kapelle freizumachen."

Angesichts der Tatsache, dass Dr. Kapelle von den Nazis aufgrund des Gesetzes zur Wiederherstellung des Berufsbeamtentums aus dem Amt entfernt worden ist, wirkt diese Argumentation Schönes abstrus und naiv. „Hätte ich dieser Lösung nicht zugestimmt, dann wäre die Stelle mit einem Auswärtigen besetzt worden und sie wäre für Dr. Kapelle endgültig verloren gewesen. Es wurde so verhindert, daß die Knabenschule und vielleicht auch die Mädchenschule leidenschaftlichen Nationalsozialisten ausgeliefert wurden."[325]

Der Entnazifizierungsausschuss Viersen kam dann auch am 31. August 1946 zur Bewertung, dass Schöne als Oberstudiendirektor wiedereingesetzt werden könnte. Dem widersprach Oberstadtdirektor Dr. Schaub am 8. November: „Ich bin persönlich der Ansicht, daß Oberstudiendirektor Dr. Schöne als Leiter der Anstalt nicht tragbar ist. Ich bin dagegen der Meinung, daß er als Lehrer tragbar ist." Der britische Berufungsausschuss „Review board" kam dann auch zu dem Urteil, dass Schöne als Schulleiter nicht tragbar „suitable" sei, sondern nur als Studienrat, da keine Beweise für eine lediglich nominelle Parteimitgliedschaft erbracht worden waren. Dies wurde dann am 27. 11.1946 vom „special branch officer" bestätigt und Schöne hatte ab dem 7. Dezember 1946 wieder die Zulassung für den Schuldienst als „normaler" Studienrat.

Nach einem Gespräch Anfang Januar 1947 mit Schöne hielt Oberstadtdirektor Dr. Schaub in einem Aktenvermerk fest, „daß Oberstudiendirektor Dr. Schöne seine Pensionierung betreibe und mit der Versetzung in den Ruhestand einverstanden sei, falls er als Oberstudiendirektor pensioniert werde."[326] Es wird deutlich, dass es Schöne nicht um eine Rückkehr in den Schuldienst, sondern um die Wahrung seiner Pensionsansprüche als Oberstudiendirektor ging.

Das Protokoll der Schulausschusssitzung vom 29. Januar 1947 bestätigt dieses Ansinnen, „denn inzwischen habe der frühere Schulleiter, Oberstudiendirektor Dr. Schöne, der nunmehr von der Militärregierung wieder zugelassen sei, seine Versetzung in den Ruhestand nachgesucht, sodaß er voraussichtlich in den Ruhestand trete."[327] Am 18. Februar 1947 wurde dann Frau Dr. Barz, nachdem das Mitglied des Komitees für die Entnazifizierung der Lehrkräfte im höheren Schulwesen Frau Dr. Thekla Schmitz ihre Bewerbung zurückgezogen hatte, zur Nachfolgerin von Dr. Schöne gewählt.

Der zuvor genannte Unterausschuss erklärte am 12.8.1947 [sic!], dass „Dr. Fritz Schöne nach seiner Überzeugung kein Nationalsozialist war, dement-

[325] LAV NRW R, NW 1021 – 8055 – 030 (Entnazifizierungsakte Schöne).

[326] Vgl. ebenda, 023.

[327] KAV, I 2, Nr. 4269 Sitzungsniederschriften Schulausschuß 1946 – 1948, Protokoll der Schulauschusssitzung v. 29.1.1947.

sprechend kein Aktivist. Er hat seine amtliche Stellung in politischer Hinsicht nicht mißbraucht."[328]

In einem Schreiben an den Berufungsausschuss in Düsseldorf vom 30. März 1948 monierten Schönes Verteidiger, dass Schöne noch keine Entscheidung besäße und weiterhin auf Anweisung der Militärregierung entlassen wäre. Er habe bis November 1947 Gehalt erhalten und danach nicht mehr, auch keine Pension. Eine Kategorieneinreihung Schönes ist im Übrigen nie erfolgt, was u. U. mit dem gestellten Pensionsantrag zusammenhing.

Es ist davon auszugehen, dass Schöne ab Sommer 1948 seine Pensionszahlungen erhalten hat, da sich kein weiterer Schriftverkehr in der Entnazifizierungsakte finden lässt. Die Personalakte von Dr. Schöne ist unauffindbar.

Michael Klingen, NSDAP-Mitgliedsnummer 5623886[329] , eingetreten am 1.5.1937, Aufnahme beantragt am 22.12.1937, ab 1933 Mitglied bei der SA für 16 Monate, ab 1933 beim NSLB, NSV, VDA, Reichsbund für Leibesübungen, Verbindungslehrer HJ 1935/36, Studienrat/Oberstudienrat am Humanistischen Gymnasium 1922 – 1958

Im Fragebogen der Militärregierung 1945 gibt Klingen als Eintrittsdatum das Jahr 1939 an, was nachweislich falsch ist. In einer Erklärung zu seinem Fragebogen am 11.3.1945 nennt er als Eintrittsdatum den 1. Juni 1938. Dies ist sehr verwunderlich angesichts seiner Behauptung „all full dates are based on membership-cards."

Wie viele andere ehemalige NSDAP-Mitglieder negiert Klingen eine Beteiligung an seiner Mitgliedschaft („without any application of mine"). Immerhin erinnert er sich an genau 16 Monate Mitgliedschaft bei der SA. Während dieser Zeit hatte Klingen – wie erwähnt – den Nachfolger von Dr. Kapelle Fritz Schöne im Juli 1934 in einer pompösen Einführungsveranstaltung im braunen SA-Hemd begrüßt und eine Rede gehalten. Klingen wurde im Schuljahr 1934/35 Vertrauensmann der HJ in der Lehrerschaft. Den Eintritt in den Stahlhelm sei auf einen Wunsch von Dr. Kapelle zurückzuführen, um sich dort um einzelne Schüler zu kümmern.

Am 5. Oktober 1945 wurde Klingen von der britischen Militärregierung wieder als Studienrat zugelassen, was der Entnazifizierungsausschuss der Stadt Viersen am 23.7.1946 bestätigte. Schließlich wurde er am 23.5.1947 in die Kategorie V der Entlasteten eingereiht.[330]

328 LAV NRW R, NW 1021- 8055 (Entnazifizierungsakte Schöne), Stellungnahme Komitee für die Entnazifizierung des Höheren Schulwesens v. 12.8.1947.

329 BArch R 9361-IX KARTEI – 20880467 - (NSDAP-Mitgliedsausweis Michael Klingen).

330 LAV NRW R, NW 1021 – 699 (Entnazifizierungsakte Klingen).

Klingen selbst teilte dem Oberpräsidium der Nord-Rheinprovinz am 4. Oktober mit, dass er seinen ersten Fragebogen schon am 11.3.1945 bei der amerikanischen Militärregierung „aus Anlass meiner Tätigkeit als Dolmetscher und Übersetzer bei der Militär-Regierung und der Stadtverwaltung“ [331] eingereicht habe. Dieser sei genehmigt worden. Das erklärt auch, warum Klingen nicht auf der Liste der entlassenen Parteigenossen stand.
Klingen wurde dann am 13. November 1950 vom Rat der Stadt Viersen mit großer Unterstützung seines Schulleiters Hoengen zum Oberstudienrat gewählt. Nach Darstellung des Presbyteriums der Ev. Gemeinde Viersen – vertreten durch Pastor Emil Totzeck – war vom Lehrerkollegium der evangelische Studienrat Dr. Adam mehrheitlich als Oberstudienrat vorgeschlagen worden. Mit den Worten „Herr Kollege, Sie haben zwar die Mehrheit der Stimmen erhalten. Oberstudienrat aber werden Sie nicht. Dafür haben Sie das falsche Gebetbuch“, habe Klingen gegenüber Adam die Abstimmung kommentiert. In der Tat wurde Klingen vom Zentrum – Ratsherrn Dr. Zevels, dem späteren Oberbürgermeister, vorgeschlagen. Dr. Zevels verwies auf die katholische Mehrheit in Viersen, „die man als Zentrum zu nutzen wisse.“[332]

Heinrich Cremer, NSDAP-Mitgliedsnummer 7468340[333], eingetreten am 1.2.1940, Aufnahme beantragt am 2.10.1939, Blockleiter NSDAP, Mitglied beim NSLB, NSV, Studienrat am Humanistischen Gymnasium 1926 – 1961

Dr. Heinrich Cremer, der einen Monat nach dem Beginn des Zweiten Weltkrieges seine NSDAP-Mitgliedschaft beantragt hatte, war zunächst von der Militärregierung wie alle Parteigenossen am 11.08.1945 vom Dienst suspendiert. Dies wurde nach Durchsicht des Fragebogens[334] von der Militärregierung am 11. September bestätigt. Nach Cremers Widerspruch gegen seine Entlassung konnte am 17. Oktober Oberbürgermeister Dr. Schaub dem Oberpräsidenten der Nord-Rheinprovinz mitteilen, „dass die Militärregierung die frühere Entscheidung bezüglich des Studienrats Dr. Cremer, der zunächst abgelehnt wurde, rückgängig gemacht habe, sodass Dr. Cremer jetzt als Lehrer eingesetzt werden kann.“[335]
Es ist davon auszugehen, dass Dr. Cremer nach einem eingereichten Gesuch bei der Militärregierung so schnell wieder zugelassen worden war, weil er zu-

[331] LAV NRW R, HSA-Pe Nr. 4066 (Personalakte Klingen).
[332] Ebenda, hier: Schreiben des Presbyteriums v. 11.11.1950 an das Schulkollegium, z. Hd. Oberschulrat Dr. gr. Kruse.
[333] BArch R 9361-IX Kartei - 22650445 (NSDAP-Mitgliedsausweis Heinrich Cremer).
[334] LAV NRW R, NW 1021 – 359 (Entnazifizierungsakte Cremer).
[335] KAV, I 2, Nr. 3801, Vertretung, Einsatz, Entlassung und Wiedereinstellung von Lehrkräften am Hum. Gymnasium 1926 – 1947.

sammen mit seinem Kollegen Klingen für die Militärregierung die Funktion eines Dolmetschers übernommen hatte.
In seiner Erklärung zum Fragebogen geht Cremer an keiner Stelle auf seine späte NSDAP-Mitgliedschaft ein, sondern erläutert zunächst seine „Aushilfs-Blockleiterschaft", die lediglich aus der „monatlichen Bestellung der Rationskarten und Einholung des Parteibeitrages" bestanden habe. In einem in der Personalakte enthaltenen Schreiben an den Oberpräsidenten v. 17. Januar 1942 erwähnte Cremer allerdings, dass er vom Ortsgruppenleiter Hüpkes im Dezember 1940 zum Blockleiter der Partei bestellt worden sei.[336]
Er habe den sonntäglichen Gottesdienst regelmäßig besucht und an Prozessionen teilgenommen. In Viersener NSDAP-Kreisen sei er unbeliebt gewesen. Diese angebliche Unbeliebtheit erklärt er mit den Problemen seiner drei Kinder in der Hitler-Jugend. Auch nennt er das Parteiverfahren, das man gegen ihn wegen der schlechten Benotung von Kindern lokaler Parteigrößen angestrengt habe.
Von einem Parteiverfahren gegen Cremer lässt sich auch in der Personalakte kein Beleg finden. Vielmehr wurde dem Oberpräsidenten der Rheinprovinz von der NSDAP-Kreisleitung M.Gladbach-Rheydt am 29.12.1943 bestätigt, „dass in politischer Hinsicht über den Parteigenossen C. nichts Nachteiliges bekannt geworden ist und gegen die Verleihung des Kriegsverdienstkreuzes II.Kl.o. Schw. keine Bedenken bestehen."[337] Cremer erhielt als Belohnung für seine Tätigkeiten das Kriegsverdienstkreuz am 30. Januar 1944 [!].
Direktor Hoengen erwähnt im Kontext einer möglichen Beförderung von Cremer zum Oberstudienrat bzw. zum Direktor, dass sich dieser als „Verbindungslehrer zwischen Schule und Wehrmacht bewährt… [und] sich eifrig in der Parteiarbeit als Blockhelfer betätigt"[338] hat. Nach Cremer war seine Beförderung am Widerstand von Oberbürgermeister Koch gescheitert. Ein entsprechender Hinweis dazu ist in der Personalakte nicht zu finden.
Im Frühjahr 1942 beschwerten sich einige stadtbekannte Viersener Bürger über die Behandlung ihrer Kinder durch Cremer. Zu diesen Eltern zählten u. a. Walter Kaiser, der Sohn des Kommerzienrats Josef Kaiser, Regierungsbaurat Schmitz-Lenders und der spätere Oberbürgermeister Hermann Hülser. Cremer wurden eine ungerechte Benotung und ein unangemessenes Erzieherverhalten vorgeworfen, das sich häufig in verbalen Entgleisungen und körperlichen Bestrafungen geäußert hatte. Allerdings stellten sich sowohl die Schulbehörde als auch Direktor Hoengen hinter Cremer, obwohl sie die erzieherischen Mittel von Cremer missbilligten.

336 LAV NRW R, HSA-Pe Nr. 827 (Personalakte Cremer), Schreiben v. 17.01.1942, S. 12.
337 Ebenda, Schreiben der NSDAP-Kreisleitung v. 23.12.1943.
338 Ebenda, Schreiben Hoengen v. 29.10.1942 an den Oberpräsidenten.

Schulleiter Hoengen – im Grunde immer ein Unterstützer Cremers – stellte in seiner Stellungnahme vom Januar 1942 zu den gegen Cremer erhobenen Beschuldigungen, die er allerdings maßlos und übertrieben fand, fest, dass es ihm „fern liege, Studienrat Dr. Cremer reinwaschen zu wollen."[339] Hoengen machte deutlich, dass „ironisierende und verletzende Bemerkungen vorgekommen, auch Schläge erteilt worden" seien. Hoengen drückte in seiner Stellungnahme die Hoffnung aus, dass Cremer „in Zukunft alle kränkenden Bemerkungen unterläßt und auch Herr über seine Hände bleibt."
Cremer behauptet abschließend in seiner Einlassung zum Fragebogen der Militärregierung, dass die Partei die Bestätigung seines Vorgehens durch den Oberpräsidenten als Niederlage empfunden und ihn als stellvertretenden Blockleiter abgesetzt habe. Zudem habe er Oberstudiendirektor Hoengen in einem Konflikt mit der Partei unterstützt.[340] Ein Parteiaustritt sei für ihn nicht möglich gewesen, da er in diesem Falle als politisch unzuverlässig gegolten hätte und er ein Dienstentlassungsverfahren befürchtet habe. Subjektiv mag er das so empfunden haben, objektiv gibt es dafür keine Beweise.
Der Viersener Entnazifizierungsausschuss hatte am 23.7.1946 keine Bedenken gegen die von der Militärregierung am 15.10.1945 erfolgte Bestätigung, Cremer in seiner Stellung zu belassen. Am 21.5.1947 erfolgte seine Einstufung in die Kategorie V der Entlasteten.

Wilhelm Becker, NSDAP, Mitgliedsnummer unbekannt[341], eingetreten nach eigenen Angaben am 1. Oktober 1940, Mitglied beim NSLB (seit 1936), NSV (1.4.1936, Zellenwalter ab 1940), VDA (1.4.1936), Studienrat am Humanistischen Gymnasium 1910 – 1947

Wilhelm Becker wurde von der Militärregierung als ehemaliges NSDAP Mitglied mit Wirkung vom 8. September 1945 nicht für den Schuldienst zugelassen. Neben seiner Parteimitgliedschaft war seine Tätigkeit als Zellenwalter im NSV entscheidend. Zudem waren Gehaltsteigerungen um 1500 RM nach seinem späten Eintritt 1940 in die NSDAP auffällig. 1934 nahm Becker an einem national-politischen Lehrgang für Lehrer in Essen-Kettwig teil.
In seiner Personalakte[342] findet sich Beckers Einspruch gegen die Entlassung. Becker war in der Weimarer Republik Mitglied der Zentrumspartei. Er habe stets „sein Amt gewissenhaft und unparteiisch gegenüber seinen Schülern,

339 Ebenda, Schreiben Hoengen an den Oberpräsidenten v. 19.01.1942, S. 14.
340 Diese Unterstützung bestand darin, dass Cremer mit einigen anderen Kollegen Hoengen eine „einwandfreie nationalsozialistische Haltung" bestätigt hatte.
341 LAV NRW R, NW 1021 – 347 (Entnazifizierungsakte Becker).
342 LAV NRW R, BR-Pe Nr. 9122 (Personalakte Becker).

unbeeinflußt von deren Zugehörigkeit zur Religion, Rasse und Stand" ausgeübt, da er „auf dem Boden positiven Christentums" gestanden habe. Zum Amt des Zellenwalters in der NSV, das er als karitative Angelegenheit verstanden habe, sei er gedrängt worden. Hinsichtlich seines Eintritts in die NSDAP behauptete Becker wie viele andere, dass er in die Partei automatisch übernommen worden sei. Ein Nutzen für ihn und seine Familie sei aus der Mitgliedschaft nicht entstanden. Zu den erheblichen Gehaltssteigerungen nach dem Parteieintritt ab 1940 äußerte sich Becker nicht.
Im Januar 1943 weigerte sich Becker zunächst aufgrund seines Gesundheitszustandes, den Unterricht als Betreuer der Luftwaffenhelfer in Krefeld-Stratum zu erteilen. Er trat den Dienst trotz seines Widerspruches im März 1943 an, da er ein angeblich angedrohtes Disziplinarverfahren vermeiden wollte. Davon gibt es keinen Beleg in der Personalakte.
Nach einer erneuten Prüfung durch die Militärregierung wurde Becker am 12. November 1945 wieder in das Amt des Studienrats eingesetzt. Der Entnazifizierungsausschuss der Stadt Viersen bestätigte diese Entscheidung am 23.7.1946 und reihte Becker am 21. Mai 1947 in die Kategorie V ein.

Max Brettar, NSDAP-Mitgliedsnummer 5111539[343], eingetreten am 1.5.1937, Mitglied beim NSLB (Leiter Arbeitsgemeinschaft für Rassenkunde), NSV, RLB (Ausbildungsleiter), VDA (bis 1935/36), RKB (bis 1935/36), SS-Fördermitglied (1933 bis 1934), Studienrat am Humanistischen Gymnasium 1919-1939, Oberstudiendirektor am Gymnasium Rheydt-Odenkirchen 1940 – 1944

Brettar war von 1919 bis 1939 Studienrat am Viersener Gymnasium und wohnte „ An der Kaisermühle" in Viersen neben seinem Kollegen Walter Strotmann, der als einer der wenigen Lehrer am Humanistischen Gymnasium nicht in der NSDAP war.
Brettar war seit 1919 fest in der Viersener Gesellschaft verankert, da er die Viersener Volkshochschule gegründet hat, 1934/35 Präsident der Viersener Karnevalsgesellschaft[344], Mitglied des Kuratoriums für die Höheren Schulen, Beistand beim Jugendgericht und Berufsberater beim Arbeitsamt Viersen war. Die verschiedenen Ehrenämter hat man Brettar aufgrund seiner Nichtmitgliedschaft in der NSDAP nach und nach entzogen. Pg. ist er erst 1937 geworden. Sein 1933 erfolgter SS-Beitritt als förderndes Mitglied sei auf Druck der Partei zustande gekommen, da er nur unter dieser Bedingung die Ämter habe be-

343 BArch R-9361-IX- Kartei -4440084 (NSDAP-Mitgliedsausweis Max Brettar).
344 http://www.prinzengarde-viersen.de/chronik_item.php?id=13, abgerufen am 20.03.2021.

halten können. Da die lokale NSDAP sich nicht an dieses Versprechen gehalten habe, sei er 1934 wieder ausgetreten.[345]
Auf Druck der Reichsschrifttumskammer sei er 1937 als nur „zahlendes Mitglied" in die NSDAP eingetreten, um weiterhin Redakteur einer fachwissenschaftlichen Zeitschrift bleiben zu können. Posten in der Partei und in anderen NS-Organisationen wie z. B. dem NSLB habe er immer konsequent abgelehnt. Dies entspricht nicht der Wahrheit, da er Leiter der Arbeitsgemeinschaft für Rassenkunde im NSLB war.[346]
Sein Verhältnis zur Partei verdeutlicht Brettar am Beispiel seiner Tochter, der er „weder den Eintritt in den BdM noch die Teilnahme an den sonstigen Erziehungsexperimenten der NSDAP (wie Pflichtjahr usw.) gestattete und sie sogar, um den immer stärker werdenden Druck der Schule auszuweichen, Anfang 1934 von der Obertertia des Lyzeums abmeldete."[347]
Am 13. Januar 1938 richtete die Gestapo Düsseldorf eine Leumundsanfrage an den Oberbürgermeister in Viersen und an den Gau Düsseldorf. In der Antwort wird darauf hingewiesen, dass Brettar „die letzten Jahre vor dem 30.1.1933 fortlaufend mit den Führern der hiesigen Kommunisten Verbindung gehabt [habe] und als deren geistiger Leiter galt."[348] Weiterhin verdächtigte man Brettar „Verfasser [unter dem Pseudonym „Lazarus"] von Hetzartikeln in der kommunistischen Zeitung Freiheit" gewesen zu sein. Er sei aber „nach der Machtübernahme im staatsfeindlichen Sinne nicht mehr in Erscheinung getreten."
Bei der dann 1937 erfolgten NSDAP-Mitgliedschaft vermutete man einen „politischen Richtungswechsel" Brettars, „der entweder zur Tarnung oder zur Abwehr wirtschaftlicher Schädigungen vorgenommen worden" war. Die Gauleitung der NSDAP, Hauptstelle Polit. Gutachten, Düsseldorf, sah in ihrer politischen Beurteilung vom 30. Januar 1938 bei Max Brettar die „Gewähr dafür, sich jederzeit für den nat.soz. Staat einzusetzen."
Im Zuge seiner Bewerbung bzw. Versetzung zur städt. Oberschule für Jungen in Rheydt-Odenkirchen bestätigte auch Oberstudiendirektor Hoengen, dass Brettar „sich absolut positiv und bejahend zu den Grundsätzen bekennt, auf denen das Dritte Reich aufgebaut ist."[349] Daher gab es auch seitens der NSDAP-Parteizentrale in München keine Bedenken hinsichtlich der politischen Zuverlässigkeit.
Max Brettar wurde 1940 Oberstudiendirektor in Rheydt-Odenkirchen. Der

[345] LAV NRW R, NW 1019 – 1548 – 007 (Entnazifizierungsakte Brettar).
[346] LAV NRW R, BR-Pe Nr. 9179-69 (Personalakte Brettar).
[347] LAV NRW R, NW 1019 – 1548 – 031 (Entnazifizierungsakte Brettar).
[348] LAV NRW R, RW 0058 Nr. 28543-05 (Gestapo-Akte Brettar).
[349] LAV NRW R, BR-Pe Nr. 9179-51 (Personalakte Brettar).

Rheydter Oberbürgermeister war zum Zeitpunkt seiner Beförderung Heinz Gebauer (NSDAP), der bis 1936 dieses Amt in Viersen innehatte. Für Brettars Karrierepläne war seine von ihm im Entnazifizierungsverfahren behauptete Distanz zum Nationalsozialismus anscheinend kein Hindernis.

Im Zusammenhang mit Brettars Antrag auf Befreiung von der Mitgliedschaft bei der Reichschrifttumskammer im Januar 1941 kam es erneut zu Nachfragen bezüglich seiner politischen Einstellung. Die NSDAP-Kreisleitung M.Gladbach-Rheydt bestätigte Brettars „politische Zuverlässigkeit". „Nachteiliges" sei an keiner Stelle bekannt geworden.

Im Schreiben an die Reichsschrifttumskammer vom 30. April 1941 stellte auch die Gestapo Düsseldorf abschließend fest, dass „nach Ansicht massgeblicher Parteikreise … Brettar die Gewähr für einen rückhaltlosen Einsatz für den nationalsozialistischen Staat" bietet. Der Gestapo-Akte ist dennoch eine gewisse Skepsis der NSDAP gegenüber Brettars Linientreue zu entnehmen. Um so erstaunlicher ist es, dass er 1940 von den Nazi-Behörden befördert worden ist.

Nach der Besetzung Elsaß-Lothringens durch die Wehrmacht 1940 bat Brettar um Versetzung in den elsaß-lothringischen Schuldienst. Er wollte an seinen früheren Wirkungskreis in Straßburg, um „beim Aufbauwerk erfolgreiche Arbeit" leisten zu können. In seiner Bewerbung verwies Brettar neben der Beherrschung des elsässischen Dialekts auf seine Erfahrungen im NSLB als Leiter von rassekundlichen Arbeitsgemeinschaften, in der NSV als Kreishauptstellenleiter für Schulung, Presse und Propaganda.[350] Allerdings sagte Brettar im April 1941 seine schon genehmigte Versetzung an die Horst-Wessel-Schule in Mülhausen aus Krankheitsgründen ab.

Aufgrund des Erlasses vom 11. August 1945 war Brettar, wie alle verbeamteten NS-Lehrkräfte zunächst entlassen. Auf der Grundlage des ersten Fragebogens wurde Brettar am 10.11.1945 dann wieder als Lehrer zugelassen („approved")[351]. Die britische Militärregierung begründete diese Entscheidung u. a. damit, dass Brettar vor 1933 Artikel für die KPD geschrieben habe und bei der örtlichen NSDAP-Leitung trotz seiner Parteimitgliedschaft als Kommunist galt. Entscheidend war aber wohl, dass er seine Tochter vom Viersener Lyzeum abgemeldet hatte. Ein aktives Mitglied der NSDAP sei er nie gewesen („he has never been active for the nazis").

Der Oberstadtdirektor der Stadt Rheydt fügte dem politischen Fragebogen Brettars vom Oktober 1946 verschiedene Leumundszeugnisse bei. Drei ehemalige Kollegen des Gymnasiums Odenkirchen bestätigen, dass Brettar weder bei Konferenzen und Ansprachen noch in privaten Gesprächen nazis-

350 LAV NRW R, BR-Pe Nr. 9179 - Bewerbung v. 8.8.1940 (Personalakte Brettar).

351 LAV NRW R, NW 1019 – 1548 (Entnazifizierungsakte Brettar).

tisches Gedankengut hat erkennen lassen. Politischen Druck auf Lehrer und Schüler im Sinne der NS-Ideologie habe er nie ausübt.
Ein mit Brettar befreundeter holländischer Staatsbürger erklärt am 24. Oktober 1946, dass Brettar den Überfall der deutschen Wehrmacht auf die Niederlande abgelehnt und in den vielen Gesprächen nie „Sympathien mit dem Naziregime" gezeigt habe. Brettars Kollege Wendelin Zumkley möchte als „Nichtparteigenosse und Senior des Lehrerkollegiums [...] dem Herrn Oberstudiendirektor Brettar folgende Referenz erteilen," denn „es berührte uns außerordentlich angenehm, dass er es stets vermieden hat auf die Nichtparteimitglieder des Kollegiums einzuwirken, in die Partei einzutreten."
Am 3. 12. 1946 entscheidet der Entnazifizierungshauptausschuss der Stadt Rheydt, dass Brettars „Entfernung nach Gutdünken" geschehen und er daher „für den Schuldienst tragbar" sei. Die eingereichten Unterlagen würden belegen, dass Brettars „Zugehörigkeit zur NS-Bewegung eine erzwungene" war. Am 2. September 1947 wurde Brettar in die Kategorie V (Entlastete) eingereiht. Dem Wunsch, Ende 1945 vorzeitig in den Ruhestand versetzt zu werden, wurde im Februar 1946, da beamtenrechtlich keine Dienstunfähigkeit vorliege, nicht Rechnung getragen. Daher stellte der Oberstadtdirektor der Stadt Rheydt bei der Militärregierung den Antrag, Brettar als Studienrat ohne Anspruch auf Amtsbezeichnung und Gehalt eines Oberstudiendirektors wiedereinzustellen, so wie es der Entnazifizierungsausschuss der Stadt Viersen am 29. August 1946 empfahl.
Brettar fühlte sich durch diese „unbillige Härte und Rückversetzung" benachteiligt und verwies auf den Fall Hoengen in Viersen. Dieser habe als Studienrat Amtsbezeichnung und Besoldung behalten können, obwohl „ich politisch in keiner Weise stärker belastet war als Herr H." Ab Februar 1949 wurden Brettar vom Düsseldorfer Schulkollegium die frühere Amtsbezeichnung und die Bezüge zuerkannt, da „die 1940 erfolgte Ernennung zum Oberstudiendirektor nicht aus politischen Gründen, sondern im Zuge der regelmäßigen Dienstlaufbahn erfolgt ist."[352]
Max Brettars ambivalente Position zum Nationalsozialismus zeigt sich am Beispiel des ehemaligen jüdischen Schülers Klaus Anschel, der 1935 das Humanistische Gymnasium verlassen hat. In einem Interview[353] mit einer Mitarbeiterin der Mahn- und Gedenkstätte 1995 in Düsseldorf wird Brettar von Anschel als der einzige Lehrer erwähnt, der sich von ihm persönlich verabschiedet habe.

352 LAV NRW R, BR-Pe Nr. 9179 – Schreiben Schulkollegium vom 19.11.1949 (Personalakte Brettar).
353 Vgl. Anmerkung 137.

Gerhard Tonn, NSDAP-Mitgliedsnummer 2021664[354], eingetreten am 1.5.1933, Austritt/Ausschluss 03/1934, Wiedereintritt 1.4.1935, SA 1.5.1933 – 1.5.1935, HJ seit 1.6.1938, Mitglied beim NSLB seit 1.3.1936, NSV seit 1.8.1936, VDA, im Mai 1933, Verbindungslehrer HJ am Gymnasium seit 1.7.1938, Studienrat am Humanistischen Gymnasium 1936 – 1949

Tonn legte am 10. Juni 1945[355] Einspruch gegen die von der amerikanischen Militärregierung getroffene Entlassung aus dem Schuldienst ein. Er sei während seines Abschlussexamens auf Druck in die NSDAP eingetreten. Die SA habe er nach seinen – nicht mehr zu überprüfenden – Aussagen aber 1935 wieder verlassen. Aufgrund seines offenen Kunstverständnisses sei er immer wieder mit der Partei in Konflikt geraten und „auf Druck der Schulaufsichtsbehörde als jüngstes Mitglied des Lehrkörpers vom Leiter der Oberschule zum Verbindungslehrer der HJ bestimmt worden."
Tonn erwähnt im Berufungsschreiben, dass 1933 seine Kritik an einer NS-Kunstausstellung zu seiner Streichung von der NSDAP-Mitgliederliste geführt habe. Diese sei aber vom Gaugericht Berlin im Spätherbst 1933 widerrufen worden. Auf seiner Mitgliedskarte ist ein Austritt im März 1934 und der Wiedereintritt am 1. April 1935 vermerkt.

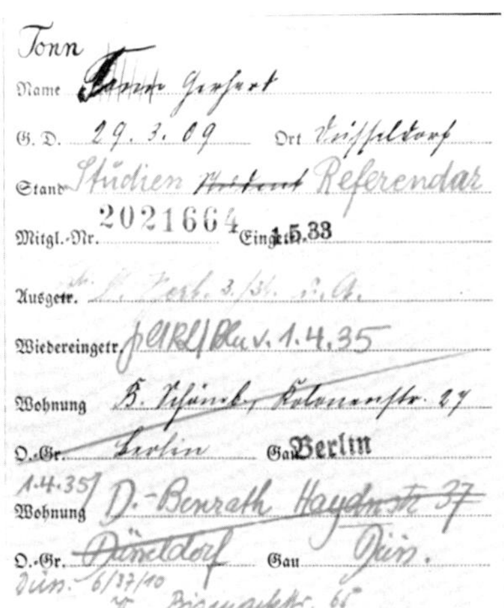
Tonn
Name Gerhard
G. D. 29. 3. 09 Ort Düsseldorf
Stand Studien ~~Assessor~~ Referendar
Mitgl.-Nr. 2021664 Eintr. 1.5.33
Ausgetr.
Wiedereingetr. v. 1.4.35
Wohnung
O.-Gr. Berlin Gau Berlin
1.4.35 Wohnung D.-Benrath Haydnstr. 37
O.-Gr. Düsseldorf Gau Düss.
Wohnung
O.-Gr. Gau

NSDAP – Mitgliedskarte Gerhard Tonn

[354] BArch R 9361-IX KARTEI - 44950124 (NSDAP-Mitgliedsausweis Gerhard Tonn).
[355] LAV NRW R, NW 1021 – 2 (Entnazifizierungsakte Tonn).

Das Leumundsschreiben des evangelischen Pastors Totzeck vom 31.12.1945 enthält im Kern nahezu denselben Wortlaut wie die Einlassung von Tonn in seinem Fragebogen und endet mit dem Schlusssatz, dass Tonn „der Bewegung völlig fremd" gegenüberstand und „nichts mit ihr zu tun" gehabt habe. Tonn sei alles nationalsozialistische Gedankengut zuwider gewesen, nicht zuletzt auch die Einengung der Kunst.
Am 11. und 14. Juni 1946 folgten Leumundszeugnisse von ehemaligen Schülern, die ihn als „absolut unpolitische Persönlichkeit" beschrieben. Seine Kollegen erklärten, dass bei Tonn „im täglichen Umgang von einer politischen geschweige denn von einer nationalsozialistischen Einstellung nichts zu merken" gewesen sei.
Das Komitee für die Entnazifizierung der Lehrkräfte hielt im April 1947 bei seinem Votum Tonn „seiner Gesinnung und Betätigung nach nicht für einen Nationalsozialisten" und befürwortete es, dass er bald wieder in sein Amt eingesetzt werden sollte.
Tonn wurde am 8. Mai 1947 vom Entnazifizierungsausschuss in die Kategorie V der Entlasteten eingereiht und durfte ab dem 19.5.1947 nach erfolgter Genehmigung durch die Militärregierung wieder in den Schuldienst. Der Entnazifizierungsausschuss war der „festen Überzeugung, daß unter seiner Leitung die Jugend im besten Sinne des Wortes im antifaschistischen und demokratischen Geist erzogen wird."
Diese Prognose des Ausschusses wirkt geradezu grotesk und unglaubwürdig, wenn man einen Blick in die Personalakte Tonns[356] wirft. Hier finden sich Unterlagen im Zusammenhang mit seiner Anstellung als Studienrat. So wird ihm 1938 von der Gauleitung der NSDAP und der Ortsgruppenleitung Viersen bestätigt, dass „in politischer Hinsicht nichts Nachteiliges bekannt geworden ist." Im November 1942 wurde Tonn vom Oberstudiendirektor Hoengen für eine Oberstudienratsstelle „namhaft" gemacht, d. h. als beförderungswürdig erklärt, da Kollege Donner wegen seines fortgeschrittenen Alters nicht infrage kommen würde. Hoengen beschreibt Tonn als „pflichtgetreu, eifrig und unbedingt zuverlässig" und er habe sich als HJ-Verbindungslehrer der Schule bewährt. Hoengen betont, dass Tonn Parteimitglied und zur Zeit der Abfassung des Schreibens „im Felde" sei.
Nach seiner erfolgten Entnazifizierung beantragte Tonn 1948 bei der Stadt Viersen eine Requisitionsentschädigung[357] für Mobiliar, das während der Einquartierung amerikanischer Soldaten in seinem Haus auf der Bismarckstraße abhanden gekommen war. Zudem hatte Tonn nach einem Bombenschaden im August 1942 Möbel im Gebäude des Humanistischen Gymnasiums unter-

356 LAV NRW R, HSA-Pe Nr. 13292 (Personalakte Tonn).
357 KAV, I 2, Nr. 8114 Requisitionsentschädigungen Bismarckstraße 45 (Gerhard Tonn).

gestellt, die nach seinen Angaben noch am 1. März 1945 dort gestanden hatten. Diese (Klavier, Kleiderschränke) seien nach der Requirierung nicht mehr vorhanden gewesen. Tonn hat als Entschädigung insgesamt ca. 2000 RM erhalten. Am 20. April 1949 ist Tonn tödlich verunglückt.

Ernst Klusen¸ NSDAP-Mitgliedsnummer 7970763[358], eingetreten am 1. März 1940, Aufnahme beantragt am 27.2.1940, Mitglied beim NSLB (seit 1.7.1933), bei der NSV (1.6.1936), DAF-Volksbildungswerk (seit 1936), RLB (seit 1.1.1935), Studienrat am Humanistischen Gymnasium 1938/39 – 1962

Ernst Klusen wurde nach Rückkehr aus der Kriegsgefangenschaft am 18. März 1947 von der britischen Militärregierung wieder für den Schuldienst zugelassen und am 21. Mai 1947 in die Kategorie V eingereiht.
Klusen ist im Schuljahr 1938/39 am Gymnasium als Studienrat angestellt worden, was „eine für ihn als Regimegegner überraschende Verbeamtung und Existenzsicherung" war. Seine Ernennung zum Studienrat sei durch „einen Gymnasialdirektor in SA-Uniform"[359] vollzogen worden. Es kann sich hierbei nur um Michael Hoengen gehandelt haben, für den Klusen dann im März 1946 ein Leumundszeugnis abgab. In den Verhandlungen über die Anstellung habe Hoengen ihm gegenüber erklärt, dass „es für ihn nicht nur auf die Parteizugehörigkeit, sondern auf die fachliche Eignung ankomme."[360] Die Gauleitung Düsseldorf der NSDAP teilte im März 1937 dem Oberpräsidenten der Rheinprovinz mit, dass über den „Volksgenossen" Klusen „in politischer Hinsicht nichts Nachteiliges bekannt geworden"[361] sei. Auch die Parteizentrale der NSDAP in München bestätigte in einem Schreiben an den Oberpräsidenten in Koblenz im Oktober 1938, dass gegen den Studienassessor Klusen in politischer Hinsicht keine Bedenken bestehen.[362]

Hinsichtlich der Anstellung in Viersen wurde auch bei der Staatspolizeistelle Düsseldorf – Außenstelle Krefeld eine politische Beurteilung über Klusen verfasst. Man kam zu dem Ergebnis, dass „K. fest auf dem Boden der national-

358 BArch R 9631 - IX Kartei - 21110369 (NSDAP-Mitgliedsausweis Ernst Klusen).

359 Scherping, Wilhelm, „Volkslied als Auftrag". Leben und Werk Ernst Klusens, in: Noll, Günther/Schreping, Wilhelm (Hg.), Musikalische Volkskultur in der Stadt der Gegenwart, Hannover 1992, zitiert bei: Tillmann, Werner/Bonzelett, Karl-Hans, Ernst Klusen 1909 – 1988. Das Volkslied als Lebensauftrag, www.heimatverein-viersen.de › pdf › Biogra phie_Klusen, abgerufen am 5.11.2020.

360 LAV NRW R, BR- Pe Nr. 9633 (Personalakte Hoengen), Erklärung Klusen v. 13. März 1946.

361 LAV NRW R, HSA- Pe Nr. 13160 (Personalakte Klusen).

362 Ebenda, Schreiben der NSDAP v. 13.10.1938.

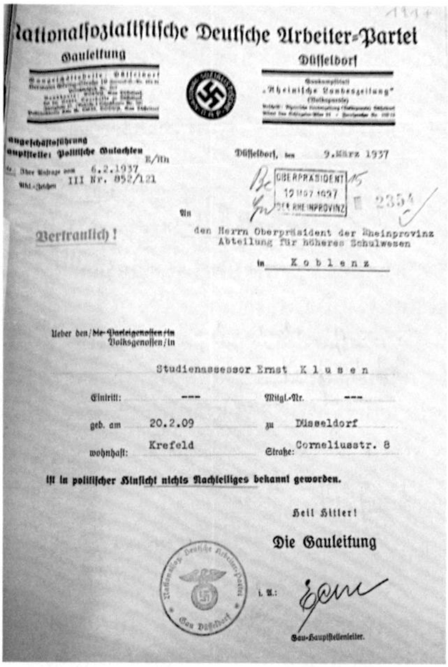

Nationalsozialistische Deutsche Arbeiter-Partei
Gauleitung Düsseldorf

Gaugeschäftsführung
Hauptstelle: Politische Gutachten E/Hn

Ihre Anfrage vom 6.2.1937
Akt.-Zeichen III Nr. 852/121

Düsseldorf, den 9. März 1937

OBERPRÄSIDENT 19 MÄR 1937 DER RHEINPROVINZ
II 2354

An
den Herrn Oberpräsident der Rheinprovinz
Abteilung für höheres Schulwesen
in Koblenz

Vertraulich!

Ueber den/~~die Parteigenossen/in~~ Volksgenossen/in

Studienassessor Ernst Klusen

Eintritt: --- Mitgl.-Nr. ---

geb. am 20.2.09 zu Düsseldorf

wohnhaft: Krefeld Straße: Corneliusstr. 8

ist in politischer Hinsicht nichts Nachteiliges bekannt geworden.

Heil Hitler!

Die Gauleitung

i. A.: [Unterschrift]

Gau-Hauptstellenleiter.

Politisches Zeugnis für Ernst Klusen

sozialistischen Weltanschauung steht und [er] dürfte jederzeit Gewähr dafür bieten, seine Erziehertätigkeit in diesem Sinne auszuüben."[363] Der Krefelder Oberbürgermeister bestätigte der Gestapo, dass über Klusens frühere politische Einstellung nichts Nachteiliges bekannt wäre und er als politisch zuverlässig gelten würde, obwohl er „auch nach der Machterhebung politisch nicht organisiert" sei.

Im Zusammenhang mit Klusens Bewerbung um eine Stelle im Auslandsschuldienst (Oktober 1934) hatte schon Oberschulrat Dr. Becker Klusens Arbeit bei mehreren nationalpolitischen Schülerlehrgängen und seine „Bejahung des neuen Staates gelobt".[364]

Klusen, der sich selbst im Anhang seines Fragebogens als Antifaschist bezeichnete, fühlte sich 1940 durch den Viersener NSDAP-Zellenleiter Wallin genötigt, einen Brief bezüglich seiner Mitgliedschaft an die NSDAP-Leitung in Viersen zu schreiben. Er habe auch so gehandelt, um seine Familie zu schützen. Da er nie eine Antwort auf seinen Brief erhalten habe, sei er von einer

[363] LAV NRW R, RW 0058 – Nr. 23920 – 5 (Gestapo-Akte Klusen).

[364] Ebenda, Gutachten Dr. Becker an den Reichsminister für Wissenschaft, Kunst und Volksbildung v. 31.10.1034.

Ablehnung seines Mitgliedschaftsgesuchs ausgegangen: „So I had a right to suppose, that my request had been cancelled by superior party headquarter, and I did not consider me as a member of the NSDAP."[365] Erst nach Rückkehr aus seiner Kriegsgefangenschaft habe er von seiner Frau erfahren, dass die Viersener NSDAP ausstehende Mitgliedsbeiträge angemahnt habe.

Angesichts der Abläufe in der NSDAP-Bürokratie, wie sie Falter und Benz beschreiben, ist dies eine sehr merkwürdige Erklärung für seine Mitgliedschaft, die wenig glaubhaft ist.

Klusens Verhältnis zum Nationalsozialismus ist ambivalent und schwer zu erklären. Denn er war mehrfach ins Visier der Nazi-Funktionäre geraten, da man wohl Zweifel an seiner Identifikation mit dem Nationalsozialismus hatte. So musste er 1933 seine Doktorarbeit über den jüdischen Komponisten Gustav Mahler zurückziehen. 1936 beendete Klusen eine Vortragsreihe über musiksoziologische Aspekte in Krefeld, da er eine Zensur durch die Nazis befürchtete. 1943 wurde eine Publikation von Klusen durch das Zentrallektorat der NSDAP verhindert. Weiterhin wurden seinem Essay „Volkslied in der Rheinprovinz" vom Viersener Kulturdezernenten Dr. Ropohl Formulierungen im NS-Sinne hinzugefügt.

Im März 1946[366] stellte Klusen ein Leumundszeugnis für Michael Hoengen aus. Dieser hatte ihn im Juni 1938 als Studienrat eingestellt, obwohl er weder der „Partei oder einer Parteiformation" angehört habe. Klusen verschweigt allerdings seine Mitgliedschaft beim NSLB, der NSV und dem RLB.

In der Wiederaufbauzeit war Klusen neben seiner Unterrichtstätigkeit am Gymnasium 1947 u. a. an der Gründung der Volkshochschule Viersen, deren Leiter er bis 1961 war, beteiligt.

Über das weitere Wirken des Viersener Ehrenbürgers Dr. Ernst Klusen bietet der Aufsatz von Tillmann und Bonzelett[367] eine reichhaltige Informationsquelle. Interessant ist der Nachruf auf Klusen vom Institut für musikalische Volkskunde an der Universität Köln, da hier auf sein Wirken in der NS-Zeit hingewiesen wird.[368]

Klusen war vermutlich kein Sympathisant der Naziideologie. Dennoch bleibt die Frage, warum er als „Antifaschist" neben seiner – wenn auch späten – NSDAP-Mitgliedschaft 1940 auch Mitglied des faschistoiden NSLB ab 1933

365 LAV NRW R, NW 1021- 507- 006 (Entnazifizierungsakte Klusen).

366 LAV NRW R, BR- Pe Nr. 9622 (Personalakte Klusen), Erklärung Klusen v. 13. März 1946.

367 Tillman, Werner/Bonzelett, Karl-Hans, Ernst Klusen 1909 – 1988. Das Volkslied als Lebensauftrag, v http://www.heimatverein-viersen.de/pdf/fragen_pdf/Biographie_Klusen.pdf, abgerufen am 20.12.2020

368 Mitteilungen des Instituts für musikalische Volkskunde der Universität Köln, 81 -2009, S.11 – 15, http://www.eucim-te.eu/data/musikeume/File/ad%20marginem/adm81.pdf, abgerufen am 20.12.2020.

war. Dies ist um so unverständlicher angesichts der bekannten Diskriminierungen, des Verschwindens jüdischer Mitbürger und politisch Andersdenkender in Viersen, den Vorkommnissen in der Reichspogromnacht 1938 und des verbrecherischen 2. Weltkrieges durch Nazi-Deutschland. Davon musste auch Klusen Kenntnis genommen haben.

Dr. Helmut Kötz, NSDAP-Mitgliedsnummer 4836991[369], eingetreten am 1.5.1937, Aufnahme beantragt am 5.7.1937, seit November 1933 SA-Angehöriger, seit 1935 NSLB (Schulzellenwalter), seit 1.10.1935 NSV-Mitglied, Studienrat am Humanistischen Gymnasium ab 1934, vermisst seit 1944 in Litauen

Von Helmut Kötz gibt es keine Entnazifizierungsakte, da er vermisst geblieben war. Kötz Ehefrau Lydia hatte Anfang Juni 1947 den von ihr ausgefüllten Fragebogen mit der Bitte um Ergänzung und Weiterleitung an Oberstudiendirektor Hoengen geschickt. Eine Nachfrage von Oberstadtdirektor Dr. Schaub bei Hoengen ergab, dass er die Unterlagen an Oberstudienrat Donner sofort zur weiteren Verwendung weitergeleitet habe. Hoengen hielt es für angebracht, „wenn die Angelegenheit vom offiziellen Leiter unserer Schule und von einer politisch-formal völlig unbelasteten Persönlichkeit [sic!] vertreten würde.“[370] Donner holte dies am 5. September 1947 nach. Im Dezember 1947 setzte sich Dr. Schaub erneut für Frau Kötz beim Kultusministerium ein, da diese als alleinerziehende Mutter ohne Unterhalt war.
Pastor Emil Totzeck hat ein Leumundszeugnis am 6. September 1947 für den vermissten Kötz ausgestellt. Totzeck begründet seinen Einsatz für den ihm „seit 1934 bekannten„ Studienrat Kötz mit folgenden Worten: „Ich bezeuge gerne, dass ich nie gehört habe, dass er sich in irgendeiner Weise als „Nazi“ betätigt hat. Wer ihn kennt, weiss auch, dass ihm dazu jede Voraussetzung fehlte. Er kannte als evangelischer Religionslehrer am Gymnasium die Wahrheit, die göttliche Wirklichkeit. Ohne die wollte er nicht leben, und ohne sie konnte er nicht leben. Was bedarf es weiterer Worte?“[371]
Es ist anzunehmen, dass Totzeck das Leumundszeugnis für Kötz auf Bitte der Ehegattin ausgestellt hat. Dies ist im Zusammenhang mit den existenziellen Nöten der Familie Kötz zu erklären. Da die Personalakte von Kötz unauffindbar ist, kann über die Entscheidung der Bezirksregierung hinsichtlich der Versorgung keine Aussage gemacht werden.

369 BArch R 9361-IX Kartei - 22040489 (NSDAP-Mitgliedsausweis Helmut Kötz).
370 KAV, I 2, Nr. 3795 Wiederaufnahme des Schulbetriebs im Hum. Gymnasium bzgl. allgemeiner Angelegenheiten 1945 -1963, Schreiben Hoengen an den Oberbürgermeister Hülser vom 22.08.1947.
371 AEKV 02-31.29 (II) 62, Zeugnis für Dr. Kötz vom 6.9.1947.

Interessantes liefert die von der Gestapo für Kötz angelegte Akte.[372]Totzecks Leumundszeugnis - „nie in irgendeiner Weise als Nazi betätigt" – erscheint aufgrund der in dieser Akte angegebenen NS-Mitgliedschaften und Tätigkeiten fragwürdig. Die Geheime Staatspolizeistelle Düsseldorf hat im August 1938 Nachforschungen zu Helmut Kötz angestellt. Anlass war die Ernennung zum Studienrat am Humanistischen Gymnasium in Viersen, wo er seit November 1934 seine Studienassessorenzeit abgeleistet hatte. Kötz wird als „fanatisch religiös" bezeichnet. Politisch und strafrechtlich sei allerdings nichts Nachteiliges über ihn zu berichten. Die Gauleitung der NSDAP in Düsseldorf stimmte der Ernennung zum Studienrat am 13. September 1938 zu.
1940 kam es erneut zu einer Nachfrage bezüglich Kötz, der immerhin PG., SA-Angehöriger und NSLB-Schulzellenwalter war. Hintergrund war ein Briefwechsel mit einem Bekannten aus der Familie seiner Ehefrau. Dieser hatte dem Religionslehrer Kötz eine religiöse Flugschrift mit dem Titel „Ich habe etwas wider Dich..." zugesandt. Da man Kötz wiederum attestierte, keine politischen Auffälligkeiten in seiner Viersener Zeit seit 1934 gezeigt zu haben, blieb der Briefwechsel ohne Folgen.
Helmut Kötz, dessen letzte Feldpost vom 7.12.1944 datierte, wurde am 5.2.1964 vom Amtsgericht Viersen[373] aufgrund des Antrags seines Sohnes für tot erklärt. Alle Bemühungen des DRK-Suchdienstes München, den Aufenthalt von Kötz zu ermitteln, waren ergebnislos geblieben.

Karl Rohling, NSDAP-Mitgliedsnummer 5857902[374], eingetreten am 1.5.1937, Aufnahme beantragt am 29.12.1937, war Blockleiter (12.12.1940 – 1.7.1943), Förderndes Mitglied bei der SS (Mitgliedsnr. 506394) seit dem 23.4.1934, Mitglied beim NSLB seit 1933 (Pressewart/Sachbearbeiter für Schullandheime) und NSV (seit 1.8.1937), Studienassessor/Studienrat am Humanistischen Gymnasium von 1935 bis 1936 und 1937/38, danach an der Studienanstalt/Lyzeum und Mädchengymnasium Viersen bis zur Pensionierung, Dozent an der Volkshochschule Viersen

Im Fragebogen („work sheet")[375] vom 16.5.1946 ist nicht nur eine Abweichung bezüglich des Eintritts in die NSDAP festzustellen, da von Rohling als Eintrittsdatum statt des 1.5.1937 der 1. Juni 1938 angegeben worden ist. Seine Fördermitgliedschaft bei der SS seit 1934 wird von ihm schlichtweg verschwiegen.

372 LAV NRW R, RW 0058 Nr. 48376 (Gestapo-Akte Kötz).
373 LAV NRW R, NW Rep 553 Nr. 1274.
374 BArch R_9361-IX-Kartei - 35451480 (NSDAP-Mitgliedsausweis Karl Rohling).
375 LAV NRW R, NW 1021 – 512 (Entnazifizierungsakte Rohling).

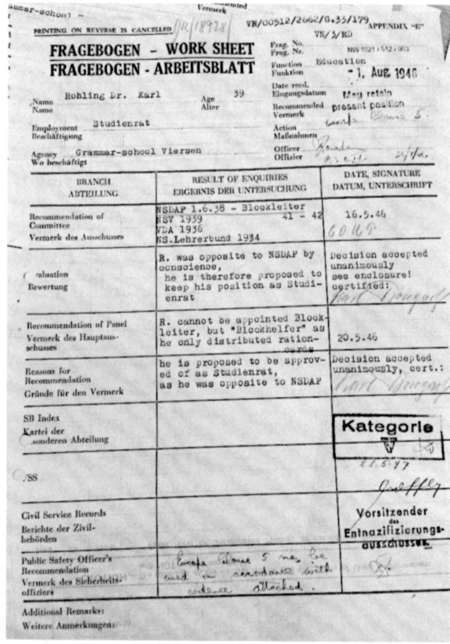

PRINTING ON REVERSE IS CANCELLED

VN/00512/2662/G.33/179 APPENDIX "E"

VN/3/ED

FRAGEBOGEN - WORK SHEET
FRAGEBOGEN - ARBEITSBLATT

Frag. No. / Frag. Nr.: NW 1021/512/003

Function / Funktion: Education

- 1. Aug. 1946

Date recd. / Eingangsdatum

Name / Name: Rohling Dr. Karl — Age / Alter: 39

Recommended / Vermerk: May retain present position

Employment / Beschäftigung: Studienrat

Action / Maßnahmen

Agency / Wo beschäftigt: Grammar-school Viersen

Officer / Offizier

BRANCH ABTEILUNG	RESULT OF ENQUIRIES ERGEBNIS DER UNTERSUCHUNG	DATE, SIGNATURE DATUM, UNTERSCHRIFT
Recommendation of Committee Vermerk des Ausschusses	NSDAP 1.6.38 - Blockleiter 41 - 42 NSV 1939 VDA 1936 NS.Lehrerbund 1934	16.5.46
Evaluation Bewertung	R. was opposite to NSDAP by conscience, he is therefore proposed to keep his position as Studienrat	Decision accepted unanimously see enclosure! certified:
Recommendation of Panel Vermerk des Hauptausschusses	R. cannot be appointed Blockleiter, but "Blockhelfer" as he only distributed ration-cards	20.5.46
Reasons for Recommendation Gründe für den Vermerk	he is proposed to be approved of as Studienrat, as he was opposite to NSDAP	Decision accepted unanimously, cert.:
SB Index Kartei der Sonderen Abteilung		Kategorie V
SS		
Civil Service Records Berichte der Zivilbehörden		Vorsitzender des Entnazifizierungsausschusses
Public Safety Officer's Recommendation Vermerk des Sicherheitsoffiziers		

Additional Remarks:
Weitere Anmerkungen:

Fragebogen-Arbeitsblatt Karl Rohling

In seiner Personalakte[376] findet sich ein Schreiben vom 25.10.1938 an den Oberpräsidenten der Rheinprovinz bezüglich der Zugehörigkeit zur NSDAP, ihren Gliederungen und angeschlossenen Verbänden. Rohling verweist auf seine Mitgliedschaften in der NSDAP (1. Mai 1937), im NSLB (1. Juli 1933), bei der SS (23. April 1934) und beim NSV (1. August 1937). In der Kreisgruppe Viersen des NSLB „bekleide" er das Amt des Pressereferenten und des Sachbearbeiters für Schullandheime.

Rohling versichert in einem weiteren Schreiben an die NS-Schulbehörde vom 16. Dezember 1938, dass er seine „Mitgliedschaft zum Katholischen Akademikerverband im Jahre 1933 oder 1934 gelöst" habe. Fünf Tage später wurde der Verband, dessen Ziel die „Pflege einer eindeutig katholischen Geistigkeit"[377] war, von den Nationalsozialisten verboten und aufgelöst. Kann man dabei an Zufall glauben?

Dr. Schöne, Direktor am Lyzeum, bescheinigt Rohling in einem Gutachten im Februar 1938, dass er „ohne Vorbehalt für den nationalsozialistischen Staat

376 LAV NRW R, HSA-Pe Nr. 14331.

377 Vgl. Katholischer Arbeitnehmerverband der Erzdiözese Freiburg-Geschichte, Url: https://www.kav-freiburg.de/geschichte.html, abgerufen am 5.6.2021.

eintritt", was auch die NSDAP-Gauleitung Düsseldorf und die Parteizentrale in München bestätigen. Sozusagen als Beleg dafür nennt Dr. Schöne u. a. die Funktion des Kreispropagandawarts beim NSLB-Viersen.
Im Juni 1938 erklärte Rohling gegenüber der Schulbehörde, dass er weder der KPD noch der SPD angehöre. Weiterhin nennt er sozialistische und republikanische Organisationen, die Deutsche Friedensgesellschaft und die Liga für Menschenrechte, was gewiss als Abgrenzung zu verstehen ist. Rohling wird gewusst haben, was mit den Mitgliedern bzw. Sympathisanten dieser Parteien bzw. Gruppierungen geschehen ist. Besonders betont Rohling, dass er gewerkschaftlich nicht organisiert sei.
Von einer angeblichen antifaschistischen Haltung, die nach dem Kriegsende Leumundszeugen bei ihm sahen, kann hier sicherlich nicht die Rede sein.
Zu welchem Urteil kommen der Entnazifizierungsausschuss und das Komitee für die Entnazifizierung der Lehrkräfte im Höheren Schuldienst?
Der Entnazifizierungsausschuss der Stadt Viersen bezeichnete Dr. Rohling von seiner inneren Einstellung und seinem Gewissen her als Gegner des Nationalsozialismus. Daher sollte er seine Stellung als Studienrat behalten („may retain present position"). Die britische Militärregierung in Person von A. W. Giffard widersprach am 19.6.1946 dieser einstimmigen Bewertung mit dem Hinweis auf Rohlings Blockleitertätigkeit und dessen Amt beim nationalsozialistischen Lehrerbund („he should be not employed as teacher"). Der Ausschuss reagierte dann im Juli 1946 mit einer weiteren Anmerkung. Rohling wäre nur Blockhelfer beim Verteilen von Lebensmittelkarten und beim NSLB lediglich „Obmann für Fremdsprachen ohne politischen Charakter" gewesen. Abschließend wird betont, dass Rohling dem Ausschuss „sehr gut bekannt" sei und man versichert, dass er ein „Gegner" der NSDAP war.
Die beigefügten Leumundszeugnisse belegen die Ergebnisse von Bilski[378] hinsichtlich der Qualität von sogenannten Persilscheinen, wonach Kollegen, Nichtparteigenossen, ehemalige Schüler, Eltern und Kirchenvertreter vorteilhaft für die Kategorieneinreihung gewesen seien.
So sind in der Entnazifizierungsakte von Rohling eine Erklärung eines gemeinsamen Kriegskameraden bei der „Flak", ein Brief eines ehemaligen Benediktinerpaters aus seiner Zeit in der französischen Kriegsgefangenschaft, an seine Ehefrau und eine Stellungnahme von Eltern – alle Nichtparteigenossen – ehemaliger Schülerinnen am Lyzeum enthalten. Unter den Unterzeichnerinnen des Elternbriefes ist auch Maria Kapelle, die Ehefrau des ehemaligen Schulleiters, zu finden. Zudem tauchen einzelne Unterzeichnerinnen bei verschiedenen Leumundszeugnissen auf, u. a. bei Marga Vüllers.

[378] Bilski, A., Die Entnazifizierung des Düsseldorfer Schulwesens nach 1945, S. 359.

Die Eltern bescheinigen am 23. April 1946 Rohling, dass er „in den Jahren des Nationalsozialismus seine Schülerinnen weder im nationalsozialistischen Sinne beeinflußt noch den Geist des Nationalsozialismus gelehrt hat". Vielmehr habe er eine „antifaschistische Einstellung" gezeigt.
Der Benediktinerpfarrer Dr. Helbecke stellt heraus, dass Rohling „als katholischer Christ viel Gutes für die Mitgefangenen" getan habe.
Der Unterausschuss für die Entnazifizierung in Viersen geht weit über die eigentlich geforderte Bewertung des Fragebogens hinaus und gibt im Kern ein Leumundszeugnis für Rohling ab. Zu erklären ist dies nur damit, dass die drei Mitglieder Dr. Schmitz, Lohschelder und Diepers gemeinsam mit Rohling am Lyzeum gearbeitet haben. Auch hier ist von der angeblich antifaschistischen Einstellung Rohlings die Rede, die er in vielen Gesprächen zum Ausdruck gebracht habe. Seine Mitgliedschaft in der NSDAP wird mit familiären Zwängen als Familienvater erklärt. Zudem habe er stets seine religiöse Einstellung offen bekundet. Das Komitee spricht sich für die vorbehaltlose Wiedereinstellung aus, was „angesichts des Lehrermangels auch notwendig sei."
Am 21. Mai 1947 wurde Rohling vom Entnazifizierungsausschuss in Viersen in die Kategorie V (Entlastet) eingereiht.
Als Randnotiz sei bemerkt, dass Rohling 1935 am nationalpolitischen Lehrgang für Schüler und Lehrer aus Bonn teilgenommen und eine von ihm gesendete Postkarte an Schulleiter Schöne mit „Heil Hitler" unterschrieben hat. Zudem wurde ihm vom Lehrgangsleiter eine „zuverlässige Gesinnung" attestiert.
Der Jahresbericht 1935/36[379] des Lyzeums weist aus, dass Rohling am 21.12.1935 die Ansprache bei der „Wintersonnwendfeier" und für das Winterhilfswerk gehalten hat. Am 30. Januar 1936 hält er die Ansprache bei der gemeinsamen Feier vom Gymnasium und Lyzeum zum „Tag der Machtübernahme durch den Führer und Reichskanzler". Weiterhin heißt es in dem Bericht: „Anschließend werden die dem Gymnasium und dem Lyzeum verliehenen HJ.-Fahnen zum ersten Mal in Gegenwart von Vertretern der HJ, und des B.d. M. feierlich gehisst."

Emil Totzeck, NSDAP-Mitgliedsnummer 2114964[380], eingetreten am 1.5.1933, beschäftigt am Humanistischen Gymnasium in verschiedenen Jahrgängen zwischen 1933 und 1944

Der evangelische Pastor und Religionslehrer Emil Totzeck musste sich keiner Prüfung eines Entnazifizierungsausschusses unterziehen. Dies blieb den be-

[379] KAV, I 2, Nr. 3803 Jahresberichte, schulischer Verlauf, Ergebnisse, Instandhaltung des Mädchengymnasiums 1922-1964.
[380] BArch R 9361-IX KARTEI – 44971493 (NSDAP-Mitgliedsausweis Emil Totzeck).

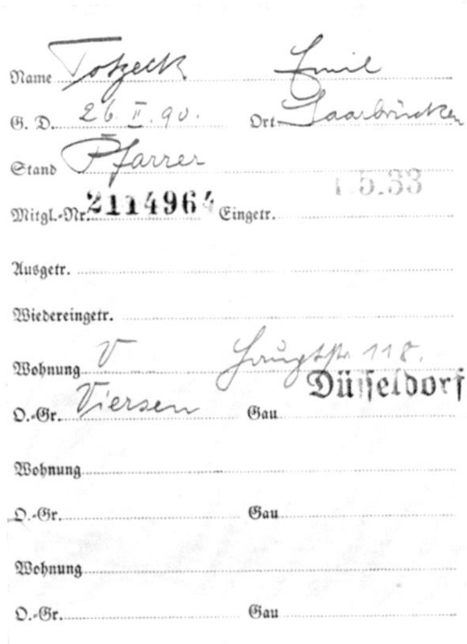

Name Totzeck Emil
G. D. 26. II. 90. Ort Saarbrücken
Stand Pfarrer
Mitgl.-Nr. 2114964 Eingetr. 1.5.33
Ausgetr.
Wiedereingetr.
Wohnung V ... 118.
O.-Gr. Viersen Gau Düsseldorf
Wohnung
O.-Gr. Gau
Wohnung
O.-Gr. Gau

NSDAP-Mitgliedskarte Emil Totzeck

sonderen Entnazifizierungsausschüssen der evangelischen Kirche vorbehalten. Die Alliierten gingen von einem Selbstreinigungsprozess der Kirche mit eigenen Spruchkammern aus. Der ehemalige Parteigenosse Totzeck musste sich allerdings nicht verantworten. Nach Auskunft der evangelischen Kirche Rheinland hat eine Entnazifizierung für ihn nie stattgefunden.

Totzeck ist schon 1933 noch vor der Auflösung der rechtskonservativen DNVP, bei der er zunächst seine politische Heimat hatte, in die NSDAP eingetreten. Er gehörte kirchenideologisch zur Gruppierung der „Deutschen Christen", die im Gegensatz zur „Bekennenden Kirche" rassistisch, antisemitisch und am Führerprinzip orientiert war.

Totzeck spielte nach dem Ende des Nationalsozialismus eine merkwürdige Rolle, da er anscheinend problemlos auf Anfrage Leumundszeugnisse für belastete ehemalige Nationalsozialisten ausstellte. Nach Recherchen von Nabrings[381] hat Totzeck 43 Leumundszeugnisse zwischen 1945 und 1951 für Viersener Bürger ausgestellt. Darunter befanden sich neben honorigen Viersener Bürgern – wie Otto Pongs, Gründer der Textilwerke Pongs&Zahn – einige Lehrer des Humanistischen Gymnasiums, z. B. Dr. Schöne, Edith Koch, Helmut Kötz und Gerhard Tonn.

381 Nabrings, Arie, Emil Friedrich Totzeck (1890-1959). Entscheidung und Heimsuchung, in: Heimatbuch Kreis Viersen 70 (2019), S. 53-92.

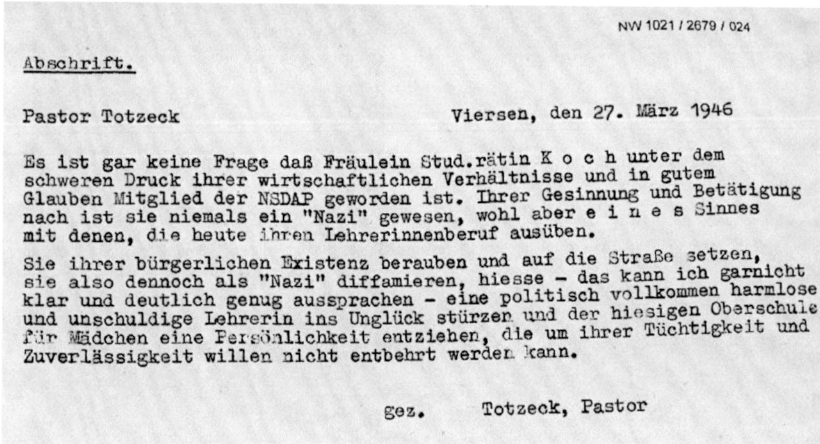

NW 1021 / 2679 / 024

Abschrift.

Pastor Totzeck Viersen, den 27. März 1946

Es ist gar keine Frage daß Fräulein Stud.rätin K o c h unter dem schweren Druck ihrer wirtschaftlichen Verhältnisse und in gutem Glauben Mitglied der NSDAP geworden ist. Ihrer Gesinnung und Betätigung nach ist sie niemals ein "Nazi" gewesen, wohl aber e i n e s Sinnes mit denen, die heute ihren Lehrerinnenberuf ausüben.

Sie ihrer bürgerlichen Existenz berauben und auf die Straße setzen, sie also dennoch als "Nazi" diffamieren, hiesse - das kann ich garnicht klar und deutlich genug aussprachen - eine politisch vollkommen harmlose und unschuldige Lehrerin ins Unglück stürzen und der hiesigen Oberschule für Mädchen eine Persönlichkeit entziehen, die um ihrer Tüchtigkeit und Zuverlässigkeit willen nicht entbehrt werden kann.

gez. Totzeck, Pastor

Leumundszeugnis für Edith Koch

Von Totzeck hat man nach dem Ende des Nationalsozialismus keine Aussagen zu den Verfolgungen der Juden und der politischen Gegner in Viersen vernommen. Vielmehr zeigte er Verhaltensweisen, die auch für die evangelische Kirche in Deutschland festzustellen waren: Verdrängung, Verharmlosung und Schweigen über den eigenen Beitrag zur Stabilisierung des NS-Systems. So war Totzeck im Grunde auch ein Gegner der Entnazifizierungsverfahren.

Josef Geiser, NSDAP-Mitgliedsnummer 4102016[382], eingetreten am 1.5.1937, Aufnahme beantragt am 5.7.1937, ab 1942 stellvertretender Blockleiter, SA (1935), Mitglied beim NSLB (ab 1942), NSV (seit 1940), VDA, NS-Reichskriegerbund, Studienrat am Humanistischen Gymnasium von 1934 bis 1935, von 1935 bis 1945 Gymnasium Thomaeum in Kempen

Josef Geiser ist ein Musterbeispiel, wie mit der Wahrheit im Entnazifizierungsprozess umgegangen worden ist. In seiner Personalakte befinden sich Geisers Erläuterungen zum Personalbogen[383], in denen er Stellung zum Eintritt in die NSDAP bezieht. Seiner Schilderung nach wurde er „ohne sein Wissen in die Partei eingeschrieben" und sei „durchaus nicht aus eigener Initiative Parteimitglied geworden." Dies muss als Falschaussage bezeichnet werden, da sich in der NSDAP-Mitgliedskartei der von Geiser am 5.7.1937 in Kempen persönlich unterschriebene Mitgliedsantrag befindet.

382 BArch R 9361-IX KARTEI - 10560881 (NSDAP-Mitgliedsausweis Josef Geiser).
383 LAV NRW R, HSA-Pe Nr. 1048 (Personalakte Geiser).

Seinen SA-Eintritt begründet er mit schulischen Beförderungsmöglichkeiten angesichts seiner familiären Situation. Er habe auch nie eine offizielle schriftliche Bestellung zum Blockleiter bzw. Zellenleiter erhalten, denn er wäre 1942 dazu „kommandiert" worden. Zu den Blockleiterversammlungen wäre er gegangen, um seinem Schulleiter am Thomaeum in Kempen „als Spitzel alle Beschlüsse aus den Blockleiterversammlungen, an denen ich teilnehmen musste, mitzuteilen. Dieser Gesichtspunkt, also die Möglichkeit, die Schule, Leiter und Schüler davor zu bewahren, durch irgendeine Maßnahme der Nazis geschädigt zu werden, war entscheidend für mich, als ich den Forderungen der Partei, ein Amt zu übernehmen, nachkam."
Geiser wurde nach Kriegsende von der Militärregierung entlassen, für die er allerdings bis Juli 1945 als Dolmetscher der Kreisverwaltung tätig war. In einer Stellungnahme[384] des Schulleiters Dr. Bast an den Oberpräsidenten mit der Bitte um Weiterleitung an die Militärregierung vom 3. September 1945 bezieht sich dieser auf ein amtsärztliches Gutachten, was er als eindeutigen Beleg für die Ablehnung der Naziideologie durch Geiser wertet. Geiser sei aufgrund seiner „streng kirchlich – religiösen Weltanschauung" immer in seiner inneren Haltung ein Gegner gewesen.
Nach Dr. Bast habe Geiser nicht die psychische Kraft gehabt, den Anforderungen durch die NSDAP-Ortsgruppenleitung standzuhalten. Dr. Bast wies die Stadtkasse an, Geiser weiterhin – obwohl entlassen – die vollen Gehaltsbezüge zu zahlen. Es sei erwähnt, dass Dr. Bast als einer der wenigen Schulleiter weder vorübergehend noch endgültig von der Militärregierung aus dem Dienst entfernt worden war.
Am 25. September 1945 beantragte Geiser aus gesundheitlichen Gründen in den Ruhestand versetzt zu werden, der dann am 1. Februar 1946 begann. Nach seinem Pensionierungsantrag war Geiser am 4. Dezember 1945 durch die Militärregierung „mit Vorbehalt zum Schulunterricht" zugelassen worden.[385]
Der Entnazifizierungshauptausschuss in Düsseldorf hat am 1. Oktober 1948 Geiser das volle gesetzliche Ruhegehalt als Studienrat zuerkannt. Im Dezember 1951 stellte Geiser, dessen Gesundheitszustand sich nach seinem Empfinden verbessert hatte, den Antrag auf eine Beschäftigung von 11 Wochenstunden im Schuldienst. Sein ehemaliger Schulleiter Dr. Bast allerdings hielt „eine Beschäftigung wenigstens in Kempen für untragbar." Geiser hat dann ab April 1953 bis Mai 1957 mit bis zu 17 Wochenstunden an der Liebfrauenschule in Grefrath unterrichtet.

384 Vgl. ebenda, Schreiben D. Bast, Tgb.Nr.52.
385 KAV, I 6, Nr. 1806, Sammlung Gymnasium Thomaeum (Personalunterlagen Josef Geiser).

Franz Jansen, NSDAP-Mitgliedsnummer 7468367[386], eingetreten am 1.2.1940, Aufnahme beantragt am 6.10.1939) SA-Rottenführer (1.11.1933-1940), Mitglied beim NSLB, NSV, Studienrat am Humanistischen Gymnasium 1938 – 1974

Im „Form of Appeal“ vom 13.11.1946 und im „Work Sheet“ (Fragebogen) vom 11.6.1948 ist als Eintrittsdatum in die NSDAP der 1.5. 1937 vermerkt, was mit der o. g. Mitgliedsdatei nicht übereinstimmt. In seiner Stellungnahme vom 11.2.1946 an den Entnazifizierungsausschuss gibt Jansen 1938 als Eintrittsjahr an. Seine Behauptung, dass er keinen Antrag gestellt habe und er automatisch aufgrund seiner SA-Mitgliedschaft in die Partei übertragen worden sei, kann man auf der Grundlage der NSDAP-Mitgliederkartei und der gesicherten historischen Fakten als unwahr bezeichnen.
Jansen wurde zunächst nach seiner Rückkehr aus der Kriegsgefangenschaft Anfang 1946 von der Militärregierung aufgrund seines ersten Fragebogens zunächst vom Schuldienst ausgeschlossen. Am 13.11.1946 empfahl die britische Militärregierung nach Jansens Eingabe unter Anwendung des § 5 der Verordnung 24 die Wiedereinstellung als Studienrat, allerdings ohne Beförderungsoption für 8 Jahre, was drei Tage später vom „Special Branch Officer“ auf 2 Jahre reduziert wurde.[387] Für die Militärregierung war Franz Jansen nur ein normales Parteimitglied ohne Funktion („only nominal member“). Jansen stand dem Humanistischen Gymnasium ab dem 17.12.1946 wieder zur Verfügung.
Sein Eintritt in die SA an der Kölner Universität 1933 erklärt er als notwendige Mitgliedschaft, falls man immatrikuliert bleiben wollte. Allerdings hatten ihm die Wahlergebnisse der NSDAP, deren breite Unterstützung in der Bevölkerung und die „freundschaftlichen Beziehungen“ zwischen dem Ausland und der Hitler-Regierung den Schritt erleichtert. Im Folgenden betont er seine „klare Ablehnung des Rassenproblems, wie der Nationalsozialismus es stellte, und noch mehr eine Ablehnung seiner Lösung, die er zu verwirklichen suchte.“ Da er sich aus existentiellen Ängsten nicht gegen das System stellen wollte, habe er seinen Biologieunterricht rein wissenschaftlich gehalten und bei „der Behandlung der Rassenhygiene besonders die negative Auslese des Krieges betont und darum grundsätzlich den Krieg abgelehnt.“ Jansen erwähnt auch, dass sein Vater, von Beruf Schneider, nach dem Judenpogrom 1938 – Jansen nennt es „Ausschreitung gegen die Juden“ – erst auf sein Drängen hin dem Viersener Rabbiner Nussbaum die Kleidungsstücke in Ordnung gebracht habe.

386 BArch R-9361-IX_Kartei - 18051109 (NSDAP-Mitgliedsausweis Franz Jansen).
387 LAV NRW R, NW 1021 – 800 (Entnazifizierungsakte Jansen).

Er habe nie die Jugend im nationalsozialistischen Sinne beeinflusst, was seine ehemaligen Schüler Kitschen, Pollmanns, Krall und Feller bezeugen könnten. Als Leumundszeugnisse fügte Jansen Erklärungen von Schülern der Abiturienten 1946, von Maria Kapelle, Witwe von Dr. Matthias Kapelle, vom Dechant Frenken, von Studienrat Donner und eine Bewertung des Unterrichts von Oberstudiendirektor Hoengen bei. Alle Leumundszeugen betonen, dass Franz Jansen „immer nach wissenschaftlichen Gesichtspunkten" unterrichtet habe, ein hervorragender und beliebter Pädagoge und frei von nationalsozialistischen Überzeugungen gewesen sei.
Als Fazit ist festzuhalten, dass Jansen Leumundszeugen nach dem beliebten Muster anführt: Vorgesetzte - Kollegen - Schüler - Kirchenvertreter - Angehörige von Nazi-Verfolgten. Wichtig für die Entscheidung des Entnazifizierungsausschusses war vermutlich seine Anekdote bezüglich der Kleidung des Rabbiners Nussbaum. Selbstredend war Jansen nach seiner Ansicht ein „ein Muß-SA" und ein „Muß-PG."[388]!
Am 29.5. 1947 wurde Franz Jansen vom Viersener Entnazifizierungsausschuss in die Kategorie V der Entlasteten eingereiht.

Walter Paulus, NDSAP-Mitgliedsnummer 4187856[389], eingetreten am 1.5.1937, SA (18.4.1933, Sturm 15/433), HJ (1937), NSV (1.1.1939), NSLB (1.12. 1938), RAD (20.2.1934), Reichsstudentenschaft (1934-1938), NS-Reichskriegerbund (ab 1942), Ritterkreuzträger, Studienrat/Studiendirektor am Humanistischen Gymnasium 1942 – 1976

Der Oberleutnant der Wehrmacht und Ritterkreuzträger[390] Walter Paulus vermerkt in den Anmerkungen zu seinem Fragebogen am 15.12.1945, dass er kein politisches Interesse hatte und deshalb 1933 nicht in die NSDAP eingetreten sei. Seine SA-Mitgliedschaft begründet er mit der Erlangung von finanziellen Zuschüssen, auf die er während seines Studiums in Köln angewiesen gewesen war. In die Partei sei er von der SA überwiesen worden.
Diese Behauptung von Paulus ist anzuzweifeln, da die NSDAP-Mitgliedschaft zwingend einen unterschriebenen Aufnahmeantrag voraussetzte. Aufgrund von Wohnortwechsel war er zunächst dem Gau Köln, dann dem Gau Moselland und schließlich dem Gau Düsseldorf zugeordnet. Auf Befehl des Wehrkreises habe er einen Vortrag zum „Panzerkampf im Osten" gehalten. Abschließend führt er noch seinen Onkel Karl an, der aktiv gegen die Partei

388 Zur Gruppe der „Muß-Pg." vgl. Krüger, W., Entnazifiziert! Wuppertal 1982, S. 133 – 135.
389 BArch R 9361-IX KARTEI - 31840255 (NSDAP-Mitgliedsausweis Walter Paulus).
390 Eine Übersicht der militärischen Auszeichnungen: https://www.tracesofwar.com/persons/39262/Paulus-Walter.htm?c=aw, abgerufen 05.01.2021.

Viersens erster Ritterkreuzträger Paulus im April 1942 beim Verlassen des Rathauses auf der damaligen Adolf-Hitler-Straße. Links NSDAP-Ortsgruppenleiter Enders, rechts Oberbürgermeister Dr. Koch. Die Schule empfing Paulus mit einem feierlichen Schülerappell in der Aula des Gymnasiums.

gewesen sei.

Paulus verzichtet vollständig auf Leumundszeugnisse[391] oder andere Belege, die zu seiner Entlastung gereichen könnten. Sein Sohn Udo Paulus berichtete dem Autor gegenüber davon, dass Pastor Emil Totzeck mehrfach für seinen Vater gebürgt habe. Allerdings konnte im Archiv der evangelischen Gemeinde in Viersen kein schriftliches Leumundszeugnis für Paulus gefunden werden. Ein Blick in seine Personalakte offenbart nachdrücklich, dass er durchaus dem nationalsozialistischen Staat positiv gegenüberstand und beruflich davon profitierte. Das Gaupersonalamt der Gauleitung Köln-Aachen teilte dem Oberpräsidium im April 1940 Paulus Mitgliedschaft in der NSDAP und dem NSDStB mit, zudem wurde seine politische Zuverlässigkeit bejaht.[392] Nach seiner bestandenen Assessorprüfung (März 1941) kehrte Paulus, der unstrittig als überzeugter Wehrmachtsangehöriger und Militarist bezeichnet werden kann, einen Monat später zu seiner Kompanie zurück. Paulus hatte sich schon 1934 zum Wehrdienst gemeldet. Allerdings plante er während seiner Militärzeit seine berufliche Zukunft, denn in einem Schreiben an den Oberpräsidenten vom 27. April 1941 heißt es: „Bei der Stellenbesetzung nach dem Kriege, bitte ich um Berücksicht. einer Überweisung an die Oberschule für Jungen in Viersen-Niederrhein. Nach Rücksprache mit dem Leiter der Schule ergab sich

[391] Udo Paulus, Sohn von Walter Paulus, wies in einem persönlichen Schreiben an den Autor darauf hin, dass seine Eltern mehrfach Pastor Emil Totzeck als Bürgen und Leumundszeugen im Rahmen der Entnazifizierung genannt hätten. Udo Paulus hat erst um das Jahr 2000 von der Mitgliedschaft seines Vaters in der NSDAP und in den verschiedenen NS-Organisationen durch eigene Recherchen erfahren. Sein Vater habe zu seinen Lebzeiten jegliche Mitgliedschaften stets abgestritten.

[392] LAV NRW R, HSA-Pe Nr. 13890 (Personalakte Paulus).

die Möglichkeit einer Überweisung." Paulus verweist auf persönliche Gründe für diesen Wunsch. Unterschrieben ist der Brief mit „Heil Hitler!".[393]
Diesen Wunsch unterstützte der Viersener Oberbürgermeister Koch. Im Juli 1942 sollte Paulus als Studienrat für den verstorbenen Studienrat Fritz Huben bei der Oberschule für Jungen angestellt werden, denn „die persönlichen Wünsche von Paulus können in diesem Falle besondere Beachtung beanspruchen, weil Paulus Träger des Ritterkreuzes ist, und zwar unter den sieben Lehrern, die bisher diese hohe Auszeichnung erhalten haben, der einzige Lehrer einer höheren Lehranstalt ist."[394]
Noch pathetischer wurde es im Schreiben des Oberpräsidiums vom 23. Juli 1942 an das Reichsministerium, weil auch „die Stadt Viersen großen Wert darauf legt, den Ritterkreuzträger an sich zu fesseln. Da ich es für meine Pflicht halte, einen Lehrer, der unserer Jugend ein so hervorragendes Beispiel von Mut und Tapferkeit gegeben hat, auch meinerseits auszuzeichnen, bitte ich um die Ermächtigung, den Studienassessor ausnahmsweise als Studienrat bestätigen zu dürfen."[395] Da auch die Partei-Kanzlei der NSDAP in München 33 [sic!] keine Bedenken hinsichtlich der politischen Zuverlässigkeit sah, erfolgte am 1. August 1942 die Einstellung in Viersen als Studienrat.
Ab dem 19. Februar 1946 wurde Paulus von der Militärregierung wieder als Studienrat zugelassen. Der Entnazifizierungsausschuss sah bei seinem Votum am 22. Juli 1946 keine Bedenken, Paulus in seiner Stellung als Studienrat zu belassen und reihte ihn in die Kategorie V der Entlasteten ein.

Theo Zart, NSDAP-Mitgliedsnummer 4332954[396], eingetreten am 1.5.1937, Aufnahme beantragt am 18.7.1937, SA (1933/34), HJ (1935-37), Mitglied beim NSLB, VDA, Studienrat am Humanistischen Gymnasium 1942 – 1944, ab 1947 Mädchengymnasium Viersen

Die NSDAP-Mitgliedskarte von Theo Zart bestätigt seine Erläuterung im Anhang des Fragebogens[397], dass seine Mitgliedschaft 1939 von der NSDAP-Bürokratie beendet worden war. Zart war nach seinem Eintritt aufgrund seines Wohnortes Köln-Deutz dem Gau Köln-Aachen zugeordnet. Durch den Wohnortwechsel nach Krefeld und die Einberufung zur Wehrmacht 1939 geriet Zart „außer Kontrolle". Auf Verlangen des Viersener Verwaltungs- und Kulturdezernenten Dr. Ropohl habe er statt eines Parteiamtes die Leitung der Städt.

393 Ebenda, S. 68.
394 Ebenda, S. 86.
395 Ebenda, S. 89.
396 BArch R 9631 - IX Kartei - 50027013 (NSDAP-Mitgliedsausweis Theo Zart).
397 LAV NRW R, NW 1021 – 511 (Entnazifizierungsakte Zart).

Orchestergesellschaft übernommen. In die SA sei er „nach dem Umschwung 1933" während seiner Studentenzeit in Köln eingetreten, aber „enttäuscht über die Flachheit und Geistesarmut des SA-Dienstes und über die beschämende Röhmaffäre" sei er ein halbes Jahr später wieder ausgetreten. Im NSLB habe er nur vorübergehend in Krefeld Beiträge gezahlt, diese aber ohne Reaktion seitens des NSLB eingestellt.

Gegen seine Dienstentlassung am 8. November 1945 legte Zart Berufung ein. Er sei aufgrund seiner streng christlichen Erziehung nicht empfänglich für die Ziele des Nationalsozialismus gewesen, zumal in seinem Leben als „oberste Richtschnur immer die Kunst und vor allem die Musik standen." Der Eintritt in die NSDAP sei vor allem auf Druck der Direktoren an den Schulen seines Vorbereitungsdienstes geschehen und keineswegs, um Vorteile zu erlangen. Die Anstellung als Studienrat sei vom Oberpräsidenten genehmigt worden. Der Anstieg seines Einkommens sei kein Ergebnis von Parteimitgliedschaft gewesen, sondern mit einer Reihe von entlohnten Nebenbeschäftigungen und der nächsthöheren Dienstaltersstufe zu erklären.

Seine Kolleginnen vom Lyzeum, darunter Thekla Schmitz und Gertrud Lohschelder vom Unterausschuss, bezeichneten ihn im Juni 1946 als völlig unpolitischen Menschen, der niemals in irgendeiner Weise nationalsozialistische Propaganda in seinen Unterrichtsstunden betrieben habe. Für den Viersener Mediziner Dr. Christoph Fritz und Vater des späteren CDU-Kommunalpolitikers Dr. Heilo Fritz war Zart „weder Aktivist noch Militarist" und „kein Nationalsozialist von Gesinnung". Der Krefelder Pfarrer Litterscheidt bescheinigte Zart „gerne", dass er „der Sohn einer stets treu katholischen, bekenntnisfrohen Familie ist und selbst seine religiösen Pflichten bis heute noch gewissenhaft erfüllt."[398] Für den Viersener Entnazifizierungsausschuss war Zart immer ein „opponent of the whole Nazi-Ideology" und er würde nach seiner Wiedereinsetzung die Jugend „in the best sense antifascistic and democratilly, according to his inner attitude" erziehen.

Im Januar 1947 wurde Zart wieder zum Schuldienst – dann im Mädchengymnasium – zugelassen und im Mai des Jahres in die Kategorie V eingereiht.

[398] LAV NRW R, NW 1021 – 511- 013, Schreiben des Kath. Pfarramtes St. Josef v. 19.11.1945.

Marga Vüllers, NSDAP-Mitgliedsnummer 4836967[399], eingetreten am 1.5.1937, Aufnahme beantragt am 5.7.1937, BDM (seit 1934, Gruppenführerin seit 1938), NS-Frauenschaft (kein Mitglied, aber Sachbearbeiterin für Erb- und Rassenlehre), NSV (Abteilungsleiterin), NSLB (Blockleiterin), RLB, VDA, DRK (Vorhelferin), seit April 1938 Studienrätin/Oberstudienrätin (1943) am Lyzeum, Nebenamtlicher Unterricht am Humanistischen Gymnasium 1941 – 1944, bis 1968 Mädchengymnasium Viersen

Die über 100 Seiten umfassenden Entnazifizierungsakten von Marga Vüllers beim Entnazifizierungshauptausschuss des Stadtkreises Düsseldorf und beim Sonderbeauftragten für die Entnazifizierung im Land NW zeigen die Absurditäten der Entnazifizierung nachdrücklich auf.
Marga Vüllers war wegen ihrer Parteimitgliedschaft und ihrer Mitgliedschaften bzw. Tätigkeiten im NS-System durch die amerikanische Militärregierung entlassen und interniert worden. Vom August 1945 bis Februar 1947 war sie zunächst im Gefängnis Mönchengladbach, dann in den Internierungslagern Recklinghausen, Staumühle und Hemer.
Mit Hilfe einer Fülle von Leumundszeugnissen und verschiedenen Gerichtsverfahren wurde sie zunächst in Kategorie III, dann in Kategorie IV und am Ende der Entnazifizierung in NRW in die Gruppe V der Entlasteten eingereiht und zur Widerstand geleisteten Person erklärt. Die Berufungskammer Düsseldorf war 1949 „der Auffassung, daß die Beschwerdeführerin als Parteigenossin von 1937 durch die Geltendmachung ihres Einflusses im christlichen Sinne auf ihre Schülerschaft genügend Widerstand geleistet hat, um sie nach heutiger Auffassung in die Kategorie V einzustufen."[400]
Zudem kehrte sie 1959 wieder in das Amt einer Oberstudienrätin zurück. Diese Beförderungsstelle hatte Vüllers 1943 durch die nationalsozialistischen Machthaber erhalten. Ein Zusammenhang mit ihrer Mitgliedschaft in der NSDAP und in verschiedenen NS-Organisationen ist angesichts des Forschungsstandes unstrittig.
Marga Vüllers übernahm am Humanistischen Gymnasium zwischen 1942 und 1944 zusammen mit ihren Kolleginnen vom Lyzeum, Frau Bender und Frau Boch, die Unterrichtsstunden der zur Wehrmacht einberufenen Studienräte Tonn, Kötz, Jansen und Klusen.
In der Anlage zu ihrem Fragebogen, für dessen korrekte Beantwortung Dr. Thekla Schmitz, Mitglied des Unterausschusses, als Zeugin fungierte, gesteht

399 BArch R 9361-IX Kartei - 46361467 (NSDAP-Mitgliedsausweis Marga Vüllers).
400 LAV NRW R, NW 1002-ED-74362-012 (SBE Hauptausschuss Stadtkreis Düsseldorf-Vüllers), Entscheidung des Berufungs-Entnazifizierungsausschusses Düsseldorf vom 15.8.1949.

Vüllers, dass sie sich „wenig um die Ideologie des Nationalsozialismus gekümmert habe und ihr die volle Einsicht in die Verwerflichkeit des Nationalsozialismus erst beim Zusammenbruch … aufgegangen sei."

Sie habe sich in ihrer „Tätigkeit in den Parteigliederungen immer um die Ideale gesunder Menschlichkeit [sic!] bemüht."[401] Einen ihr nahegelegten Kirchenaustritt habe sie immer abgelehnt und ihr erteilter Unterricht sei immer wissenschaftlich gewesen, auch hinsichtlich Vererbungslehre, Rassenkunde und Bevölkerungspolitik. Gerade bei den Vorträgen bei der NS-Frauenschaft habe sie „keineswegs die nationalsozialistischen Verirrungen der Erb- und Rassenlehre vertreten." Den Parteieintritt 1937[402] erklärt sie mit Angst vor einem Arbeitsplatzverlust. Bei der BDM-Tätigkeit seien „Humanität und Menschenwürde" ihre Ziele gewesen.
In einer weiteren schriftlichen Einlassung zu ihren Tätigkeiten in der NSDAP liest man Folgendes: „In meiner Arbeit legte ich Wert auf die Vermittlung wissenschaftlicher Erkenntnisse aus der Vererbungslehre und Rassenkunde und setzte mich für alles ein, was die gesunde Familie fördert (Kampf gegen uneheliche Geburten, Reinhaltung bis zur Ehe, gesunde Gattenwahl, Ausbildungsbeihilfen usw.). Wenn ich auch jede eheliche Bindung an Fremdrassige ablehnte, war ich stets Gegner jeder Ausschreitung Andersrassigen und Andersdenkenden gegenüber."[403]
Eine noch lebende Zeitzeugin berichtete, dass Vüllers als BDM-Jugendwartin Freizeitaktivitäten leitete. So war sie u. a. beim Rollschuhfahren in einer Halle des Viersener Fabrikanten Zahn[404] für die Aufsicht verantwortlich. Die Zeitzeugin wurde von ihr jedes Mal verbal attackiert, weil sie keine BDM-Tracht trug. Den Hinweis, dass ihr Vater als selbstständiger und zentrumsnaher Friseurmeister eine Mitgliedschaft verboten hatte, quittierte Vüllers mit einem ironischen Grinsen. In ihrer Erinnerung sei Vüllers eine „herrische und unangenehme" Person gewesen.[405]
Mit dem Fragebogen reichte Marga Vüllers 32 (!) Leumundszeugnisse ein, deren Aussteller sich aus ehemaligen Schülerinnen, Eltern, Kirchenvertretern,

401 Vgl. ebenda, 001, Fragebogen v. 1. Januar 1948.

402 Vüllers war von 1930 bis 1932 am Mönchengladbacher Oberlyzeum beschäftigt. Da sie zu dieser Zeit in einer klösterlichen Anstalt wohnte, vermutete man bei ihr eine zentrumsnahe politische Einstellung (vgl. LAV NRW R, RW 0058-Nr. 51371-3).

403 Vgl. ebenda, 017, Erklärung „Meine Arbeit in der NSDAP".

404 Der Viersener Unternehmer Carl Friedrich Zahn trat 1933 in die NSDAP ein und war Mitglied des 10-köpfigen. „Beschlussausschusses", der den bisherigen Stadtrat ablöste. Im Ausschuss saßen der Oberbürgermeister und neun NSDAP-Mitglieder. Zahn ist Ehrenbürger der Stadt Viersen.

405 Interview mit Marga Müller-Bardey (Geburtsjahr 1924).

Ärzten, Kolleginnen und Kollegen rekrutierten. Auffallend auch wieder ein weiteres Leumundszeugnis von Dr. Helmich, dessen Tochter Ursula als Halbjüdin von Marga Vüllers „gut" behandelt worden sei. Allerdings erwähnt Helmich nicht, dass seine Tochter von der Schule verwiesen worden ist. Helmich scheint für einige ehemalige Lehrer und Lehrerinnen das „jüdische" Feigenblatt gewesen zu sein.

Am 16. Februar 1948 teilte der Vorsitzende Noffer des Entnazifizierungs-Hauptausschusses für den Stadtkreis Viersen Vüllers mit, dass sie nach Durchsicht ihres Fragebogens in die Kategorie III eingereiht worden sei. Entscheidend seien dafür die Angaben über Parteizugehörigkeit und „sonstige Betätigung zugunsten des Nationalsozialismus" gewesen. Weiterhin musste sie das Amt der Oberstudienrätin verlassen, durfte aber als Studienrätin weiter im Schuldienst arbeiten.[406]

Gegen diese Einreihung reichte Vüllers mithilfe der Anwälte Dr. Wehner und Dr. Strick Berufung ein. Sie wurde gemäß Urteil des Entnazifizierungs-Berufungsausschusses für den Regierungsbezirk Düsseldorf – Kammer II am 31. Januar 1949 dann in die Kategorie IV (ohne Beschränkungen) eingeordnet. Der Berufungsausschuss begründete diese Entscheidung u. a. mit der christlichen Haltung, der wissenschaftlichen Standhaftigkeit in Rassefragen und dem Verhalten Vüllers gegenüber Andersdenkenden. Die anwesenden Mitglieder des Viersener Unterausschusses Diepers und Lohschelder empfahlen ebenso wie die Mitglieder des Hauptentnazifizierungsausschusses Viersen Liefkes und Berger die Einreihung in Kategorie IV.

Am 21. Juni 1949 beantragte Vüllers über ihren Rechtsanwalt die Wiederaufnahme des Verfahrens und die Einreihung in die Kategorie V. Ihr juristischer Vertreter war der Meinung, dass man zwar im vorhergehenden Verfahren die "Persönlichkeit der Beschwerdeführerin sehr positiv beurteilt, aber das beigebrachte Tatsachenmaterial (sic!) nicht ausreichend ausgeschöpft hätte." Daher fügte man noch drei weitere Bescheinigungen der „Rekordzahl von 32 Bescheinigungen" hinzu. „Alle schriftliche Beweise (sic!)" seien Ausdruck der „einheitlichen Sympathie, die uns aus diesen Attesten früherer Schüler und Vorgesetzter entgegenstrahlt." Geradezu euphorisch stellte Rechtsanwalt Wellmann fest, „dass nur wenige von ihnen [den Erziehern im NS-System] den mühevollen und gefährlichen Weg gegangen sind, die alten und bewährten Ideale der Jugendbildung weiterzutragen und sie dieser gefährdeten Jugend zu vermitteln."[407]

406 LAV NRW R, NW 1037 Gen 193 - 8 (SBE Der Sonderbeauftragte für die Entnazifizierung- Entnazifizierungsakte Vüllers).

407 LAV NRW R, NW 1002-ED-74362 (SBE Hauptausschuss Stadtkreis Düsseldorf-Entnazifiziorungsakte Vüllers).

Ihre Beförderung zur Oberstudienrätin 1943 sei der „endlich errungene und verdiente Lohn für ehrliche und mühevolle Berufsarbeit"[408]gewesen.
Am 15. August 1949 wurde Vüllers von der Berufungskammer Düsseldorf in die Kategorie V der Entlasteten eingereiht. Begründet wurde das Urteil abschließend damit, dass Vüllers einen guten persönlichen Eindruck gemacht habe und keinerlei Beschwerden oder Belastungen im Laufe des Verfahrens vorgebracht worden waren.
Vüllers kehrte nach mehrmals verlängerten Beschäftigungsverträgen am privaten Ursulinengymnasium in Köln im April 1958 wieder als Studienrätin an das Mädchengymnasium in Viersen zurück. Während dieser Zeit galt sie am Mädchengymnasium als beurlaubt.[409] Nach jahrelangen Auseinandersetzungen zwischen der Stadtverwaltung Viersen, dem Schulkollegium und dem Kultusministerium in Düsseldorf wurde Marga Vüllers mit Wirkung vom 1. Oktober 1959 erneut am Lyzeum in Viersen zur Oberstudienrätin auf Lebenszeit ernannt und ist am 1. August 1968 in den Ruhestand getreten.[410]

Edith Koch, NSDAP-Mitgliedsnummer 4159396[411] , eingetreten am 1.5.1937, Aufnahme beantragt am 24.06.1937, NSLB (1936), NS-Frauenschaft (1.7.1933, Sachbearbeiterin für Presse, Mütterschulung und Rassenpolitik), NSV (1935), VDA (1928), RKB (1935), nebenamtlicher Unterricht am Humanistischen Gymnasium 1942 – 1943, später Mädchengymnasium Viersen

In den Anmerkungen zum Fragebogen verweist Koch auf ihre schwierige ökonomische Situation aufgrund der Sparpolitik im Schulbereich. Mit Privatstunden und Literaturkursen habe sie sich „im Zustand der beschäftigten Arbeitslosigkeit" bis 1938 über Wasser gehalten. Erst 1938 habe sie eine Assessorenstelle in Duisburg erhalten, um danach ab 1942 am Lyzeum in Viersen als Studienrätin arbeiten zu können. Im Rahmen ihrer Arbeit als Sachbearbeiterin für Rassepolitik in der NS-Frauenschaft habe sie Vorträge über den „Niedergang eines Volkes, die Rolle des Bauerntums, den „Kampf für die gesunde Familie" und entsprechende Fördermaßnahmen gehalten.
Am 26.9.1945 wurde Koch vom Oberbürgermeister mitgeteilt, dass ihr Fragebogen abgelehnt wurde und sie nicht mehr als Lehrerin im Schuldienst

408 Ebenda.

409 LAV NRW R, HSA-Pe Nr. 14046 (Personalakte Vüllers).

410 LAV NRW R, NW 1037-B I-16001 (SBE Der Sonderbeauftragte für die Entnazifizierung im Lande NW -Entnazifizierungsakte Vüllers - Berufungsausschuss Düsseldorf).

411 BArch R 9361-IX KARTEI – 21480998 (NSDAP-Mitgliedsausweis Edith Koch).

eingesetzt werden dürfte. Der nachfolgende Einspruch gegen die Entscheidung blieb erfolglos.[412]
Koch hat dann am 31. März 1946 Berufung gegen diese Entscheidung, von der sie annahm, „daß sie als Folge der Entnazifizierung anzusehen ist,"[413] eingelegt. Dabei geht sie nochmals auf ihre schwierige persönliche Situation ein und betont, dass sie aus ihren Mitgliedschaften in den NS-Organisationen, besonders in der NS-Frauenschaft „Nachteile und Schwierigkeiten vermeiden, nicht Vorteile erlangen" wollte. Beigefügt sind Leumundszeugnisse von Kollegen und Kolleginnen (Schmitz, Boch, Grüggel, Lohschelder), von zwei Eltern und auch von Pastor Totzeck.
Für Totzeck war Koch Mitglied der NSDAP „unter dem Druck ihrer wirtschaftlichen Verhältnisse und in gutem Glauben geworden." Totzecks Haltung zur Entnazifizierung wird dann nochmals deutlich, denn „sie ihrer bürgerlichen Existenz zu berauben und auf die Straße setzen, sie also dennoch als „Nazi" zu diffamieren… hieße eine politisch vollkommen harmlose und unschuldige Lehrerin ins Unglück stürzen."[414]
Im Oktober 1946 folgten noch zwei weitere Leumundszeugnisse, die mittels eines Vordruckes[415] vom Dülkener Pfarrer Veit und dem Dülkener Apotheker Gotthardt unterschrieben worden sind. Dieser Vordruck, von der Viersener Druckerei Quack & Fischer gedruckt, trägt die Überschrift „APPLICATION FOR IMPLEMENTATION OF § 5 OF DIRECTIVE 24" (Antrag auf Anwendung des § 5 gemäß Anordnung Nr. 24). Der sogenannte Milderungsparagraf wurde somit zum standardisierten Persilschein!
Als noch befremdlicher wirkt es, dass der Text des Leumundszeugnisses vorformuliert war und besagte, „dass sie kein aktives Mitglied der Partei noch ihrer Gliederungen oder angeschlossenen oder überwachten Organisation gewesen ist und dass sie politisch nicht hervorgetreten ist." Das „er" im Vordruck wurde handschriftlich durch ein „sie" ersetzt!
Der Entnazifizierungs-Unterausschuss Dülken wurde am 4. Oktober 1946 vom Entnazifizierungsausschuss für den Stadtkreis Viersen um „eine politische Beurteilung der Koch" gebeten. Dieser war aber trotz der Leumundszeugnisse unsicher, denn „nach Überprüfung des Fragebogens der Studienrätin Edith Koch könnte der Ausschuss von sich aus eine Empfehlung in diesem Falle nicht geben" und überließ die Entscheidung dem Viersener

412 KAV, I 2, Nr. 3795 Wiederaufnahme des Schulbetriebs im Hum. Gymnasium bzgl. allgemeiner Angelegenheiten 1945-1963, Schreiben Dr. Schaub v. 13. November 1945 an den Oberpräsidenten in Düsseldorf und an den Ausschuss für das höhere Schulwesen Viersen.
413 LAV NRW R, NW 1021-3679-018 (Entnazifizierungsakte Koch).
414 Vgl. ebenda, 024.
415 Vgl. ebenda, 030.

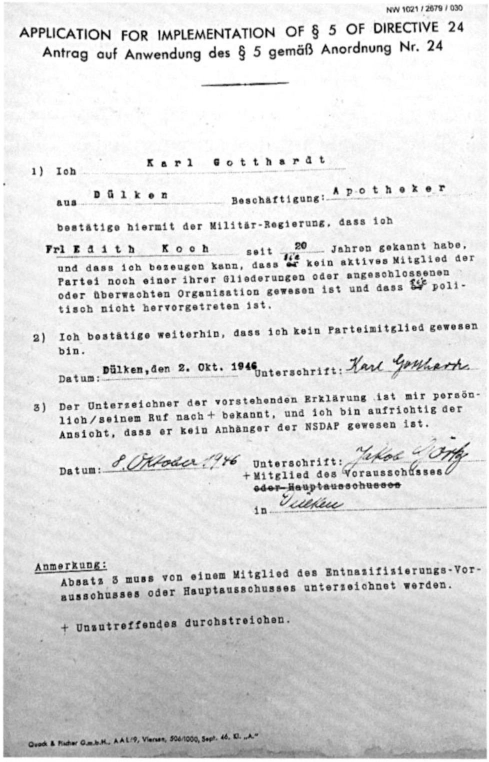

NW 1021 / 2679 / 030

APPLICATION FOR IMPLEMENTATION OF § 5 OF DIRECTIVE 24
Antrag auf Anwendung des § 5 gemäß Anordnung Nr. 24

1) Ich Karl Gotthardt

aus Dülken Beschäftigung: Apotheker

bestätige hiermit der Militär-Regierung, dass ich

Frl Edith Koch seit 20 Jahren gekannt habe, und dass ich bezeugen kann, dass sie kein aktives Mitglied der Partei noch einer ihrer Gliederungen oder angeschlossenen oder überwachten Organisation gewesen ist und dass sie politisch nicht hervorgetreten ist.

2) Ich bestätige weiterhin, dass ich kein Parteimitglied gewesen bin.

Datum: Dülken, den 2. Okt. 1946 Unterschrift: Karl Gotthardt

3) Der Unterzeichner der vorstehenden Erklärung ist mir persönlich/seinem Ruf nach + bekannt, und ich bin aufrichtig der Ansicht, dass er kein Anhänger der NSDAP gewesen ist.

Datum: 8. Oktober 1946 Unterschrift: Jakob Görtz
+ Mitglied des Vorausschusses ~~oder Hauptausschusses~~
in Dülken

Anmerkung:
Absatz 3 muss von einem Mitglied des Entnazifizierungs-Vorausschusses oder Hauptausschusses unterzeichnet werden.

+ Unzutreffendes durchstreichen.

Quack & Fischer G.m.b.H., AAL/9, Viersen, 506/1000, Sept. 46, Kl. „A."

Leumundszeugnis für Edith Koch

Ausschuss. Zuvor hatte der zuständige britische Offizier Gorman weitere Nachforschungen angemahnt: „I should be pleased if you could cause investigations to be made into the subject of attached Fragebogen. Particulary as she is described as a Press Expert. – Perhaps it may be found that she was extremely more active than the Panel show in their recommendation."[416]
Am 24. März 1947 empfahl die Sonderabteilung der Militärregierung gemäß § 5 der Verordnung 24 die Wiedereinstellung von Edith Koch. Sie wurde am 3.7.1947 in die Kategorie V der Entlasteten eingereiht.

[416] Vgl. ebenda, 007.

Walter Hagedorn, NSDAP-Mitgliedsnummer 4728440[417], eingetreten am 1.5.1937, Aufnahme beantragt am 21.05.1937, SA (1933/1934), HJ (1933), NSDStB (1935 – 1939), NSFK (1938/1939), RAD (1934), Reichsbund für Leibesübungen, NS-Altherrenbund (ab 1933), NS-Reichskriegerbund (ab 1937), EK II-Orden, 19.7.1947 in die Kategorie IV eingeordnet, Studienrat am Humanistischen Gymnasium 1947 – 1971

Der zuständige Unterausschuss in Mönchengladbach sah im Dezember 1946 bei Hagedorn trotz der NSDAP-Zugehörigkeit und der Mitgliedschaft in vielen NS-Organisationen keine Bedenken für eine Rückkehr in den Schuldienst. Allerdings betonte der Ausschuss, dass der in Breslau gebürtige Hagedorn den Ausschussmitgliedern unbekannt war. So heißt es dann im Fragebogen Work Sheet:[418] „H. war Mitglied der Partei, der SA und mehrerer NS Organisationen. Bei einer persönlichen Vernehmung vor dem Rat ergab sich folgendes Bild. H. wollte sein Studium ermöglichen, wurde ihm aber erschwert, wenn er nicht Mitgl. NS-Organisationen war. H. hat aus diesem Grunde alles versucht, damit ihm keine Schwierigkeiten erwuchsen, ohne jedoch eigentlich ideologisch ein Nazi zu sein. Trotzdem Hagedorn ortsfremd ist befürwortet der Rat eine Zulassung zum Studium, da H. einen sehr glaubwürdigen Eindruck hinterliess [sic!].“ Es sei nur beiläufig erwähnt, dass Hagedorn sein Studium längst abgeschlossen hatte und mit der Assessorenzeit als Studienrat beginnen wollte.
Hagedorn negiert in seinen Erläuterungen zum Fragebogen vom 28. Oktober 1946 aufgrund der elterlichen Erziehung jegliches parteipolitische Interesse. Seine unterschiedlichen Mitgliedschaften begründet er jeweils mit der Notwendigkeit, sein Lehrerstudium fortsetzen zu können. In die NSDAP sei er nach Aufforderung der Ortsgruppe „Breslau: Schiller“ eingetreten. Sein Statement beendet er mit der Aussage, dass er „kein überzeugter National-Sozialist“ war und dass er bereit sei, „am Neuaufbau Deutschlands auf demokratischer Grundlage mitzuarbeiten.“
Hagedorn fügte lediglich ein Leumundszeugnis eines Bekannten aus Breslau bei. Dieser bestätigte, dass Hagedorn als Kunde der väterlichen Buchdruckerei Gutsmann mit ihm bekannt war. Gutsmann bezog sich auf Gespräche „über politische Dinge“ aus den Jahren 1935/36 und 1938/39. Diese seien vor allem auf den „Mitgliederzwang zu NS-Organisationen“ bezogen gewesen. Es sei ihm somit bekannt gewesen, „daß Herr Hagedorn keinerlei Rang oder Stellung in der HJ oder in der Partei bekleidete und auch infolgedessen keinerlei Vorteile noch Nutzen aus dieser Mitgliedschaft ziehen konnte.“[419]

417 BArch R 9361-IX KARTEI – 13021443 (NSDAP-Mitgliedsausweis Walter Hagedorn).
418 LAV NRW R, NW 1011-2117/015-016 (Entnazifizierungsakte Hagedorn).
419 Vgl. ebenda, 019, Beschcinigung Werner Gutsmann v. 5.2.1947.

Der Hauptausschuss kam im Februar 1947 zu der Bewertung „discretionary removal“, d. h. Entlassung nach Gutdünken. Die Bezirksmilitärregierung entschied dann einen Monat später, dass Hagedorn nach Überprüfung durch den Special Branch für die Beschäftigung als Lehrkraft als geeignet befunden worden ist.[420] Im April 1947 begann er seine Referendarzeit am Humanistischen Gymnasium und wurde im Juli 1947 in die Kategorie IV (Mitläufer) ohne Vermögens- und Kontosperre eingereiht.

Reinhard Köhne, NSDAP-Mitgliedsnummer 2114172[421], eingetreten am 1.10.1934 in Sao Leopoldo/Brasilien, Anmeldung Gau Westfalen/Gelsenkirchen am 5.2.1937, Blockleiter NSDAP (1938/39), Mitglied beim NSLB (seit 1937), NSV (seit 1937), RLB (seit 1939), VDA (seit 1937), RKB (seit 1937), Studienrat am Humanistischen Gymnasium 1947 – 1971

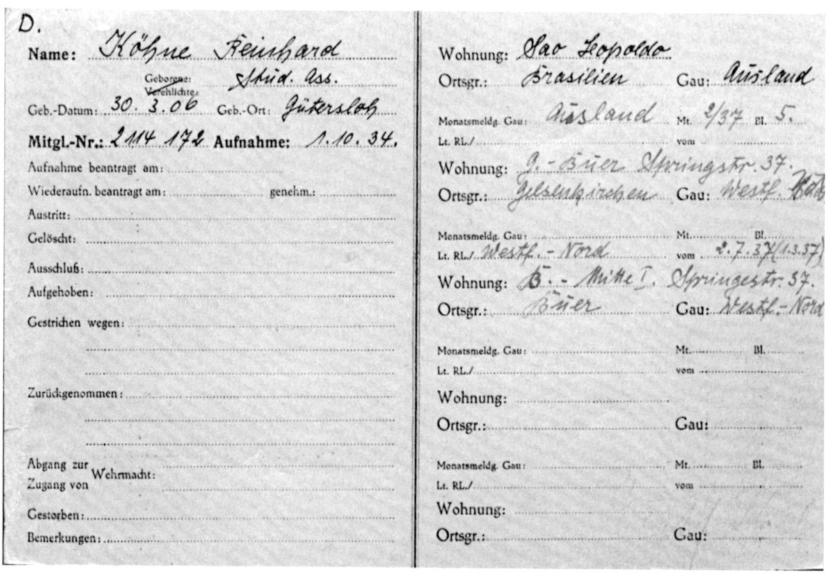
D.
Name: Köhne Reinhard
Geborene: / Verehlichte: Stud. Ass.
Geb.-Datum: 30. 3. 06 Geb.-Ort: Gütersloh
Mitgl.-Nr.: 2114 172 Aufnahme: 1. 10. 34.
Aufnahme beantragt am:
Wiederaufn. beantragt am: genehm.:
Austritt:
Gelöscht:
Ausschluß:
Aufgehoben:
Gestrichen wegen:
Zurückgenommen:
Abgang zur / Zugang von Wehrmacht:
Gestorben:
Bemerkungen:

Wohnung: Sao Leopoldo
Ortsgr.: Brasilien Gau: Ausland
Monatsmeldg. Gau: Ausland Mt. 2/37 Bl. 5.
Lt. RL./ vom
Wohnung: G.-Buer Springstr. 37.
Ortsgr.: Gelsenkirchen Gau: Westf. [illegible]
Monatsmeldg. Gau: Mt. Bl.
Lt. RL./ Westf.-Nord vom 2.7.37 (1.3.37)
Wohnung: B.-Mitte I. Springestr. 37.
Ortsgr.: Buer Gau: Westf.-Nord
Monatsmeldg. Gau: Mt. Bl.
Lt. RL./ vom
Wohnung:
Ortsgr.: Gau:
Monatsmeldg. Gau: Mt. Bl.
Lt. RL./ vom
Wohnung:
Ortsgr.: Gau:

NSDAP-Mitgliedskarte Köhne

Reinhard Köhne ist wegen der Lehrerarbeitslosigkeit 1933 als Auslandsdeutscher an die Deutsche Schule in Sao Leopoldo / Brasilien gegangen. Im Süden Brasiliens gab es schon seit 1824 eine starke deutsche Kolonie. 1928 wurde die brasilianische Sektion der NSDAP gegründet, deren Propagandablatt ab 1932 der „Deutsche Morgen“ war. Die größte Nazi-Zeitung des Landes berichtete

[420] LAV NRW R, HSA-Pe Nr. 13336 (Personalakte Hagedorn).
[421] BArch R 9361-IX KARTEI – 21770262 (NSDAP-Mitgliedsausweis Reinhard Köhne).

fast ausschließlich über Fakten zum Dritten Reich und verbreitete Aussagen von Adolf Hitler und anderen NS-Politikern.[422] Nach Köhne habe die NSDAP den Zusammenschluss der Reichsdeutschen bezweckt, was seinen Eintritt in die Partei erklären würde. Über die Ziele und das Wesen der Partei sei er nicht informiert gewesen. Dies sei ihm erst nach seiner Rückkehr 1937 aus Brasilien möglich gewesen. Blockleiter der NSDAP sei er auf Veranlassung des Ortsgruppenleiters in Gelsenkirchen-Buer geworden. Er habe sich deutlich vom NS-Geschichtsbild distanziert und sei auch der evangelischen Kirche treu geblieben.
Am 23. August 1946 wurde Köhne von der Militärregierung, obwohl der deutsche Entnazifizierungsausschuss ihn „rückhaltlos" für den Schuldienst empfahl, wegen seiner frühen Mitgliedschaft in der NSDAP und des Blockleiter-Amtes vom Schuldienst ausgeschlossen. Man warf Köhne auch vor, dass er im Ausland nicht so wie in Deutschland unter Druck gestanden hatte, als Lehrer der NSDAP beizutreten. „Die Zugehörigkeit zur Partei in der Eigenschaft als Auslandsdeutscher [wäre] unbedingt freiwillig" gewesen.
Gegen diese Entscheidung legte er am 18.9.1946 Berufung ein. Sein Rechtsanwalt erklärte, dass es für seinen Mandanten und dessen Kollegen eine Selbstverständlichkeit war, in die Partei einzutreten, da man als Reichsdeutscher dem deutschen Konsulat in Brasilien unterstand. Zudem würde oft das Bekenntnis zum deutschen Reich als Auslandsdeutscher mit einem Bekenntnis zur NSDAP gleichgesetzt. Weiterhin habe Köhne keine Parteiunifom besessen und als Leiter der VDA in Gelsenkirchen nie einen Vortrag bzw. eine Rede gehalten. Durch die Übernahme des VDA-Vorsitzes habe er sich auch eine Möglichkeit geschaffen, die Blockleitung nach einem Jahr abzugeben.
Man müsse seinen praktizierten Glauben als Protestant und sein kritisches Bewusstsein und seine Distanz zum Nationalsozialismus berücksichtigen. Köhne sei nie ein Aktivist gewesen. Die beigefügten sehr ausführlichen Leumundszeugnisse unterstützen die Argumentation des Rechtsanwalts. Die Zeugnisse stammen in erster Linie aus dem Kreis der evangelischen Kirche in Gelsenkirchen-Buer und von Kollegen der Droste-Hülshoff-Mädchenschule. Die Nicht-Parteigenossen der Schule unterstellten allerdings, dass Köhne anfangs an den „Nutzen des Nationalsozialismus für Deutschland" geglaubt habe und davon ausgegangen sei, „durch Mitarbeit bei kritischer Haltung die Bewegung in günstigem Sinne beeinflussen zu können", daher habe er das Amt des Blockleiters angenommen. Von Agitation im nationalsozialistischen Sinne habe man von Köhne nie etwas vernommen.
Am 12.3.1947 entscheidet der Berufungsausschuss, dass man Köhne für tragbar halte und ihn als „eine wertvolle Kraft für den Neuaufbau des demokra-

422 Deutscher Morgen, https://de.qaz.wiki/wiki/Deutscher_Morgen, abgerufen am 15.11.2020.

tischen Staates" ansehe. Am 5. September 1947 wurde Köhne in die Kategorie IV (Mitläufer) ohne Sperre des Vermögens und der Konten eingereiht.
Der Versuch Köhnes, über ein Wiederaufnahmeverfahren in die Kategorie V der Entlasteten zu kommen, wurde vom Entnazifizierungsausschuss Stadtkreis Gelsenkirchen am 23.12.1947 abgelehnt, da man keine Verfahrensmängel feststellen konnte und sich durch die nachgereichten Entlastungsschreiben keine neuen Entlastungsmomente ergeben hatten. Mit Wirkung vom 18. Dezember 1949 wurde Köhne – wie alle in Kategorie IV ohne Beschäftigungsbeschränkungen Eingereihten – durch die Verordnung zum Abschluss der Entnazifizierung automatisch in die Kategorie V überführt.
Im Oktober 1947 hat sich Köhne für eine Studienratsstelle am Humanistischen Gymnasium beworben. Bevor über die Bewerbung entschieden worden war, hat die Stadt Viersen Köhne aufgrund seines Faches evangelische Religion ein „widerrufliches Beschäftigungsverhältnis" angeboten. Köhne hat den Dienst am 1. Dezember 1947 angetreten. In der Schulausschusssitzung vom 17. Februar 1948 wurde Köhne zum Studienrat gewählt. Große Bedenken sah man bei der Stadt nicht, denn „er sei zwar in Gelsenkirchen bei der Entnazifizierung in Kategorie IV eingereiht, doch scheine er politisch nicht besonders (sic!) belastet."[423]
Am 27. April 1950[424] beantragte Köhne, ihm die Rechtsstellung anzuerkennen, wenn bei einem Wiederaufnahmeverfahren 1947 eine Entscheidung mit der Kategorie V ergangen wäre. Köhne führt in seiner Begründung vergleichbare Fälle von Ausschüssen anderer Städte an, bei denen die Kategorie V das Ergebnis war. Auch die automatische Überführung in Kategorie V würde nichts an seiner Rechtsstellung als Beamter ändern. Das Schulkollegium Düsseldorf sah aufgrund der Verordnung über die Rechtsstellung nach periodischer Überprüfung im Entnazifizierungsverfahren vom 20.3.1950[425] keine Bedenken, Köhne die geforderte Rechtsstellung zu gewähren.
Mit Wirkung vom 1.9.1950 entschied der letzte NRW-Sonderbeauftragte für die Entnazifizierung, Dr. Freiherr von Münchhausen, Köhne die Rechtsstellung eines im Wiederaufnahmeverfahren in Kategorie V Eingereihten zu geben, denn "die durch die Militärregierung erfolgte Einstufung in Kategorie IV hätte bei Berücksichtigung des heute vorliegenden Entlastungsmaterials nicht ergehen dürfen."[426] Neues Entlastungsmaterial ist allerdings in der Akte nicht vorzufinden. Damit galt Köhne als Entlasteter!

[423] KAV, I 2, Nr. 4269 Sitzungsniederschriften Schulausschuß 1946 - 1948, Sitzung v. 17.2.1948.
[424] LAV NRW R, NW 1037-RS-1766-003 (Entnazifizierungsakte Köhne).
[425] Recht NRW, URL: recht.nrw.de › lmi › owa › br_gv_show_pdf, abgerufen am 16.11.2020.
[426] LAV NRW R, NW 1037-RS-1766-001 (Entnazifizierungsakte Köhne).

Walter Leisering, NSDAP-Mitgliedsnummer 4844724[427], eingetreten am 1.5.1937, Aufnahme beantragt am 29.6.1937, SA 1933-1940-Rottenführer/ Nachrichtensturm, HJ ab 1940, Kriegsjungbannführer Bann 93, Oberfähnleinführer 9.11.1940, Hauptfähnleinführer 1941, NSDStB ab 1935, NSV ab 1937, NSLB ab 1937, RLB ab 1937, nach dem Krieg Dolmetscher beim British Immigration Office in Kaldenkirchen, am 15.2.1947 in Kategorie IV (Mitläufer) vom Entnazifizierungsausschuss Viersen eingereiht, Studienrat am Humanistischen Gymnasium 1949 bis 1976

Leisering stellte beim Leiter des Entnazifizierungsausschusses Kaldenkirchen am 12.12.1948 mit der Überreichung von zwei Fragebogen der Militärregierung einen Antrag auf Entnazifizierung. Sein verspätetes Einreichen erklärte er folgendermaßen: „In Erwartung des Entnazifizierungsgesetzes für das Land Nordrhein-Westfalen habe ich bisher gezögert, sie zum Zwecke meiner Entnazifizierung vorzulegen. Da ich jedoch eine Stellung in meinem alten Beruf oder im Deutschen Passkontrolldienst anstrebe, kann ich die Entscheidung nicht länger hinausschieben."[428] Als Anlagen fügte er eine Stellungnahme zu seinen verschiedenen Mitgliedschaften und Funktionen in NS-Organisationen und insgesamt 11 Entlastungszeugnisse bei. Neben den obligatorischen Kirchenvertretern (Oberkirchenrat Dessau und Lagerpfarrer) und früheren Vorgesetzten zählten zu den Ausstellern u. a. ehemalige Mitinternierte bzw. Kriegsgefangene, ein Arzt und ein Universitätsprofessor.
Ein interessantes Leumundszeugnis für den späteren Antikommunisten Leisering stammt von der SED-Bezirk Dessau vom 10.11.1947. Es wird Leisering bestätigt, dass er lediglich mit der Geschäftsführung des Jungbannführers 93 beauftragt gewesen und politisch wenig in Erscheinung getreten sei. Dem Bezirksvorstand der SED Dessau seien „Kriegsverbrechen oder Verbrechen gegen die Menschlichkeit nicht bekannt."[429] Gleichzeitig verweist Leisering auf ein Schreiben von Dr. Münnich, der ebenfalls Mitglied der NSDAP war.
Der Entnazifizierungsausschuss für den Kreis Kempen-Krefeld vermerkt im Arbeitsblatt zur Einstufung von Leisering in die Kategorie IV der Mitläufer am 12.12.1948 Folgendes: „Da Ostflüchtling, kann Beurteilung von keinem Unterausschußmitglied erfolgen. Beurteilung nur auf Grund des Fragebogens."[430]
Dr. Leisering war vom 1. Januar bis zum 31.3.1949 in Düsseldorf-Oberkassel als Studienrat tätig und erhielt am 26.4.1949 einen Beschäftigungsauftrag[431]

427 BArch R- 9361-IX- KARTEI – 25380125 (NSDAP-Mitgliedsausweis Walter Leisering).
428 LAV NRW R, NW 1008-KAT3/4, Nr. 985-2 (Entnazifizierungsakte Leisering).
429 Vgl. ebenda, 026.
430 Vgl. ebenda, 015.
431 LAV NRW R, HSA-Pe Nr. 14225 (Personalakte Leisering), Schreiben des Schulkollegi-

mit der kommissarischen Verwaltung einer Planstelle am Humanistischen Gymnasium. Leisering gehörte zu einer Gruppe von fünf Flüchtlingslehrern, die sich nach Aussage von Oberstadtdirektor Dr. Schaub „als durchaus menschlich empfindende, tüchtige und brauchbare Lehrer und Erzieher bewährt"[432] hatten. Der Hauptausschuss der Stadt Viersen war am 20.10.1949 mit der Ernennung dieser Gruppe als Studienräte am Gymnasium einverstanden. Allerdings gab es bei Leisering eine Einschränkung. Oberstadtdirektor Dr. Schaub teilte dem wieder eingesetzten Leiter Hoengen am 26.10.1949 mit, dass der in Kategorie IV eingestufte Leisering nicht für den Geschichtsunterricht zu verwenden sei. Das Schulkollegium in Düsseldorf[433] wollte die Einstellung Leiserings allerdings „vorerst" nicht bestätigen. Diese ist dann aber erfolgt, da Schulleiter Hoengen im Jahresbericht für das Schuljahr 1950/51[434] die Einstellung Leiserings vermerkt hat.

Anlässlich der Schulfeier in der Viersener Festhalle zur Einsetzung der Bundesregierung im September 1950 hielt Leisering einen Vortrag. Er bezeichnete u. a. „die Mitarbeit am Staat als sittliche Verpflichtung". Die Rheinische Post berichtete am 12.9.1950: „Er gedachte des Wirkens der aktiven Widerstandskämpfer, der Opfer des Nazisystems und mit den Toten des letzten Krieges besonders der gefallenen Schüler der Viersener Anstalt. Er forderte die Freilassung der noch festgehaltenen Kriegsgefangenen und derjenigen, die als Kinder und Jugendliche verschleppt wurden, aber nun als zu den Mannesjahren herangewachsenen Arbeitssklaven festgehalten würden."

Es ist müßig zu erwähnen, dass Dr. Walter Leisering wieder als Geschichtslehrer eingesetzt wurde.

Alfred Reimann, NSDAP-Mitgliedsnummer 1684548[435], eingetreten am 1.4.1933, Mitglied beim NSLB 1933 – 1945, Mitglied bei NSV, RLB und RKB bis 1945, Studienrat am Humanistischen Gymnasium 1950 – 1958, stundenweise nebenamtlicher Unterricht bis zum Schuljahr 1962/63

Alfred Reimann ist 1933 „im Glauben, Deutschland zu helfen"[436] in die NSDAP eingetreten. Er gehörte nach seinen Angaben bis zum Kriegsende sowohl der NSDAP als auch den erwähnten anderen NS-Organisationen an. Auffällig ist, dass er im Fragenbogen der Militärregierung für diese Mitglied-

ums v. 16.5.1949.

432 KAV, I 2, Nr. 3795, Wiederaufnahme des Schulbetriebs am Hum. Gymnasium bzgl. allgemeiner Angelegenheiten 1945 – 1983, Tgb. Nr. 150/49, Schreiben Dr. Schaub.

433 Ebenda, Schreiben des Schulkollegiums vom 20.6.1950 an die Stadtverwaltung Viersen.

434 Ebenda, Jahresbericht über das Schuljahr 1950/51.

435 BArch R 9361-IX KARTEI – 34160176 (NSDAP-Mitgliedsausweis Alfred Reimann).

436 LAV NRW R, HSA-Pe Nr. 3895 (Personalakte Reimann).

schaften spätere Eintrittsdaten angibt. In seinem für die Schulbehörde verfassten Lebenslauf betont Reimann in einem Nebensatz, dass er „trotzdem der kath. Kirche treu" geblieben sei. Beispiele für diese Haltung werden nicht genannt.

Reimann wurde nach der Rückkehr aus der russischen Gefangenschaft 1948 zunächst aus dem Schuldienst zwangsentfernt. Er reichte im Juli 1948 seinen Antrag zur Entnazifzierung ein. Zwei beigefügte Bescheinigungen besagten, dass er nur aus beruflichen Gründen in die NSDAP eingetreten sei und ihm die Partei „erhebliche Schwierigkeiten" bereitet habe. Welche das waren, wird nicht konkretisiert.

Der Entnazifizierungsausschuss kam nach persönlicher Vernehmung Reimanns am 23. 09. 1948 zu der Ansicht, ihn in die Kategorie IV einzuordnen. Unter Bezug auf den sogenannten Milderungsparagrafen wurde er nur als „nominelles Mitglied" betrachtet. Es erfolgte der Hinweis, dass „ die Kammer R. in die Kategorie V einstufen [würde], wenn Reimann den Beweis dafür erbringen könnte. Als Ostflüchtling ist ihm aber der Weg verbaut, da er mit seinen Entlastungszeugen keine Verbindung bekommt. Die Kammer ist weiter der Auffassung, dass R. auch als Lehrer wieder bevorzugt zuzulassen ist."[437]

Letztendlich wurde Reimann am 12.10.1948 in die Kategorie IV ohne Beschränkung eingereiht.

Von Januar bis März 1949 war Reimann als Studienrat in Düsseldorf-Oberkassel und ab dem 26. April 1949 am Humanistischen Gymnasium Viersen tätig, zunächst nebenamtlich zur Deckung des Unterrichtsbedarfes. Der Hauptausschuss der Stadt erklärte sich im Oktober 1949 mit der Ernennung Reimanns zum Studienrat einverstanden. Er zählte als gebürtiger Schlesier zu den sogenannten „verdrängten" Lehrern. Allerdings durfte er keinen Geschichtsunterricht erteilen.

Das Schulkollegium Düsseldorf bestätigte am 20. Juni 1950[438] die Entscheidung der Stadt „vorerst" nicht, da Reimann in Kategorie IV (Mitläufer) eingereiht war. Die Zustimmung erfolgte wohl dann wenig später, da Reimann im Jahresbericht 1950/51[439] als planmäßiger Lehrer aufgeführt wird.

Sein Antrag vom März 1950 zur Wiederaufnahme des Entnazifizierungsverfahrens, um doch noch in die Kategorie V (Entlastete) zu kommen, scheiterte. Da halfen auch die beigefügten Leumundszeugnisse, die er dann anscheinend besorgt hatte, nicht. Sein früherer Direktor in Bunzlau/Schlesien hatte darin bestätigt, dass Reimann „nur auf Grund seiner fachlichen Fähigkeiten [zum

437 LAV NRW R, NW 1002-ED Nr. 65530-005.

438 KAV, I 2, Nr. 3795, Wiederaufnahme des Schulbetriebs am Hum. Gymnasium, Schreiben Schulkollegium v. 20.06.1950.

439 Ebenda, Jahresbericht über das Schuljahr 1950/51.

Studienrat] befördert wurde [und] dass die Partei die Ernennung Reimanns mit allen Mitteln zu verhindern suchte, da sie ihn wohl – mit Recht – als keinen guten Nationalsozialisten ansehen könnte."[440] Ein ehemaliger Kollege der Schule in Ratibor / Schlesien bescheinigte ihm sogar eine kritische Haltung gegenüber Nationalsozialismus und NSDAP. Reimann sei „immer seinen geraden Weg gegangen".

Die Wiederaufnahme des Verfahrens lehnte der Sonderbeauftragte für die Entnazifizierung Saalwächter am 12. August 1950 ab. Reimann sei in der ersten Instanz schon aufgrund entlastender Beweismittel als Mitläufer bewertet worden. Die nachgereichten Leumundszeugnisse und Reimanns Befürchtung, wegen der vorgenommenen Einreihung in Kategorie IV nicht als Studienrat angestellt zu werden, seien nicht von so gravierender Bedeutung, dass sie eine Wiederaufnahme rechtfertigen könnten.

Studienrat Alfred Reimann blieb in der Kategorie IV der Mitläufer.

Johannes Widdra, NSDAP-Mitgliedsnummer 4844724[441], eingetreten am 1.5.1937, Aufnahme beantragt am 18.6.1937, SA (seit 1933), Obersturmführer ab 1943, NSV, NSLB, Lehrer an der Reichsschule der NSDAP Feldafing/ Starnberger See[442] (ab 1939), Studienrat am Humanistischen Gymnasium 1954 – 1975

Von Johannes Widdra gibt es im Landesarchiv Duisburg keine Entnazifizierungsakte, da er in Bayern wohnte und sich dort einer Überprüfung unterziehen musste. In seiner Personalakte beim Schulkollegium Düsseldorf ist auf der letzten Seite das Urteil der Starnberger Spruchkammer zu finden. Widdra musste nach dem Ende des Faschismus vom Mai bis August 1945 im Auftrag der Gemeinde Feldafing auf dem DP[443]-Friedhof und dem DP-Camp Feldafing arbeiten. Vom 29. August bis zum 23. April 1946 war Widdra in Meesburg interniert. Danach hat er zwei Jahre an seinem Wohnort in Erling / Oberbayern in der Landwirtschaft[444] gearbeitet, wo „er sich durch besonderen Fleiß als landwirtschaftlicher Arbeiter von vielen anderen abgehoben" hat.[445]

440 LAV NRW R, NW 1002-ED Nr. 65530-019.

441 BArch R 9361-IX KARTEI – 25380125 (NSDAP-Mitgliedsausweis Johannes Widdra).

442 Bittmann, Julius, In Lederhose, Braunhemd und Gala-Uniform, 31.05.2008, Nr. 22/2008, https://www.traunsteiner-tagblatt.de/das-traunsteiner-tagblatt/chiemgau-blaetter/chiemgau-blaetter-2021_ausgabe,-in-lederhose-braunhemd-und-galauniform-_chid,685.html, abgerufen am 19.05.2021.

443 https://de.qaz.wiki/wiki/Feldafing_displaced_persons_camp.

444 Große Teile der in der Landwirtschaft Beschäftigten wurden von der Entnazifizierung z. T. verschont, da sie für die Versorgung der Bevölkerung unverzichtbar waren.

Johannes Widdra wurde in die Gruppe IV der Mitläufer eingereiht und mit einer Geldsühne von 2000 RM als Beitrag zum Wiedergutmachungsfonds belegt. Gegen diese Entscheidung legte Widdra Einspruch ein und beantragte ein schriftliches Verfahren. Die Spruchkammer Starnberg kam dann am 14.6.1948 zu folgender Entscheidung:
1) Der Betroffene ist Minderbelasteter 2) Von der Feststellung einer Bewährungsfrist wird abgesehen. 3) Der Sühnebeitrag zum Wiedergutmachungsfond wird auf 1000,- RM festgesetzt. 4) Die Kosten des Verfahrens hat der Betroffene zu tragen 5) Der Betroffene wird ohne Nachverfahren sofort in die Gruppe IV der Mitläufer eingereiht nach Art. 17/VIII.
Grundlage für diese Entscheidung war vor allem neben seiner Parteimitgliedschaft die Zugehörigkeit zur SA mit der Funktion des Obersturmführers ab 1943. Weniger von Bedeutung waren die Mitgliedschaften in der NSV und im NSLB. Man muss annehmen, dass Widdra vor allem gegen die im ersten Verfahren verhängte Sühnestrafe in Höhe von 2000,- RM Widerspruch eingelegt hat.
Eingehend hat sich die Spruchkammer mit seiner Tätigkeit als Lehrer und Gemeinschaftsleiter an der Reichsschule Feldafing beschäftigt, die auch als SA-Schule bezeichnet wurde[446]. Lehrer konnte man in Feldafing nur mit einer SA-Mitgliedschaft werden. Dort wurde mit einer zusätzlichen Unterrichtsstunde den Kindern und Jugendlichen nationalsozialistisches Gedankengut eingeimpft. Sie sollten zu linientreuen Nationalsozialisten erzogen werden. Ziel war die Herausbildung einer geistigen Führungsschicht des Dritten Reiches. Die Internatsschüler wohnten gruppenweise in Villen, die vor 1933 jüdischen Bürgern gehört hatten und arisiert worden waren.
Widdra hatte in seinem Fragebogen angegeben, dass er als Studienrat in Königsberg/Pr. seit Ostern 1939 als Lateinlehrer zur Dienstleistung nach Feldafing beurlaubt worden war. Über die Art und Weise dieser Beurlaubung schwieg Widdra und legte auch keine entlastenden Beweise über seine politische Haltung vor. Daher musste die Kammer annehmen, „dass der Betroffene als überzeugter Nationalsozialist der Leitung der Schule die Gewähr bot, an hervorragender Stelle seinen Einfluß als Jugenderzieher für die ausgewählte Jugend in der Napola zu betätigen." Die Kammer honorierte den

445 LAV NRW R, HSA-Pe Nr. 13663 (Personalakte Widdra), Protokoll der Spruchkammer Starnberg v. 1. August 1948.

446 Die Reichsschule der NSDAP besaß eine Sonderstellung im Rahmen der Nazi-Eliteschulen. Sie war als Privatschule der SA-Führung von Ernst Röhm gegründet worden und stand unter dem Schirm der Reichswehr und des NS-Lehrerbundes. Nach der Ermordung von Röhm im Jahre 1934 unterstand die Schule Rudolf Hess und danach Martin Bormann. Lehrer konnte man an der Reichsschule nur als SA-Mitglied werden.

von Widdra gezeigten Arbeitswillen in der Landwirtschaft und sah von einer Bewährungsfrist ab.
Nach Ende der Entnazifizierung ist Widdra 1954 Studienrat am Humanistischen Gymnasium in Viersen geworden. Ehrenamtlich war er in Viersen Kulturwart der ostpreußischen Landsmannschaft.

7.4 Leumundszeugnisse – aus Braun wird Weiß

Nach Analyse zahlreicher Dokumente in den Entnazifizierungs- und Personalakten war es anscheinend auch für die Viersener Pädagogen kein Problem, geeignete Entlastungszeugen für ihre angeblich nur nominelle Mitgliedschaft bzw. ihr Mitläufertum zu finden. Manche wie die Oberstudienrätin Marga Vüllers schafften mit der Anzahl der für sie ausgestellten Entlastungszeugnisse „Rekorde", wie ihr Anwalt anerkennend feststellte.
Geeignete Entlastungszeugen sollten bestimmte Kriterien erfüllen: keine Mitgliedschaft in der NSDAP, kein Austritt aus der Kirche, Erfahrungen mit dem Betreffenden als Kollege bzw. Vorgesetzter, gehobene Position wie z. B. Arzt oder Chefarzt eines Krankenhauses, Kirchenvertreter wie Pfarrer Totzeck und Dechant Frenken, langjährige Bekanntschaft, Schüler und Eltern oder Ehefrau eines entlassenen Schulleiters, wie Maria Kapelle. Noch positiver für den erfolgreichen Verlauf des Entnazifizierungsprozesses war, wenn Entlastungszeugen mehrere dieser Merkmale in sich vereinigen konnten.
So wurde von den Viersener Pädagogen oftmals der Brüggener Arzt Dr. Helmich um ein Leumundszeugnis bemüht. Helmich war mit einer Halbjüdin verheiratet und hatte zwei Kinder, die beide Viersener Gymnasien besuchten. Sohn Peter konnte bis zur mittleren Reife auf den Humanistischen Gymnasium bleiben, Tochter Ursula wurde 1943 vom Lyzeum wegen ihrer halbjüdischen Mutter verwiesen.
Helmichs Bewertung war immer, dass die Pädagogen eigentlich alle freundlich und fair zu seinen Kindern gewesen waren. Die Tatsache, dass diese mit ihrer NSDAP-Mitgliedschaft das judenfeindliche System stützten, spielte anscheinend keine Rolle. Zynisch muss man feststellen, dass Helmich als Leumundszeuge eine ideale Besetzung war: Arzt, mit Halbjüdin verheiratet, Kind aufgrund der Rassengesetze von der Schule verwiesen. Besser ging es nicht! Justus Fürstenau spricht in diesem Kontext vom „Schutzjuden."[447]
Eine Vielzahl von Leumundszeugnissen konnten neben Marga Vüllers die beiden Schulleiter Hoengen und Dr. Schöne vorweisen, die nach Aussage der Zeugen, nie etwas mit dem Nationalsozialismus zu tun hatten. Geradezu gro-

[447] Fürstenau, Justus, a. a. O., S. 202.

tesk wird es, wenn Leumundsgeber wie Emil Donner und Walter Strotmann schamlos genau das Gegenteil von dem behaupten, was sie drei Jahre zuvor in der NS-Zeit über Hoengen ausgesagt hatten.
Hinsichtlich der Berufe und Schichtzugehörigkeit waren die Leumundsgeber in der Viersener Gesellschaft gut situiert und bekannt. Für Clemens Vollnhals übte der „lokale Filz aus Nachbar- und Freundschaften"[448] geradezu einen Zwang zur Rehabilitierung aus. So wurden Studienräte, Vertreter der beiden Kirchen – insbesondere der ehemalige Parteigenosse Pastor Emil Totzeck -, einige Allgemeinmediziner, Chefärzte, Apotheker, Ingenieure, Stadtinspektoren um „Persilscheine" gebeten. Beim Schreiben von Dr. Künster vom Allgemeinen Krankenhaus, der sich für Marga Vüllers verwendete, bleibt einem das Lachen im Halse stecken. Auf seinem verwendeten Briefkopf stand 1947 als Wohnsitz immer noch die Adolf-Hitler-Straße, obwohl diese längst zur Bahnhofstraße umbenannt worden war.
Leumundszeugnisse für verschiedene Kolleginnen und Kollegen stellten auch Dr. Thekla Schmitz und Gertrud Lohschelder, Mitglieder des Komitees für die Entnazifizierung im Höheren Schulwesen in Viersen, aus. Im Falle von Dr. Schöne wandte sich Lohschelder zusammen mit anderen Kolleginnen am 23. November 1945, als Privatperson am 22. Juni 1946 und als Mitglied des Unterausschusses am 12. August 1947 an die Militärregierung.[449]
Grundsätzlich ging es darum, sich durch Persilscheine die Zugehörigkeit zur NSDAP und weiteren NS-Organisationen reinzuwaschen, sich als „guter Nazi" darzustellen und möglichst kirchliches Engagement zu belegen. Für Lehrer war es vor allem wichtig, im Falle einer Beförderung zum Direktor oder Oberstudienrat einen Zusammenhang mit der NSDAP-Mitgliedschaft zu entkräften und als Beförderungsgrund die „herausragende" pädagogische Kompetenz herauszustellen. Das Beispiel des als Direktor abgesetzten Dr. Kapelle, der nicht in der NSDAP war und dem man Zentrumsnähe vorwarf, macht deutlich, dass auch in Viersen keiner befördert werden bzw. in einer exponierten Stellung bleiben konnte, wenn er kein Parteigenosse war.
Die in den Akten befindlichen Leumundszeugnisse lassen oftmals den Eindruck entstehen, als seien sie auf Aufforderung – ein Aussteller nennt es Gesuch – des zu Entlastenden ausgestellt worden. Aufgrund der bisweilen großen Textähnlichkeit mit den eigenen Erläuterungen des Betreffenden ist zu vermuten, dass die Leumundszeugnisse sozusagen auf Bestellung geschrieben oder vorformuliert worden sind. Auffällig sind auch übersetzte Bescheinigungen für die Militärregierung, die bei den Ausstellern hervorragende Englischkenntnisse offenbaren.

448 Vollnhals, Clemens (Hg.), Entnazifizierung, München 1991, S. 60.
449 LAV NRW R, NW 1023-08055 (Entnazifizierungsakte Schöne).

Viele Entlastungsschreiben haben einen ähnlichen formalen Aufbau. Zunächst wird die persönliche Beziehung zum Entnazifizierenden genannt, dann wird auf die eigene Alltagserfahrung mit ihm eingegangen, um dann durch Beispiele die Gegnerschaft des Betreffenden zum Nationalsozialismus und seine grundsätzliche – demokratische – Gesinnung zu beweisen. Den Schluss bildet zumeist die Versicherung, dass man selbst nichts mit dem Nationalsozialismus zu tun gehabt habe und auch in keiner NS-Organisation gewesen sei.

Als exemplarisches Beispiel dient das Schreiben der Sekretärin von Michael Hoengen vom 15. September 1945:

„Mir, der langjährigen Sekretärin des Oberstudiendirektors Michael Hoengen von der städtischen Oberschule für Jungen ist folgendes bekannt. Der frühere Oberbürgermeister von Viersen Dr. Koch suchte fernmündlich auf Herrn Direktor Hoengen einzuwirken, er solle auf mich einen Druck ausüben, in die NS-Frauenschaft einzutreten. Mir ist ferner bekannt, daß Herr Direktor Hoengen dieses Ansinnen energisch zurückwies. Herr Direktor sagte mir nachher, daß ich politisch tun könne, was ich wollte, weil er in jedem Menschen die persönliche Freiheit achte. Ein gleicher Vorgang fand bezüglich einer andern (sic!) an unserer Schule beschäftigten Dame statt.
Gez. Henriette Vorholt
Ich bin weder Pg. noch in der NS-Frauenschaft noch in einer anderen NS-Organisation gewesen."[450]

Als Grund für die NSDAP-Mitgliedschaft wurden in fast allen Erklärungen der betroffenen Lehrer u. a. existenzielle Ängste, Fürsorge für die Familie oder Befürchtung vor dem Studienplatzverlust genannt. Man stellte sich als „Muss-PG." dar, der mit der Ideologie des Nationalsozialismus nicht im Geringsten etwas zu tun gehabt hatte. Auch wurde immer wieder die Behauptung aufgestellt, dass man ohne eigenes Wissen in der NSDAP gelandet sei. Die NSDAP-Mitgliederkartei beim Bundesarchiv in Berlin belegt das Gegenteil, da in den meisten Fällen auch der persönlich unterschriebene Aufnahmeantrag vorliegt.

In einem Falle wird die Mitgliedschaft in NS-Organisationen mit einer intendierten Spitzeltätigkeit begründet, um Schaden von Schule und Schülern zu abzuwenden. Mit anderen Worten: NSDAP-Eintritt als Tarnung und Opfer für die Schule! Besonders bizarr wird es aber, wenn einem ehemaligen Parteigenossen eine antifaschistische Grundeinstellung attestiert wurde.

Ganze Jahrgänge von Schülern und deren Eltern bescheinigten einigen Lehrern, dass sie nie die nationalsozialistische Ideologie verbreitet hätten, nach „Gesinnung und Betätigung niemals ein Nazi und kein Aktivist" für das NS-System gewesen seien und im Grunde eine antifaschistische Grundeinstellung

[450] LAV NRW R, NW 1021-2242-032 (Entnazifizierungsakte Hoengen).

gezeigt haben. Ihr Unterricht sei immer wertneutral gewesen und es sei keine parteipolitische Beeinflussung der Schüler vorgenommen worden. Selbst die Rassenkunde im Biologieunterricht sei rein nach wissenschaftlichen Grundsätzen unterrichtet worden.
Der ehemalige Schüler Klaus Markus – Jahrgang 1928 – bestätigt diese vermeintliche „Entnazifizierung" der betreffenden Lehrer: „Zu diesem Zweck wurden in den oberen Klassen Unterschriften gesammelt, mit denen wir bescheinigten, daß der genannte Lehrer sich in keiner Weise im nationalsozialistischen Geiste während des Unterrichts hervorgetan hatte... mit solchen Bescheinigungen konnte man sich vor dem Entnazifizierungsausschuß „reinwaschen". Und in der Tat haben diese Zeugnisse bei der politischen Säuberung eine wichtige Rolle gespielt."[451]
Oft wurde von Eltern, Schülern und Kollegen die herausragende Fach- und Erziehungskompetenz hervorgehoben, denn der Unterricht wäre immer nach „christlichem und deutschem Geiste" erteilt worden. Aber was sagt das fachliche Wissen über die politische Einstellung des Lehrers aus? Nichts! Welche Bedeutung hat die Bestätigung, dass das NSDAP-Mitglied ein „netter Kollege" gewesen sei?
Als entlastendes Moment werden in den Bescheinigungen oft der nicht erfolgte Kirchenaustritt, ein praktizierter Katholizismus oder auch nur die Teilnahme an der Fronleichnamsprozession als Hinweis für Widerstand genannt. Vor allem der evangelische Pastor Totzeck hat sich hier mehrfach als Leumundszeuge hervorgetan, wozu ihm vermutlich die Position der evangelischen Kirche, die die Entnazifizierung von Beginn an abgelehnt hat, ermuntert hat.
Manche Leumundszeugnisse enthalten z. T. identische Formulierungen mit den persönlichen Entlastungsschreiben in den Entnazifizierungsakten. Man wird bei der Lektüre – wie erwähnt – nicht das Gefühl los, dass manches Zeugnis vorformuliert worden ist und der Leumundszeuge nur unterschrieben bzw. gezeichnet hat. Sehr deutlich wird dies bei der Frage, ob die Schüler vom Lehrer im nationalsozialistischen Sinne beeinflusst worden sind. Oder ob das Thema der Rassenkunde „wertneutral" nach wissenschaftlichen Kriterien unterrichtet worden ist.
Ein Fazit der Leumundszeugnisse kann nur mit Bitterkeit gezogen werden, denn keiner der Viersener Studienräte bzw. der Studienrätinnen hatte für weite Teile der Viersener Gesellschaft – insbesondere für Schüler- und Elternschaft – irgendetwas mit den Nationalsozialisten gemein. Es muss daher vermutet werden, dass Abhängigkeiten und Ängste zu dieser Kritiklosigkeit

451 Marcus, Klaus, Wirre Zeiten, a. a. O., S. 107f.

gegenüber der nationalsozialistischen Vergangenheit von einigen Lehrern am Humanistischen Gymnasium geführt haben. Wahrscheinlich war die reibungslose schulische Karriere des eigenen Kindes in der Nachkriegszeit wichtiger als der schonungslose Umgang mit der Wahrheit.
1953 kam der Soziologe Walter Dirks zu der Erkenntnis, dass die Aufarbeitung der Entnazifizierung mit allen ihren Facetten der Geschichte überlassen werden müsste. Eine Lösung der mit der Entnazifizierung verbundenen Probleme sah er zum damaligen Zeitpunkt nicht. Es sei denn, dass „es sich im einzelnen Individuum lösen kann: in der Wahrheit."[452]

8 Bilanz

Die diesjährige Rede (2021) von Bundespräsident Steinmeier zum Tag der Befreiung am 8. Mai 1945 hebt die Notwendigkeit der Erinnerung an den Nationalsozialismus hervor, als Voraussetzung für unsere Demokratie.
„[…] Bis zu dieser Befreiung von außen auch eine innere Befreiung folgte, vergingen noch viele Jahre des Verdrängens und Beschweigens. Es war ein mühsamer Prozess der Aufklärung und der Aufarbeitung von Mittäterschaft, Mitwisserschaft und Mitläufertum […] Die Auseinandersetzung mit dem Nationalsozialismus, die Erinnerung an Unrecht und Schuld, schwächt unsere Demokratie nicht. Im Gegenteil, sie stärkt ihre Widerstandskraft und ihre Widerstandsfähigkeit. Ganz gleich, von welcher Seite und unter welchen Vorwänden daher heute nach dem Schlussstrich gerufen wird: Ein Zurück zum Verdrängen wäre ein fataler Irrweg!" [Bundespräsident Steinmeier am 7. Mai 2021][453]
Vor diesem Hintergrund ist die vorliegende Forschungsarbeit zu sehen und möchte dazu einen Beitrag leisten.
Die Durchsicht der Jahresberichte, der Protokolle von Lehrerkonferenzen, der Unterrichtsinhalte, der vorgegebenen Abiturthemen und der Berichte von nationalpolitischen Lehrgängen lässt nur den Schluss zu, dass das Humanistische Gymnasium unter den Direktoren Schöne und Hoengen im nationalsozialistischen Sinne funktionierte. Das Führerprinzip – ausgedrückt durch die starke Stellung des Schulleiters – machte eine Diskussion im Kollegium

[452] Dirks, Walter, Folgen der Entnazifizierung, in: Frankfurter Beiträge zur Soziologie, Band 1 Sociologica. Aufsätze, Max Horkheimer zum sechzigsten Geburtstag gewidmet, Frankfurt a. M. 1953, S.470.

[453] Rede des Bundespräsidenten Steinmeier zum 76. Jahrestag von Kriegsende und Befreiung vom Nationalsozialismus am 7. Mai 2021, https://www.bundespraesident.de/SharedDocs/Downloads/DE/Reden/2021/05/210507-OV-Jahrestag-Kriegsende.pdf?_blob=publicationFile, abgerufen am 8.5.2021.

nahezu unmöglich. Was vielleicht im engsten privaten Gespräch geäußert wurde, bleibt im Verborgenen. Erlasse und Vorgaben des Reichserziehungsministers Rust wurden exekutiert. Widerstand oder die leiseste Form von Kritik sucht man vergebens. Schulleiter Hoengen ließ bei Kriegsausbruch 1939 sogar noch einmal den Treueeid auf den Führer erneuern, wozu er durch keinen Erlass o. Ä. gezwungen war.
Warum hatte ich bei der Durchforstung der Entnazifizierungsakten immer wieder die Assoziation „Theater spielen“? Ich gewann beim Lesen der Akten den Eindruck, dass es im Grunde keine Nazis gab. Die ehemaligen NSDAP-Mitglieder und Mitglieder anderer NS-Organisationen haben anscheinend nur so getan, als ob sie Anhänger der nationalsozialistischen Bewegung gewesen wären.

Eigentlich waren alle im Widerstand – zumindest innerlich!
Das wurde ihnen dann auch nach 1945 von „wohlmeinenden“ Zeitgenossen durch angebliches Entlastungsmaterial bestätigt. So kam es zu einer unheilvollen Solidargemeinschaft zwischen Mitgliedern verschiedener NS-Organisationen und den im wahren Sinne Unbelasteten – nach dem Motto „man kennt sich, man hilft sich“. Beide Gruppierungen wollten das Kapitel Entnazifizierung beenden und nicht mehr mit der Vergangenheit konfrontiert werden.
Der Soziologe Walter Dirks kam in seiner Untersuchung 1953 über die „Massensäuberung“ der bundesrepublikanischen Gesellschaft zu dem Ergebnis, dass die Entnazifizierten die von den Alliierten betriebene Entnazifizierung als Unrecht empfunden hätten. Sie wären durch die Befragungen zur Heuchelei erzogen worden. Acht Jahre nach Ende des Faschismus stellte Dirks fest: „Während man früher kaum einen fand, der nicht im Innern „schon immer dagegen“ gewesen und nach seinem Vermögen Widerstand geleistet haben wollte, spricht man jetzt (1953) viel unumwundener von der eigenen NS-Vergangenheit und legt die Betonung mehr darauf, daß man selber ganz harmlos gewesen sei, oder aber, daß der Nationalsozialismus im großen und ganzen nicht so schlimm gewesen sei. Man habe doch als kleiner Nazi nur Gutes getan, sagen viele, und man könnte doch nicht Taten ahnden, die im besten Glauben geschehen seien.“[454]
Das Vorhaben der Alliierten, Deutschland von Nazis politisch zu säubern, gelang nicht. Vielmehr kann man von einer Rehabilitierung der Mitläufer und Aktivisten sprechen, die sich letzten Endes in der Kategorie der Entlasteten wiederfanden. Meist konnten sie in ihre frühere berufliche Stellung zurück-

[454] Ebenda, S.459.

kehren. Vollnhals[455] bezeichnet die zu beobachtende Massenloyalität als ein Ergebnis der von den Nazis beschworenen „Volksgemeinschaft". Die von den Alliierten angestrebte Katharsis wurde dadurch unmöglich gemacht.
Großzügig ausgestellte Entlastungszeugnisse (Persilscheine) bescheinigten, dass der Vorgesetzte, der Kollege, der Nachbar, der Freund nur auf Druck in die NSDAP eingetreten sei. Ansonsten sei er ein friedliebender, christlicher und tadelloser Mitmensch gewesen. Pädagogen wurde oftmals per Leumundszeugnis bestätigt, dass im Unterricht die nationalsozialistische Ideologie nie eine Rolle gespielt habe, selbst bei der Rassenkunde nicht.
Kein Lehrer des Humanistischen Gymnasiums hat sich in den Akten kritisch zu seiner NSDAP-Mitgliedschaft geäußert und Worte des Bedauerns für seine unterrichtliche Tätigkeit im Sinne des Nationalsozialismus gefunden. Die Lektüre der Entnazifizierungsakten, in denen die Beteiligten jegliche Verantwortung für ihre Handlungen bzw. ihr Schweigen ablehnen, macht den Leser sprachlos. Nicht eine Äußerung der Betroffenen oder der Leumundszeugen kam wenigstens in die Nähe des von Eugen Kogon schon im Juli 1947 geforderten Rechts „auf den politischen Irrtum".[456] Kogon, der ehemalige Insasse vom KZ Buchenwald, sah es nicht als Schuld an, sich politisch geirrt zu haben. Deshalb forderte er ein Ende der Entnazifizierung für die Masse der Mitläufer und Minderbelasteten. Allerdings ging Kogon davon aus, dass man die Wahrheit über das eigene Mitmachen sagt und zwar „alles so, wie es war, nicht anders, nichts verniedlicht, nichts zurechtgemacht [...], nichts verschwiegen."[457]
Vergleichbar und bezeichnend für die Unfähigkeit, sich der eigenen Geschichte zu stellen, ist das weitverbreitete Schweigen unserer Vätergeneration über ihre Erlebnisse und Taten als Wehrmachtssoldat im 2. Weltkrieg. Waren sie als Augenzeuge oder vielleicht sogar als Täter beteiligt an der Ermordung von Zivilpersonen? Haben sie bis zum Schluss an den „Endsieg" geglaubt? Haben sie Angst gehabt? Wie haben sie die Schrecken des Krieges verarbeitet? Welche Traumata haben sie bis an ihr Lebensende begleitet und nie darüber gesprochen?
In **meinem persönlichen Fall** gaben jahrzehntelang im Keller gelagerte bzw. versteckte Kriegstagebücher des Vaters – kein NSDAP-Mitglied, aber begeisterter Gebirgsjäger, in den 60ern SPD-Ratsherr in Viersen – Auskunft. Sie sind ein Zeugnis über das Grauen des täglichen Krieges[458] und der eigenen Ver-

455 Vollnhals, Clemens (Hg.), Entnazifizierung, München 1991, S. 57.
456 Kogon, Eugen, Das Recht auf den politischen Irrtum, in: Frankfurter Hefte, Heft 2 (1947), S. 641-655.
457 Kogon, Eugen, Der SS-Staat. Das System der deutschen Konzentrationslager, Frankfurt a. M. 1974, S. VI.
458 Vgl. Meyer, Hermann Frank, Blutiges Edelweiß. Die 1. Gebirgs-Division im Zweiten Weltkrieg, Berlin 2007.

arbeitung. Noch heute lese ich regelmäßig in diesen Tagebüchern, die mich als 14-Jährigen verstört haben und die nach Erklärungen durch den Vater verlangten. Diese blieben – wie bei so vielen – aus und ein kritisches Gespräch über diese Zeit hat nie stattgefunden, was ich heute sehr bedauere. Vielleicht gehören aber auch die Unfähigkeit des Vaters zu reden und meine Unfähigkeit bzw. Angst zu fragen zusammen. Allerdings hat die verbotene Lektüre der Tagebücher u. a. zu meiner Kriegsdienstverweigerung geführt. Mein Vater hat diese Entscheidung damals unkommentiert gelassen. Heute bin ich mir sicher, dass er damit einverstanden war.

Das Schweigen, die Sprachlosigkeit, die Tabuisierung waren die Hauptgründe für die großen Konflikte der 68er Generation mit ihren Vätern. Erst der spätere Zugang zu Entnazifizierungsakten und NS-Archiven brachte Licht ins Dunkel. Die Thematisierung der eigenen Verstrickung wurde sowohl in den Familien als auch in der Öffentlichkeit zum Tabu erklärt. Es war „die Verweigerung der Scham, die kollektive Gedächtnisstörung, die Eltern, Verwandte, Lehrer, Pfarrer und Ärzte (unter anderen) erfasste, die Verschwörung der Verschweiger."[459] Selbst die schonungslose und nachhaltige Rede von Bundespräsident Richard von Weizsäcker am 8. Mai 1985 und die Hamburger Wehrmachtausstellung, die 1995 die Verbrechen der Wehrmacht in den öffentlichen Fokus rückte, konnten daran nur wenig ändern. Dieses hartnäckige Schweigen konnte auch die Studie von Daniel Goldhagen, die sich mit dem Mitmachen der NS-Mehrheitsgesellschaft – „Hitlers willige Vollstrecker"[460] – beschäftigte, nicht aufbrechen.

Das Studium der entsprechenden Akten lässt auch bei den Lehrern des Humanistischen Gymnasiums eine hartnäckige Verweigerung bezüglich der Aufarbeitung der Vergangenheit erkennen. Es ging auch ihnen nicht darum, sich mit ihrer nationalsozialistischen Vergangenheit und der eigenen Rolle im NS-System als Erzieher ehrlich und vorbehaltlos auseinanderzusetzen. Vielmehr musste der belastende Rucksack der Erinnerung und Schuld abgeworfen werden.

Ralph Giordano sprach 1987 von einer doppelten Schuld, denn „jede zweite Schuld setzt eine erste voraus – hier: die Schuld der Deutschen unter Hitler. Die zweite Schuld: Die Verdrängung und Verleugnung der ersten nach 1945."[461] Gerade den Lehrern als Teil der NS-Beamtenschaft wirft Giordano

459 Armin von, Gabriele, Das große Schweigen. Von der Schwierigkeit, mit den Schatten der Vergangenheit zu leben, München 1989, o.S. (Klappentext).

460 Goldhagen, Daniel, Hitlers willige Vollstrecker. Ganz gewöhnliche Deutsche und der Holocaust, Berlin 1996.

461 Giordano, Ralph, Die zweite Schuld oder Von der Last Deutscher zu sein, Hamburg 1998 (Neuausgabe), S. 17.

eine erhebliche Mitschuld bei der Verankerung der „nationalsozialistischen Rassenlehre“ und Diskriminierung jüdischer Schüler vor.[462]
Dennoch verfolgte die vorliegende Untersuchung der Geschichte des Humanistischen Gymnasiums im Nationalsozialismus nicht die Absicht, die nicht mehr lebenden Protagonisten zu verurteilen oder zu denunzieren. Dies wäre ein Leichtes gewesen. Schuld war nicht das Thema!
Allerdings Mitverantwortung, ohne hier die Kollektivschuldthese vertreten zu wollen.
Die zumeist ab 1937 in die NSDAP eingetretenen Lehrer haben doch die Unterdrückung politischer Gegner wie Sozialdemokraten und Kommunisten und die Verfolgung bestimmter Bevölkerungsgruppen – und nicht nur der jüdischen Mitbürger – seit der Machtergreifung miterlebt!
Da bringt man wenig Verständnis auf für das Wegschauen und das möglichst – oft aus opportunistischen Gründen – geräuschlose Mitmachen. Alle Pg. des Humanistischen Gymnasiums stellten sich im Nachhinein vor den Entnazifizierungsausschüssen so dar, dass sie im Innersten gegen das NS-System gewesen seien. Es besteht allerdings „kaum ein Zweifel, dass selbst diese Contre-Cœur-Mitläufer zum Erfolg des Nationalsozialismus beigetragen haben, und sei es als unfreiwillige Legitimationsinstrumente gegenüber dem Ausland oder den Mitbürgern.“[463]
Bei dieser lokalhistorischen Arbeit ging es darum, aufzuzeigen, inwieweit man beteiligt war und versucht hat, im Entnazifizierungsprozess den eigenen Beitrag zur Stabilisierung des NS-Systems zu vernebeln, zu verschleiern und letztendlich einer Amnesie gleich zu leugnen.
Alle persönlichen Erklärungen, die als Anhang zum eingereichten Fragebogen in den Entnazifizierungsakten enthalten sind, sollten nur zur Entlastung dienen. Reue oder jegliche Formen von Schuldbewusstsein für das Mitmachen als Teil der „NS-Volksgemeinschaft“ sind nicht zu finden. Vielmehr stellte man sich lediglich als nominelles Parteimitglied dar, das im Grunde genommen im inneren Widerstand gelebt habe. Dokumentiert wird der innere Widerstand – wie erwähnt – in einem Fall durch die Teilnahme an einer Fronleichnamsprozession! Auch das wiederholte Beteuern, dass man ohne eigenes Wissen NSDAP-Mitglied geworden wäre, kann aufgrund des heutigen Forschungsstandes als Unwahrheit bezeichnet werden.
Für Niklas Frank, Sohn des Generalgouverneurs und Kriegsverbrechers Hans Frank, ergab sich nach dem Studium Tausender Entnazifizierungsakten als Fazit eine grundsätzliche Verteidigungslinie: „Wir waren zwar in der Partei, um die Familie zu schützen, oder wegen des Jobs, aber im Grunde waren wir

462 Vgl. ebenda S. 100.
463 Falter, Jürgen W., Hitlers Parteigenossen, S.489.

starke Anti-Nazis." Ironisch stellt Frank fest: „Wichtig war immer das Zeugnis des Dorfpfarrers. Wenn einer nicht aus der Kirche ausgetreten war, war das schon die halbe Miete." Für N. Frank wäre es im Rahmen der Entnazifizierung wichtig gewesen, dass man die „Nazis dazu (hätte) bringen müssen, über ihre Feigheit zu sprechen."[464]

Bei einer eigenen, selbstkritischen Reflexion ist dann auch die von Alt-Bundeskanzler Kohl – erstmals 1984 vor der Knesset, dem israelischen Parlament[465] – benutzte Floskel von der „Gnade der späten Geburt" wenig hilfreich. Kohl, 1930 geboren, verstand diesen Ausdruck dahingehend, dass seine Generation in der Nazizeit nicht in Schuld geraten wäre und nicht für die Verbrechen der Nazis verantwortlich gemacht werden könnte. Kohls Aussage wurde vor allem von denen begrüßt, die einen Schlussstrich unter die Vergangenheitsbewältigung ziehen wollten.

Der ehemalige Staatsminister Günter Gaus[466], auf den die Bemerkung eigentlich zurückgeht, wollte im Gegensatz zu Kohl damit ausdrücken, dass seine Generation „nur unverdientermaßen, zufälligerweise und kalendarisch unbeteiligt an den Grausamkeiten, die mit dem Namen und Ort in die Geschichte gehören" gewesen sei. Gaus – auch Jahrgang 1930 wie Kohl – war sich im Klaren darüber, dass diese späte Geburt seiner Generation durch den Nationalsozialismus hervorgerufene Entscheidungssituationen erspart habe, „denen man vielleicht nicht gewachsen gewesen wäre."[467]

Kohl revidierte erst 1990 seine Auffassung und näherte sich inhaltlich Gaus an, denn die „Gnade der späten Geburt ist nicht das moralische Verdienst meiner Generation, der Verstrickung in Schuld entgangen zu sein. Gnade meint hier nichts weiter als den Zufall des Geburtsdatums."[468]

Aber auch meine Generation muss sich der Frage stellen, ob man selbst den nationalsozialistischen Zumutungen, Manipulationen und der permanenten Indoktrination gewachsen gewesen wäre. Wie hätte das eigene persönliche Verhalten in der NS-Zeit ausgesehen? Wo hätte man seinen Platz gefunden zwischen Mitmachen, Anpassung, Wegschauen und Widerstand? Hätte man

464 https://www.fr.de/kultur/man-haette-nazis-dazu-bringen-muessen-ueber-ihre-feigheit-sprechen-11059725.html, abgerufen am 21.01.2021.

465 Köpcke, Monika, Helmut Kohl trifft in Israel ein und spricht von der „Gnade der späten Geburt", Deutschlandradio Berlin. Kalenderblatt. 24. Januar 2004, http://www.dradio.de/dlr/sendungen/kalender/227514/, abgerufen am 5. März 2021.

466 LeMO, Günter Gaus, https://www.hdg.de/lemo/biografie/guenter-gaus.html, abgerufen am 5. März 2021.

467 Vgl. Der Spiegel Nr. 38/1086, S.47, https://www.spiegel.de/spiegel/print/d-13519977.html, abgerufen am 5. März 2021.

468 Academic, Gnade der späten Geburt, https://deacademic.com/dic.nsf/dewiki/530015, abgerufen am 5. März 2021.

den von den Nazis Verfolgten Schutz geboten? Wäre man 1938 bei der Zerstörung der Geschäftshäuser jüdischer Bürger und der Synagogen eingeschritten? Hätte man als Lehrer seinen Schülern deutlich gemacht, dass man mit dem NS-System nicht einverstanden ist?

Was hätte ich getan? Ich habe keine Antworten auf diese Fragen.
Gewiss kann man in Kenntnis der eigenen Persönlichkeitsstruktur und Lebensgeschichte Vermutungen oder auch Wunschvorstellungen formulieren, aber es bleiben Spekulationen. Als Teil der nachgeborenen Generation besitzt man den Vorteil, einen historischen Blick auf das Verhalten der Menschen in der NS-Zeit zu werfen.
Der Satz „Ich weiß nicht, wie ich mich verhalten hätte" darf einen aber nicht unfähig machen, die Strukturen des Nationalsozialismus und die Verantwortung der Beteiligten aufzuarbeiten und kritisch zu hinterfragen. Er würde die historische Reflexion über das Geschehene beenden. Norbert Frei meint zu der Frage des eigenen Verhaltens: „In der Tat, das können wir nicht wissen, doch heißt das ja nicht, daß wir nicht wüßten, wie wir uns hätten verhalten sollen."[469]
Man kann Vermutungen über die Motive der Beteiligten anstellen. Offene Bekenntnisse zur eigenen Verantwortung und Mitschuld sind ausgeblieben, auch in den persönlichen Erklärungen der Lehrer des Humanistischen Gymnasiums. Von einem Unrechtsbewusstsein kann nicht die Rede sein. Vielmehr hat man sich im Rahmen der Entnazifizierung quasi zum „Widerstandskämpfer im Verborgenen" gemacht, der mit dem NS-System nichts zu tun hatte.
Echter Widerstand gegen das NS-Regime war aber mehr als nur Verweigerung des Hitler-Grußes oder schweigende Ablehnung innerhalb der Familie und des Freundeskreises. Auch unter den Studienräten und Studienrätinnen des Humanistischen Gymnasiums muss man von einer Anpassung an die Gegebenheiten des NS-Systems sprechen. Verordnungen und Erlasse aus dem Reichsministerium unter Rust wurden vom Schulleiter Hoengen dem Kollegium mitgeteilt und umgehend umgesetzt. Jeder Schulleiter war vor seiner Beförderung bezüglich der politischen Zuverlässigkeit überprüft worden. Protokolle der Lehrerkonferenzen lassen nicht den Hauch von kontroversen Diskussionen erkennen, denn die Entscheidungskompetenz lag beim Schulleiter.
Es ist Aufgabe der Erinnerungskultur, sich der Geschichte zu stellen. Auch im schulischen Bereich konnten sich die Nationalsozialisten auf breite Zustimmung stützen. Es gab aber Rückzugsmöglichkeiten und Verweigerung, ohne dass man entlassen wurde. Das Beispiel der fünf Studienräte Strotmann,

469 Frei, Norbert, 1945 UND WIR. Das Dritte Reich im Bewußtsein der Deutschen, München 2005, S. 10.

Donner, Schneider, Finger und Schlager am Humanistischen Gymnasium zeigt, dass man auch ohne NSDAP-Mitgliedschaft Lehrer bleiben konnte. Man musste allerdings auf Beförderungen zum Oberstudienrat oder Direktor verzichten, denn diese waren NSDAP-Mitgliedern vorbehalten. Dennoch war die Verweigerung in die NSDAP einzutreten nicht gleichzusetzen mit aktivem Widerstand. Echter Widerstand bedeutete „mehr als das Beharren auf persönlichen Einstellungen, die mit der Räson des Regimes nicht übereinstimmten. Aber ohne eigene Haltung und Orientierung war kein Widerstand möglich."[470]

Bertolt Brecht schließt sein Gedicht „An die Nachgeborenen" mit der Bitte bzw. Aufforderung, **beim Gedenken Nachsicht zu üben.**

Diese Nachsicht ist gewiss auch den Lehrern des Humanistischen Gymnasiums zu gewähren, denn sie lebten in den „finsteren Zeiten". Allerdings impliziert dies nicht, dass man die Verhaltensweisen nicht beurteilen und bewerten darf. Dies käme einem Beurteilungsverbot für die nachfolgenden Generationen gleich, wenn nur die Zeitgenossen, von denen es nicht mehr viele gibt, Verhaltensweisen während des Nationalsozialismus bewerten dürfen.

Diese Forschungsarbeit ist auch nicht das Ergebnis von moralischer Arroganz. Darum ging es nicht!

Es sollte Licht in die Dunkelheit der NS-Vergangenheit einer Schule gebracht werden. Immerhin hat das Verschweigen über 75 Jahre gedauert.

Die Notwendigkeit einer Erinnerungskultur – auch wenn es nicht die eigenen Erinnerungen sind – und die Beschäftigung mit dem Nationalsozialismus belegt nachdrücklich eine Untersuchung der ZEIT zur Haltung der Deutschen zum Nationalsozialismus vom Januar 2020[471]. 75 Jahre nach dem Ende des Nationalsozialismus in Deutschland stimmten der Aussage **„Die Zeit des Nationalsozialismus wird viel zu einseitig und negativ dargestellt – sie hatte auch ihre guten Seiten"** 5 % voll und ganz zu. 17 % stimmten eher zu. Quer durch alle Schichten der deutschen Gesellschaft widersprach also ein Fünftel der über 18-Jährigen dieser erschreckenden Aussage nicht!

[470] Benz, Wolfgang, Der deutsche Widerstand, München 2014, S. 8.

[471] Policy matters. Gesellschaft für Politikforschung und Politikberatung. Die Haltung der Deutschen zum Nationalsozialismus, im Auftrag von DIE Zeit, Januar 2020, abgerufen am 20.12.2020: https://www.policy-matters.de/site/assets/files/1400/20200128_zeit_ns-zeit_final_v2.pdf und DIE ZEIT, Das Ende der Selbstgewissheit, Ausgabe 19 v. 29.4.2020, S. 17.

Zum Schluss

Aus dem Monatsbericht vom Lehrer Künstle an die Französische Militärregierung Lörrach vom 22. November 1947:
„Aber war der Eintritt in die Partei überhaupt nötig? Zeigen nicht so viele Fälle, daß auch der Nichtparteigenosse im Schuldienst bleiben konnte – allerdings ohne Möglichkeiten des Aufstiegs in eine gehobene Stelle? Wurde irgendeiner gezwungen in die Partei zu gehen? Was konnte ihm geschehen, wenn er den Eintritt standhaft ablehnte? Ich selbst habe noch 1941 den Eintritt abgelehnt und mir geschah nichts. Will einer ehrlich bleiben vor sich selbst, so hat er sich an die Brust zu schlagen und zu bekennen, daß auch er, der Nichtparteigenosse, seinen Teil an der Schuld des deutschen Volkes zu tragen hat … Haben wir nicht als Konzession an das Regime unseren Beitritt zum NSLB, NSV und zum Luftschutzbund erklärt?... Haben insbesondere wir Lehrer und späteren Soldaten nicht auch dem „Führer" Beamten- und Soldateneid abgelegt? Es scheint mir, daß zu viele ihren stillen, damals in tiefster Brust verschlossenen Widerstand gegen die Nazis heute als Widerstands-„Bewegung" ausgeben, um sich vor sich selbst als Opfer, als Schuldlose auszugeben."[472]

[472] Vollnhals, Clemens (Hg.), a. a. O., S.151f.

9 Quellen- und Literaturverzeichnis

9.1 Gedruckte Quellen und Literatur

Adorno, Theodor W., Was bedeutet: Aufarbeitung der Vergangenheit [1959], in: ders., Gesammelte Schriften, Bd. 10.2, Frankfurt a. M. 1977, S. 555-572

Armin von, Gabriele, Das große Schweigen. Von der Schwierigkeit, mit den Schatten der Vergangenheit zu leben, München 1989

Benz, Wolfgang (Hg.), Wie wurde man Parteigenosse? Die NSDAP und ihre Mitglieder, Frankfurt a. M. 2009

Benz, Wolfgang, Der deutsche Widerstand gegen Hitler, München 2014

Bilski, Anja, Die Entnazifizierung des Düsseldorfer Schulwesens nach 1945. Demokratisierung und personelle Säuberung im Umfeld von Wiederaufbau und Reorganisation des Schulwesens einer Großstadt in der britischen Zone, Essen 2016

Bode, Susanne, Nachkriegskinder. Die 1950er Jahrgänge und ihre Soldatenväter, Stuttgart 2011

Bölling, Rainer, Sozialgeschichte der deutschen Lehrer. Überblick von 1800 bis zur Gegenwart, Göttingen 1983

Bölling, Rainer, Schwerpunkte und Ergebnisse der Historischen Bildungsforschung im letzten Jahrzehnt, in: Archiv für Sozialgeschichte Heft 34, 1994, S. 269 - 299

Bönisch, Georg, Amnesie und Amnestie, in: Die 50er Jahre. Vom Trümmerland zum Wirtschaftswunder, Spiegel Special 1/2006, S. 112 – 118

Brecht, Bertolt, Werke. Große kommentierte Berliner und Frankfurter Ausgabe, Band 12: Gedichte 2, Frankfurt a. M. 1988

Bremische Bürgerschaft (Hg.), Die NS-Vergangenheit früherer Mitglieder der Bremischen Bürgerschaft, Bremen 2014

Buddrus, Michael, War es möglich ohne sein Zutun Mitglied der NSDAP zu werden? Gutachten des Instituts für Zeitgeschichte München-Berlin für das Internationale Germanistenlexikon 1800 – 1950, in: König, Christoph (Hg.), Geschichte der Germanistik, Mitteilungen, Doppelheft 23/24, Göttingen 2003, S. 21 – 25

De Lorent, Hans Peter, Die unvollendete Entnazifizierung und oder Was es so schwer machte, die Verantwortlichen im Hamburger Schulwesens in der Zeit des Nationalsozialismus nach 1945 zur Rechenschaft zu ziehen, in: ders., Täterprofile. Die Verantwortlichen im Hamburger Bildungswesen. Band 1, Hamburg 2016, S. 38 - 68

Wissenschaftlicher Dienst. Der Deutsche Bundestag. Die Entnazifizierung, WD 1 – 3000/072/11, Berlin 2011

Dick von, Lutz, Oppositionelles Lehrerverhalten 1933 – 1945. Biographische Berichte über den aufrechten Gang von Lehrerinnen und Lehrern, Weinheim und München 1988

Dirks, Walter, Folgen der Entnazifizierung. Ihre Auswirkung in kleineren und mittleren Gemeinden der drei westlichen Zonen, in: Adorno, Theodor W./Dirks, Walter (Hg.), Sociologica. Aufsätze, Max Horkheimer zum sechzigsten Geburtstag gewidmet, Frankfurt a. M. 1955, S. 445 - 470

Dohr, Ferdinand, Chronik der Viersener Juden 1809 – 1942, in: Schriftenreihe des Stadtarchivs Viersen Nr. 1, Viersen 1965

Dorn, Walter L., Inspektionsreisen in der US-Zone. Notizen, Denkschriften und Erinnerungen aus dem Nachlaß, übersetzt und herausgegeben von Lutz Niethammer, in: Schriftenreihe der Vierteljahreshefte für Zeitgeschichte Nr. 26, Stuttgart 1973

Ewers, Marcus, Der Fall Kapelle – oder die Gleichschaltung des Humanistischen Gymnasiums 1933/34, in: Heimatbuch Kreis Viersen 64 (2013), S. 213 – 226

Falter, Jürgen W., Hitlers Parteigenossen. Die Mitglieder der NSDAP 1919-1945, Frankfurt a. M. 2020

Faust, Anselm, Entnazifizierung, in: Nordrhein-Westfalen. Landesgeschichte im Lexikon, Düsseldorf 1993, S. 107 – 108

Focke, Harald/Reimer, Uwe, Alltag unterm Hakenkreuz. Wie die Nazis das Leben der Deutschen veränderten, Hamburg 1979

Foerster, Friedrich W., Die deutsche Jugend und der Weltkrieg. Kriegs-und Friedensaufsätze, Leipzig 1916

Frank, Niklas, Dunkle Seele feiges Maul. Wie absurd, skandalös und komisch sich die Deutschen beim Entnazifizieren reinwaschen, Bonn 2. Auflage 2017

Frei, Norbert, Vergangenheitspolitik. Die Anfänge der Bundesrepublik und die NS-Vergangenheit, München 1996

Frei, Norbert, 1945 UND WIR. Das Dritte Reich im Bewußtsein der Deutschen, München 2005

Fricke-Finkelnburg, Renate (Hg.): Nationalsozialismus und Schule. Amtliche Erlasse und Richtlinien 1933-1945, Opladen 1989

Friedrich, Jörg, Die kalte Amnestie. NS-Täter in der Bundesrepublik, Berlin 2007

Fürstenau, Justus, Entnazifizierung. Ein Kapitel deutscher Nachkriegspolitik, Neuwied und Berlin 1969

Gamm, Hans-Jochen, Führung und Verführung. Pädagogik des Nationalsozialismus, München 1964

Geudtner, Otto, Hengsbach, Hans, Westerkamp, Sibille, „Ich bin katholisch getauft und Arier“. Aus der Geschichte eines Kölner Gymnasiums, Köln 1985

Giordano, Ralph, Die zweite Schuld oder Von Der Last Deutscher zu sein, Hamburg 1998 (Neuausgabe)

Gödde, Joachim, Entnazifizierung unter britischer Besatzung. Problemskizze zu einem vernachlässigten Kapitel der Nachkriegsgeschichte, in: Geschichte im Westen, Jahrgang 1991, Heft 1, S.62-73

Goldhagen, Daniel, Hitlers willige Vollstrecker. Ganz gewöhnliche Deutsche und der Holocaust, Berlin 1996

Heidenreich, Gerd, Die Gnade der späten Geburt, München 1989 (Neuausgabe)

Herwig, Malte, Die Flakhelfer. Eine gebrochene Generation, München 2014

Heusterberg, Babette, Personenbezogene Unterlagen aus der Zeit des Nationalsozialismus, in: Herold-Jahrbuch. Neue Folge, Neustadt a.d. Aisch 2000, S. 147-186

Hochmuth, Ursel/de Lorent, Hans-Peter (Hg.), Hamburg: Schule unterm Hakenkreuz, Hamburg 1985

Hoengen, Michael (Hg.), Festschrift aus Anlass des 75jährigen Bestehens als Städt. Höhere Schule, Viersen 1951

Hüttenberger, Peter, Entnazifizierung im öffentlichen Dienst Nordrhein-Westfalens, in: Schwegmann, Friedrich Gerhard (Hg.), Die Wiederherstellung des Berufsbeamtentums nach 1945. Geburtsfehler oder Stützpfeiler der Demokratiegründung in Westdeutschland, Düsseldorf 1986, S. 47 – 64

Hüttenberger, Peter, Sieger und Besiegte. Das tägliche Überleben und die Auseinandersetzung mit dem Nationalsozialismus, in: 1946. Neuanfang: Leben in Düsseldorf, hg. vom Stadtmuseum Düsseldorf und der Rheinischen Post, Düsseldorf 1986, S. 34 – 41

Kaufhold, Josef/Klattenhoff, Klaus (Hg.), Entnazifizierung der Lehrerschaft in Ostfriesland. Beiträge zur Schulgeschichte Ostfrieslands. Folge 5, Oldenburg 2016

Keim, Wolfgang, Erziehung unter der Nazi-Diktatur. Band I: Antidemokratische Potentiale, Machtantritt und Machtdurchsetzung, Darmstadt 1995

Keim, Wolfgang, Erziehung unter der Nazi-Diktatur. Band II: Kriegsvorbereitung, Krieg und Holocaust, Darmstadt 1997

Kellerhoff, Sven Felix, Die Erfindung des Karteimitglieds. Rhetorik des Herauswindens: Wie heute die NSDAP-Mitgliedschaft kleingeredet wird, in: Benz, Wolfgang (Hg.), Wie wurde man Parteigenosse? Die NSDAP und ihre Mitglieder, Frankfurt a. M. 2009, S. 167-180

Kogon, Eugen, Das Recht auf den politischen Irrtum, in: Frankfurter Hefte. Zeitschrift für Kultur und Politik, Heft 2 (1947), Frankfurt a. M. 1978, Faksimile-Ausgabe, S. 641-655

Kogon, Eugen, Der SS-Staat. Das System der deutschen Konzentrationslager, Frankfurt a. M. 1974

Krüger, Wolfgang, Entnazifiziert! Zur Praxis der politischen Säuberung in Nordrhein-Westfalen, Wuppertal 1982

Krüger, Wolfgang, Der Persilschein oder Wie aus Braun Weiß wird, in: 1946. Neuanfang: Leben in Düsseldorf, hg. vom Stadtmuseum Düsseldorf und der Rheinischen Post, Düsseldorf 1986, S. 90-96

Lehberger, Reiner, Lehrersein unterm Hakenkreuz. Eine Annäherung über eine biographische Skizze, in: Bajohr; Frank/Szodrzynski, Joachim (Hg.), Hamburg in der NS-Zeit. Ergebnisse neuerer Forschungen, Hamburg 1995, S. 259 - 279

Marcus, Klaus, Der große Krieg und die kleine Stadt. Alt-Viersener Chronik 1939- 1945, Viersen 1995

Marcus, Klaus, Wirre Zeiten 1945 – 1949. Ein Viersener erinnert sich, Viersen 1999

Meyer, Heiner, Berlin Document Center. Das Geschäft mit der Vergangenheit, Frankfurt a. M. 1988

Meyer, Hermann Frank, Blutiges Edelweiß. Die 1. Gebirgs-Division im Zweiten Weltkrieg, Berlin 2007

Mierlo van, Joseph, Die „Penne" in den Dreißiger Jahren. Zur Geschichte des Gymnasiums Thomameum in Kempen, in: Heimatbuch des Kreises Viersen Nr. 51, S.97 – 105, Viersen 2000

Müller, Saskia/Ortmeyer, Benjamin, Die ideologische Ausrichtung der Lehrkräfte 1933-1945. Herrenmenschentum, Rassismus und Judenfeindschaft des Nationalsozialistischen Lehrerbundes, Weinheim und Basel 2016

Nabrings, Arie, Der kurze Weg zur Macht. Aufstieg und Machtergreifung der NSDAP in Viersen, Dülken, Süchteln und Boisheim, Viersen 1992

Nabrings, Arie, Emil Friedrich Totzeck (1890-1959) - Entscheidung und Heimsuchung, in: Heimatbuch Kreis Viersen, Band 70 (2019), S. 53 – 92

Niethammer, Lutz, Die Mitläuferfabrik. Die Entnazifizierung am Beispiel Bayerns, Bonn 1982

Ohlendorf, Werner (Bearb.), Das Apostelgymnasium zu Köln. 75 Jahre im Dienste deutscher Jugenderziehung 1860 – 1935, Köln 1935

Ortmeyer, Benjamin, Schulzeit unterm Hitlerbild, Frankfurt a. M. 2000

Padover, Saul K., Lügendetektor. Vernehmungen im besiegten Deutschland 1944/1945, Frankfurt a. M. 1999

Rauh-Kühne, Cornelia, Die Entnazifizierung und die deutsche Gesellschaft, in: Archiv für Sozialgeschichte Heft 35, Bonn 1995, S. 35 – 70.

Rehm, Gerhard (Hg.), Geschichte der Juden im Kreis Viersen, Viersen 1991

Schallück, Paul, Engelbert Reineke, Hamburg 1997

Schirrmacher, Gunnar, Die Oberschule für Jungen in Dülken im „Dritten Reich", Heimatbuch des Kreises Viersen Nr. 38 S. 208 - 214, Viersen 1987

Schnippenkötter, Josef, Rede zu der Wiedereröffnung der höheren Schulen in der Nord-Rheinprovinz, Bonn 1945

Schönbacht, Rolf, Die Entnazifizierung in Remscheid, Hennef 2019

Schoepp, Sebastian, Seht zu, wie ihr zurechtkommt: Abschied von der Kriegsgeneration, Frankfurt a. M. 2018

Städt. Hum. Gymnasium Viersen, 50 Jahre Abitur, Viersen 1954

Trapp, Joachim, Kölner Schulen in der NS-Zeit, Köln 1994

Udtke, Gert, „Zu neuer Freiheit und neuem Glück und Glanze". Die nationalsozialistische Machtergreifung 1933 im Landkreis Kempen-Krefeld im Spiegel des „Niederrheinischen Tageblatts", in: Heimatbuch des Kreises Viersen Nr. 35, Viersen 1984, S. 137 – 153

Ulrich, Jochem, Juden in Viersen, in: Schriftenreihe (Nr. 38) des Kreises Viersen, Geschichte der Juden im Kreis Viersen, Viersen 1991, S. 307 – 338

Verein ehemaliger Schüler des Städt. Hum. Gymnasiums Viersen e. V (Hg.), 60 Jahre Abitur 1904 – 1964, Viersen 1964

Verein ehemaliger Schüler des Städt. Hum. Gymnasiums Viersen e. V. (Hg.), 1876 – 1976. 100 Jahre Gymnasium Viersen. Namen - Daten - Inserate, Viersen 1976

Verein ehemaliger Schüler des Städt. Hum. Gymnasiums Viersen e. V. (Hg.), Festschrift 100 Jahre Gymnasium der Stadt Viersen, Viersen 1976

Vollnhals, Clemens (Hg.), Entnazifizierung. Politische Säuberung und Rehabilitierung in den vier Besatzungszonen 1945-1949, München 1991

Wagenbach, Klaus (Hg.), Vaterland, Muttersprache. Deutsche Schriftsteller und ihr Staat von 1945 bis heute, Berlin 1979

Wassermann, Jakob, Kaspar Hauser oder die Trägheit des Herzens, Leipzig 1908 (Neuauflage DTV 1987)

Weigel, Björn, „Märzgefallene" und Aufnahmestopp im Frühjahr 1933. Eine Studie über den Opportunismus, in: Benz, Wolfgang (Hg.), Wie wurde man Parteigenosse? Die NSDAP und ihre Mitglieder, Frankfurt a. M. 2009, S.93-96

Wember, Heiner, Umerziehung im Lager. Internierung und Bestrafung von Nationalsozialisten in der britischen Besatzungszone Deutschlands, Essen 1991

Wenzel, Mario, Die NSDAP, ihre Gliederungen und angeschlossenen Verbände, in: Benz, Wolfgang (Hg.), Wie wurde man Parteigenosse? Die NSDAP und ihre Mitglieder, Frankfurt a. M. 2009

Wetzel, Juliane, Die NSDAP zwischen Öffnung und Mitgliedersperre, in: Benz, Wolfgang (Hg.), Wie wurde man Parteigenosse? Die NSDAP und ihre Mitglieder, Frankfurt a. M. 2009, S.74 - 90

9.2 Internetquellen

Academic, Gnade der späten Geburt, URL: https://deacademic.com/dic.nsf/dewiki/530015, abgerufen am 5.3.2021

Ackermann, Jens, Die Prinzengarde ist wieder da, URL: http://prinzen-garde.frieters.de/chronik_item.php?id=13, abgerufen am 12.04.2020

Archiv des „Bund Neudeutschland" und neue Möglichkeiten historischer Forschung, URL: https://jugend1918-1945.de/ND/default.aspx?bereich=projekt&root=29189&id= 29189, abgerufen am 10.7.2020

Augstein, Franziska, Meine Schuljahre im „Dritten Reich", URL: https://www.rhein-gymnasium-koeln.de/index.php/unsere-schule-2/historie-der-schule/346-meine-schuljahre-im-qdritten-reichq, abgerufen am 12.8.2020

Banken, Ralf, Vom „Verschweigen" über die „Sonderkonjunktur" hin zur „Normalität"? Der Nationalsozialismus in der Unternehmensgeschichte der Bundesrepublik, URL: https://zeitgeschichte-online.de/themen/vom-verschweigen-uber-die-sonderkonjunktur-hin-zur-normalit%C3%A4t, abgerufen am 10.2.2021

Benz, Wolfgang, Deutschland 1945-1949. Errichtung der Besatzungsherrschaft, URL: https://www.bpb.de/izpb/10048/errichtung-der-besatzungsherrschaft?p=all, abgerufen am 17.2.2020

Bittmann, Julius, In Lederhose, Braunhemd und Gala-Uniform, 31.05.2008, Nr. 22/2008 URL: https://www.traunsteiner-tagblatt.de/das-traunsteiner-tagblatt/chiemgau-blaetter/chiemgau-blaetter-2020_ausgabe,-in-lederhose-braunhemd-und-galauniform-_chid,685.html, abgerufen am 17.2.2021

Boenisch, Gregor, Amnesie und Amnestie, in. Spiegel Spezial 1/2016, S. 112-118, URL: https://magazin.spiegel.de/EpubDelivery/spiegel/pdf/45964826, abgerufen am 10.2.2021

Bundesarchiv, Virtuelle Ausstellung.PG - Zum Mitgliedschaftswesen der NSDAP, https://www.bundesarchiv.de/DE/Content/Virtuelle-Ausstellungen/Pg.-Zum-Mitgliedschaftswesen-Der-Nsdap/Pg.-zum-mitgliedschaftswesen-der-nsdap.html, abgerufen am 6.6.2020

Bundesarchiv, Informationen zum Verfahren der Aufnahme in die NSDAP, URL: https://www.bundesarchiv.de/DE/Content/Artikel/Ueber-uns/Aus-unserer-Arbeit/Textsammlung-NSDAP-Aufnahmeverfahren/zum-nsdap-aufnahmeverfahren.html?chapterId=34074, abgerufen am 13.7.2020

Deutsche Wissenschaft, Erziehung und Volksbildung, URL: https://scripta.bbf.dipf.de/viewer/resolver?urn=urn:nbn:de:0111-bbf-spo-8136057, abgerufen am 16.2.2021

Ellermann, Ulla, Tanz als Alltagskultur, URL: https://www.kubi-online.de/artikel/tanz-alltagskultur, abgerufen am 10.2.2021

Faust, Anselm, Die Entnazifizierung im nördlichen Rheinland, in: Internetportal Rheinische Geschichte, URL: http://rheinische-geschichte.lvr.de/Epochen-und-Themen/Themen/die-entnazifizierung-im-noerdlichen-rheinland/DE-2086/lido/582d73e2d055e9.37648454, abgerufen am 8.3.2020

Faust, Anselm, Die Entnazifizierung im nördlichen Rheinland, http://www.rheinische-geschichte.lvr.de/Epochen-und-Themen/Themen/die-entnazifizierung-im-noerdlichen-rheinland/DE-2086/lido/582d73e2d055e9.37648454, abgerufen am 7.12.2020

Konferenzordnung für Höhere Schulen, Erlass v. 9.Dezember 1933, URL: https://scripta.bbf.dipf.de/viewer/image/991084217_0001/21/LOG_0012/, abgerufen am 17.5.2020

Geilhausen, Stefani, Gauleiter Florian - der ewige Nazi, URL: https://rp-online.de/nrw/staedte/duesseldorf/gauleiter-florian-der-ewige-nazi_aid-21634465, abgerufen am 12.11.2020

Editionen zur Geschichte, Nationalpolitische Lehrgänge für Schüler - Denkschrift des Oberpräsidenten der Rheinprovinz (1935). Lehrgangsfibel, URL: https://jugend1918-1945.de/portal/ARCHIV/thema.aspx?bereich=archiv&root=8879&id=16015&redir=, abgerufen am 25.4.2020

Der Spiegel, Entnazifizierung. Mehr ist besser, 8. November 1950, S. 7-9, URL: https://magazin.spiegel.de/EpubDelivery/spiegel/pdf/44451021, abgerufen am 17.8.2020

Deutsche Wissenschaft, Erziehung und Volksbildung - 1.1935 (1), URL: Formularbeginn https://scripta.bbf.dipf.de/viewer/resolver?urn=urn:nbn:de:0111-bbf-spo-8136063, abgerufen am 17.1.2021

Deutscher Morgen, URL: https://de.qaz.wiki/wiki/Deutscher_Morgen, abgerufen am 15.11.2020

Die Zeit, Wie war es möglich, daß der Bock Gärtner blieb?, 6. März 1952, URL: https://www. zeit.de/1952/10/wie-war-es-moeglich-dass-der-bock-gaertner-blieb?utm_referrer=https%3A%2F%2Fwww.google.com%2F, abgerufen am 17.11.2020

Ebbert, Birgit, Bücherverbrennung 1933. Zur Erinnerung an ein fast vergessenes Ereignis, URL: https://buecherverbrennung.wordpress.com/2013/08/19/jakob-wassermann/, abgerufen am 12.10.2020

Edith's Family Tree, Rudolf „Rudi" Rothenstein, URL: https://www.ruthsfamilyhistory.org/genealogy/individual.php?pid=I7922&ged=edith, abgerufen am 11.4.2020

Epidat – epigrafische Datenbank, URL: http://www.steinheim-institut.de:50580/cgi-bin/epidat?id=e61-1034&lang=de, abgerufen am 11.4.2020

Faust, Anselm, Die Entnazifizierung im nördlichen Rheinland, in: Internetportal Rheinische Geschichte, abgerufen unter: http://rheinische-geschichte.lvr.de/Epochen-und-Themen/Themen/die-entnazifizierung-im-noerdlichen-rheinland/DE-2086/lido/582d73e2d055e9.37648454, abgerufen am 8.3.2020

Geni, URL: https://www.geni.com/people/Walter-Bonn/6000000027690303387, abgerufen am 11.4.2020

Gottfried, Christa Maria, Schule in der NS-Zeit – kaum Opposition, URL: https://gidw.de/1933-45, abgerufen am 18.3.2021

Herinneringscentrum Kamp Westerbork, URL: https://kampwesterbork.nl/de/geschichte/zweiter-weltkrieg/judendurchgangslager, abgerufen am 11.4.2020

Historisches Portal Essen. Gedenkstätte Alte Synagoge, Eintrag Thea Schnook, geb. Schwartz, URL: https://media.essen.de/media/histiorisches_portal/historischesportal_dokumente/startseite_5/Gedenkbuch_Alte_Synagoge.pdf, abgerufen am 11.7.2020

Issuu, Brave New Visions: The émigrés who transformed the British art world, URL: https://issuu.com/bravenewvisions/docs/brave_new_visions/8, abgerufen am 11.9.2020

Joods monument, URL: https://www.joodsmonument.nl/en/page/121060/walter-bonn, abgerufen am 11.4.2020

Kazerne Dossin, URL: https://beeldbank.kazernedossin.eu/index.php/search?q=Bernd+AND+SCHMERLER&view=list, abgerufen am 3.9.2020

Köpcke, Monika, Helmut Kohl trifft in Israel ein und spricht von der „Gnade der späten Geburt", Deutschlandradio Berlin. Kalenderblatt. 24. Januar 2004, http://www.dradio.de/dlr/sendungen/kalender/227514/, abgerufen am 5. 3. 2021

Kontrollratsdirektive Nr. 24 v. 12.1.1946, Url: http://www.verfassungen.de/de45-49/kr-direktive34.html, abgerufen 20.10.2020

Landtag Nordrhein-Westfalen, 16. Wahlperiode, Drucksache 16/11664 v. 7.04.2016, URL: https://kleineanfragen.de/nordrhein-westfalen/16/11664-umgang-mit-der-ns-vergangenheit-im-landtag, abgerufen am 12.9.2020

Landtag Nordrhein-Westfalen, 16. Wahlperiode, Drucksache 17/1024 v. 23.10.2017, URL: https://landtag.nrw.de/Dokumentenservice/portal/WWW/dokumentenarchiv/Dokument/MMD17-1024.pdf;jsessionid=AFA709A37EF58AA7681EB535237E4D45, abgerufen am 12.9.2020

Legband, Michael, Renazifizierung, https://www.geschichte-s-h.de/renazifizierung, abgerufen am 4.12.2020

Lemo, Der Luftschutz, URL: https://www.dhm.de/lemo/kapitel/der-zweite-weltkrieg/kriegsverlauf/luftschutz.html, abgerufen am 29.8.2020

Linkfang, URL: https://de.linkfang.org/wiki/Reichskolonialbund, abgerufen am 29.8.2020

Luffy, Norbert, Geschichtsdokumente, URL: https://www.geschichtsdokumente.de/flugblatt-schluss-mit-der-entnazifizierung-fdp-1949/, abgerufen am 29.8.2020

Mitteilungen des Instituts für musikalische Volkskunde der Universität Köln, 81-2009, S. 11 – 15, URL: http://www.eucim-te.eu/data/musikeume/File/ad%20marginem/adm81.pdf, abgerufen am 20.12.2020

Morse, Stephen P., Searching Dachau Concentration Camp Records in one Step, URL: https://stevemorse.org/dachau/dachau.php?=&offset=147905, abgerufen am 29.8.2020

Müller, Saskia, Lehrkräfte im Nationalsozialismus, https://www.gew-bayern.de/aktuelles/detailseite/neuigkeiten/lehrkraefte-im-nationalsozialismus/ - Interview v. 8.10.2019, abgerufen am 10.1.2021

NS-Dokumentationszentrum der Stadt Köln, Jugend in Deutschland 1918 – 1945, URL: https://jugend1918-1945.de/portal/Jugend/default.aspx, abgerufen am 29.8.2020

Olenhusen von, Albrecht Götz, Die „nichtarischen" Studenten an den deutschen Hochschulen. Zur nationalsozialistischen Rassenpolitik 1935–1945, in: Vierteljahreshefte für Zeitgeschichte, Jahrgang 14 (1966), Heft 2, S. 175 – 206, URL: http://www.ifz-muenchen.de/heftarchiv/1966_2.pdf, abgerufen am 14.3.2020

Policy matters, Die Haltung der Deutschen zum Nationalsozialismus, im Auftrag von DIE Zeit, Januar 2020, URL: https://www.policy-matters.de/site/assets/files/1400/20200128_zeit_ns-zeit_final_v2.pdf, abgerufen am 20.12.2020

Reichsgesetzblatt (RGBl), 1932, Teil I, § 1 (2), URL: https://upload.wikimedia.org/wikipedia/commons/d/d1/Deutsches_Reichsgesetzblatt_32T1_031_0245.jpg, abgerufen am 10.07.2021.

Recht NRW, URL: recht.nrw.de › lmi › owa › br_gv_show_pdf, abgerufen am 16.11.2020

Reiter, Martin, Grundlagen der Entnazifizierung in NRW, URL: http://nrwhistory.de/grundlagen-der-entnazifizierung-in-nrw-die-verordnung-nr-24-des-alliierten-kon-troll-rats-vom-12-januar-1946/, abgerufen am 1.7.2020

Schmiechen-Ackermann, Detlef, „der Blockwart". Die unteren Parteifunktionäre im nationalsozialistischen Terror- und Überwachungsapparat, in: Vierteljahreshefte für Zeitgeschichte, Jahrgang 48 (2000), Heft 4, S. 575 – 603, URL: http://www.ifz-muenchen.de/heftarchiv/2000_4.pdf, abgerufen am 14.7.2020

Schmit, Franz Josef, Die Cusanus-Schule unterm Hitlerbild in den Jahren 1933-1944, URL: https://www.bernkastel-wittlich.de/fileadmin/Download/Kreisverwaltung/Fachbereiche/Fachbereich_11_Bildung_und_Kultur/Kreisarchiv/Archiv_fuer_Kultur_und_Geschichte/Nationalsozialismus_und_Zweiter_Weltkrieg__1933-1945/CGW_unterm_Hitlerbild.pdf, abgerufen am 12.9.2020

Schneider, Christian, Kulturpessimismus und Aufklärungspathos. Zu den Ambivalenzen von Adornos „Aufarbeitung der Vergangenheit", in: Zeithistorische Forschungen/Studies in Contemporary History, Online-Ausgabe, 8 (2011), H. 1, S. 161 – 166, URL: https://zeithistorische-forschungen.de/1-2011/4686, abgerufen am 12.2.2021

Schubert, Dörte, Reformbewegung der zwanziger Jahre. Das Erbe der Gründerväter. Die Kunst den Fortschritt zu bewahren, in DIE ZEIT Nr. 35/1986, URL: https://www.zeit.de/1986/35/das-ende-der-gruendervaeter/, abgerufen am 12.8.2020

SocioPhilosophy, Was bedeutet Aufarbeitung der Vergangenheit 1960, URL: https://www.youtube.com/watch?v=On1MiOaVPrQ, abgerufen am 10.2.2021

Sontheimer, Kurt, Antidemokratisches Denken in der Weimarer Republik, in: Vierteljahreshefte für Zeitgeschichte, 5 (1957), Heft 1, S. 43-62, Url: https://www.ifz-muenchen.de/heftarchiv/1057_1.pdf, abgerufen am 12.8.2021

Spörl, Gerhard, Stumpf, weinerlich und hoffnungslos, in: Der Spiegel 34/1999, S.49, URL: https://www.spiegel.de/politik/stumpf-weinerlich-und-hoffnungslos-a-ee65199c-0002-0001-0000-000014255336?context=issue, abgerufen am 12.1.2021.

Staas, Christian, Erinnerungskultur. Das Ende der Selbstgewissheit, DIE ZEIT Nr. 19/2020, 29. April 2020, URL: https://www.zeit.de/2020/19/erinnerungskultur-nationalsozialismus-aufarbeitung-deutschland-rechtsextremismus-umfrage, abgerufen am 6.1.2021

Tenhumberg, Reinhard, Transportliste der Deportierten 1942. Transportliste 7.9.1942 Westerbork, URL: http://www.tenhumbergreinhard.de/transportliste-der-deportierten/transportliste-der-deportierten-1942/transport-07091942-westerbork.html, abgerufen am 11.9.2020

Thorwarth, Katja, "Man hätte die Nazis dazu bringen müssen, über ihre Feigheit zu sprechen", 27.02.2017, URL: https://www.fr.de/kultur/man-haette-nazis-dazu-bringen-muessen-ueber-ihre-feigheit-sprechen-11059725.html, abgerufen am 21.1.2021

Tillman, Werner/Bonzelett, Karl-Hans, Ernst Klusen 1909 – 1988. Das Volkslied als Lebensauftrag, URL: http://www.heimatverein-viersen.de/pdf/fragen_pdf/Biographie_Klusen.pdf, abgerufen am 20.12.2020

VVN-BdA, URL: https://koeln.vvn-bda.de/2016/02/24/gedenkstunde-anlaesslich-des-71-jahrestags-der-befreiung-von-auschwitz/, abgerufen am 15.9.2021.

Wallraff, Horst, Friedrich Karl Florian. NSDAP-Gauleiter (1894-1974), URL: https://www.rheinische-geschichte.lvr.de/Persoenlichkeiten/friedrich-karl-florian-/DE-2086/lido/57c6ae52069cf3.26220086, abgerufen am 15.12.2020

Wikiwand, Liste der Stolpersteine in Düsseldorf, URL: https://www.wikiwand.com/de/Liste_der_Stolpersteine_in_D%C3%BCsseldorf, abgerufen am 10.9.2020

Wikiwand, Durchgangslager Westerbork, URL: https://www.wikiwand.com/de/Durchgangs-lager_Westerbork, abgerufen am 10.9.2020

Wikipedia, Feldafing Vertriebenenlager, URL: https://de.qaz.wiki/wiki/Feldafing_displaced_persons_camp, abgerufen am 5.2.2021

Wirsching, Andreas, Der physische Druck auf die Abgeordnten war erheblich, URL: https://www.deutschlandfunk.de/der-physische-druck-auf-die-abgeordneten-war-erheblich.694.de.html?dram:article_id=241395, abgerufen am 28.7.2021.

Yad Vashem, Zentrale Datenbank der Namen der Holocaustopfer, URL: https://yvng.yadvashem.org/index.html?language=de&s_lastName=Schmerler&s_firstName=Bernd&s_place=&s_dateOfBirth=&cluster=true, abgerufen am 5.3.2021

Zeit Online, Nr. 35/1986, Reformpädagogik der zwanziger Jahre: Das Erbe der Gründerväter, URL: https://www.zeit.de/1986/35/das-ende-der-gruendervaeter/seite-2, abgerufen am 20.1.2020

Zentralblatt für die gesamte Unterrichtsverwaltung in Preußen 1932, Heft 17, S.

222, URL: https://www.digizeitschriften.de/dms/img/?PID=985843438_0074%7CLOG_0327, abgerufen am 16.7.2021

Zentralblatt für die gesamte Unterrichtsverwaltung in Preußen 1933, Heft 10, S. 138, URL: https://www.digizeitschriften.de/dms/img/?PID=985843438_0075%7CLOG_0187, abgerufen am 20.7.2021

Zentralblatt für die gesamte Unterrichtsverwaltung in Preußen 1933, Heft 16, S. 203-204, URL: https://www.digizeitschriften.de/dms/img/?PID=985843438_0075%7CLOG_0292, abgerufen am 20.7.2021

Zentralblatt für die gesamte Unterrichtsverwaltung in Preußen 1934, Heft 2, S. 127, URL: https://www.digizeitschriften.de/dms/img/?PID=985843438_0076%7CLOG_0205, abgerufen am 20.7.2021

Zentralblatt für die gesamte Unterrichtsverwaltung in Preußen 1934, Heft 3, S. 43, URL: https://www.digizeitschriften.de/dms/img/?PID=985843438_0076%7CLOG_0063, abgerufen am 20.7.2021

Zentralblatt für die gesamte Unterrichtsverwaltung in Preußen 1934, Heft 5, S. 69, URL: https://www.digizeitschriften.de/dms/img/?PID=985843438_0076%7CLOG_0114, abgerufen am 20.7.2021

Zentralblatt für die gesamte Unterrichtsverwaltung in Preußen 1934, Heft 6, S. 96, Erlass v. 7.2.1934, Zuerkennung der Hochschulreife, URL: http://www.digizeitschriften.de/dms/resolveppn/?PID=985843438_0076lLOG_0147, abgerufen am 20.7.2021

Zukunft braucht Erinnerung, URL: https://www.zukunft-braucht-erinnerung.de/martin-bormann/, abgerufen am 17.11.2020

9.3. Ungedruckte Quellen/Dokumente

Bundesarchiv Berlin

BArch R 9361 VIII - NSDAP-Mitgliederkartei

BArch R 9361 IX - NSDAP Gau-Mitgliederkartei

Landesarchiv NRW Duisburg

Personalakten

LAV NRW R, NW- BR 0150 - Schulkollegium beim Regierungspräsidenten Düsseldorf / Personalakten

LAV NRW R, NW - HSA-Pe / Personalakten

LAV NRW R, NW - BR 2209 - Nr. 1203-1215 - Schulkollegium beim Regierungspräsidenten Düsseldorf-Humanistisches Gymnasium Viersen

Entnazifizierungsakten

LAV NRW R, NW 1000 Gen - Generalia SBE Hauptausschuss Regierungsbezirk Düsseldorf

LAV NRW R, NW 1002 Gen - Generalia SBE Hauptausschuss Stadtkreis Düsseldorf 1945-1949

LAV NRW R, NW 1002-ED - SBE Hauptausschuss Stadtkreis Düsseldorf 1945-1952

LAV NRW R, NW 1004-G33.1 - SBE Hauptausschuss Stadtkreis Duisburg

LAV NRW R, NW 1008 - SBE Hauptausschuss Landkreis Kempen- Krefeld 1945-1952

LAV NRW R, NW 1011 - SBE Hauptausschuss Stadtkreis Mönchengladbach 1945-1952

LAV NRW R, NW 1019 - SBE Hauptausschuss Stadtkreis Rheydt 1945-1952

LAV NRW R, NW 1021 - SBE Hauptausschuss Stadtkreis Viersen NW 1945-1952-Einzelfallakten

LAV NRW R, NW 1023 - SBE Berufungsausschuss Regierungsbezirk Düsseldorf NW 1945-1952

LAV NRW R, NW 1031 Gen - Generalia SBE Pensions-Ausschuss Regierungsbezirk Düsseldorf

LAV NRW R, NW 1031 - SBE Pensions-Ausschuss Regierungsbezirk Düsseldorf

LAV NRW R, NW 1037 Gen - Generalia SBE Der Sonderbeauftragte für die Entnazifizierung 1945-1952

LAV NRW R, NW 1047 - SBE Berufungsausschuss Gelsenkirchen und Bocholt

LAV NRW R, NW 1087 - SBE Berufungsausschuss Regierungsbezirk Aachen NW 1945-1952

Akten der Geheimen Staatspolizei - Staatspolizeistelle Düsseldorf

LAV NRW R, NW RW 0058 - 1650 - Geheime Staatspolizei - Staatspolizei(leit)stelle Düsseldorf

LAV NRW R, NW RW 0058 - 4837 - Geheime Staatspolizei - Staatspolizei(leit)stelle Düsseldorf

LAV NRW R, NW RW 0058 – 23920 - Geheime Staatspolizei - Staatspolizei(leit)stelle Düsseldorf

LAV NRW R, NW RW 0058 - 28543 - Geheime Staatspolizei - Staatspolizei(leit)stelle Düsseldorf

LAV NRW R, NW RW 0058 - 51371 - Geheime Staatspolizei - Staatspolizei(leit)stelle Düsseldorf

LAV NRW R, NW RW 0058 - 51431 - Geheime Staatspolizei - Staatspolizei(leit)stelle Düsseldorf

Stadtarchiv Viersen

KAV, I 2, Nr. 743 Schulratsakten: Verschiedenes 1924-1938

KAV, I 2, Nr. 2304 Nationalpolitische Schulung 1933- 1936

KAV, I 2, Nr. 2317 Schülerlisten des Städt. Gymnasiums 1932-1933

KAV, I 2, Nr. 2318 Schülerlisten des Städt. Gymnasiums 1933-1934

KAV, I 2, Nr. 2319 Schülerlisten des Städt. Gymnasiums 1934-1935

KAV, I 2, Nr. 2320 Schülerlisten des Städt. Gymnasiums 1935-1936

KAV, I 2, Nr. 2376 Jahresbericht der städt. Oberschule für Jungen 1936/37, Gedenk-

	stunden und Schulfeiern
KAV, I 2, Nr. 2377	Jahresberichte der städt. Oberschule für Jungen in Viersen 1940/41
KAV, I 2, Nr. 2378	Nationalpolitische Schulung 1933 – 1936
KAV, I 2, Nr. 2545	Dienstangelegenheiten und Entnazifizierung (Bd. I) 1946-1947
KAV, I 2, Nr. 2921	Förderung von „nationalem Geist" und „Wehrbereitschaft" am Viersener Gymnasium 1928 – 1944
KAV, I 2, Nr. 3006	Grundstücksverkäufe
KAV, I 2, Nr. 3795	Wiederaufnahme des Schulbetriebs am Hum. Gymnasium bzgl. allgemeiner Angelegenheiten 1945 – 1983
KAV, I 2, Nr. 3798	Besetzung von Studienratsstellen am Hum. Gymnasium 1934-1964
KAV, I 2, Nr. 3799	Überweisung von Hilfskräften, Anstellung von Studienräten, Versetzungen in den Ruhestand etc. am Knaben- und Mädchengymnasium 1928 – 1963
KAV, I 2, Nr. 3801	Vertretung, Einsatz, Entlassung und Wiedereinstellung von Lehrkräften am Hum. Gymnasium 1926-1947
KAV, I 2, Nr. 3820	Bewerbung des Studienrates Konrad Schäfer um die Direktorenstelle am Humanistischen Gymnasium 1946
KAV, I 2, Nr. 4269	Sitzungsniederschriften Schulausschuß 1946-1948
KAV, I 2, Nr. 4283	Korrespondenz des Oberbürgermeisters mit Bürgern, Verwaltungen und Verbände 1937-1948 etc., Bd 2
KAV, I 2, Nr. 4345	Sitzungsniederschriften Schulausschuß 1949-1947
KAV, I 2, Nr. 4269	Sitzungsniederschriften Schulausschuß 1946 – 1948
KAV, I 2, Nr. 6786	Maria Kapelle geb. Budde 1954-1960
KAV, I 2, Nr. 11386	Reifeprüfung Ostern 1934
KAV, I 2, Nr. 11398	Bericht über das Schuljahr 1933/34
KAV, I 2, Nr. 11399	Bericht über das Schuljahr 1934/35
KAV, I 2, Nr. 11400	Bericht über das Schuljahr 1935/36
KAV, I 2, Nr. 11401	Jahresbericht über das Schuljahr 1939/40
KAV, I 2, Nr. 12142	Abgangszeugnisse [des Städtischen Realprogymnasiums] von 1924 bis 1935
KAV, I 2, Nr. 12143	Abgangszeugnisse [der Städtischen Oberschule für Jungen] von 1935 bis 1939
KAV, I 2, Nr. 12144	Reifezeugnisse [des Städtischen Realproymnasiums] von 1927 bis 1940
KAV, I 2, Nr. 12182	Protokollbuch des Städtischen Humanistischen Gymnasiums von 1924 -1940
KAV, I 2, Nr. 12186	Konferenzniederschriften von 1941 bis 1955

Kreisarchiv Viersen

CSch I	Thomaeum, Gymnasium, Personalunterlagen StR Josef Geiser

Landeshauptarchiv Koblenz

LHA Ko - 405 A	(Provinzialschulkollegium, Nordteil der Rheinprovinz)
LHA Ko - 405 A - 421	Realprogymnasium Viersen, Direktor und Lehrer, 1884-1941
LHA Ko - 405 A - 582	Progymnasium Viersen, Allgemeines, Revisionen, 1901-1937
LHA Ko - 405 A - 412	Gymnasium Viersen, Rechnungen, 1899-1944
LHA Ko - 405 A - 242	Gymnasium Viersen, Lektionspläne, Lehrbücher, 1908-1944
LHA Ko - 405 A - 455	Gymnasium Viersen, Etats, 1926-1944
LHA Ko - 405 A - 417	Oberschule für Jungen Viersen, Direktor und Lehrer, 1939-1943
LHA Ko - 405 A - 415	Oberschule für Jungen Viersen, Aufnahme, Prüfungen, Programme, Ferien, Feste, 1939-1944

Archiv der evangelischen Gemeinde Viersen

AEKV 02-31.29 (II).62 Leumundszeugnisse Totzeck

Archiv der Mahn- und Gedenkstätte Düsseldorf

MuG, Schnook, K. (1940): Brief an Dr. Kurt Bergel vom 03.12.1940

MuG, Schnook, K. (1941): Brief an Dr. Kurt Bergel vom 03.03.1941

10. Abkürzungsverzeichnis

AEKV	Archiv evangelische Kirche Viersen
AO	Auslandsorganisation NSDAP
BArch	Bundesarchiv Berlin
BDC	Berlin Document Center
BDM	Bund deutscher Mädchen
CDU	Christlich Demokratische Union
DNVP	Deutschnationale Volkspartei
DVP	Deutsche Volkspartei
FDP	Freie Demokratische Partei
Flak	Flugabwehrkanone
Gestapo	Geheime Staatspolizei
HJ	Hitler-Jugend
KaV	Kreisarchiv Viersen
KdF	Kraft durch Freude
KPD	Kommunistische Partei Deutschlands
LAV NRW R	Landesarchiv Nordrhein-Westfalen Abteilung Rheinland
LHA Ko	Landeshauptarchiv Koblenz

Napola	Nationalpolitische Erziehungsanstalt
NS	Nationalsozialismus
NS	Nationalsozialistische (-r, -s)
NSDAP	Nationalsozialistische Deutsche Arbeiterpartei
NSDStB	NS-Bund deutscher Studenten
NSF	NS-Frauenschaft
NSLB	Nationalsozialistischer Lehrerbund
NSV	NS-Volkswohlfahrt
NW	Nordrhein-Westfalen
OKW	Oberkommando der Wehrmacht
OStD	Oberstudiendirektor
OStR/OStR‘	Oberstudienrat/Oberstudienrätin
Pg.	Parteigenosse
RAD	Reichsarbeitsdienst
RKD	Reichskolonialbund
RLB	Reichsluftschutzbund
RSHA	Reichssicherheitshauptamt
SA	Sturmabwehr
SBE	Sonderbeauftragter für Entnazifizierung
SD	Sicherheitsdienst
SPD	Sozialdemokratische Partei Deutschlands
SS	Sicherheitsstaffel
KAV	Kreisarchiv Viersen
StR	Studienrat
StR‘	Studienrätin
VDA	Volksbund/Verein für das Deutschtum im Ausland
VVN	Vereinigung der Verfolgten des Naziregimes

II Abbildungsnachweise

Mit freundlicher Genehmigung vom Bundesarchiv in Berlin, vom Landesarchiv NRW in Duisburg, vom Kreisarchiv in Viersen, vom Generalstaatsarchiv Belgien, von den Archives Service for War Victims/Belgien und vom Joodsmonument/Niederlande:

S. 54	Walter Bonn	Joodsmonument/NL image/2017/9/14/walter_bonn
S. 54	Stolperstein Bonn	Eigene Aufnahme
S. 57	Gestapo Düsseldorf	LAV NRW R, RW 0058 Nr. 51431 Bl. 006
S. 57	Gestapo Bremen	LAV NRW R, RW 0058 Nr. 51431 Bl. 007
S. 58	Anschel-Gallery London	URL.: https://issuu.com/bravenewvisions/docs/brave_new_visions/8
S. 59	Zeugnis Rosenmann	KAV, I 2, Nr. 12142 – S. 389
S. 61	Schmerler Bernd	National Archives of Belgium/Generalstaatsarchiv, Individual foreigners' files - KD - 00017 - XXIV - 0288
S. 61	Deportationsliste Mechelen - Auschwitz 1944	Archives Service for War Victims, TL XXIV - KD – 00013 – 01 – 0020 - 000004
S. 68	Lehrerkollegium 1947/48	KAV, LV, Nr. 5 – 4879
S. 92	NSDAP-Aufnahmeantrag Edith Koch	R 9361-VII Kartei-Sammlung BDC: personenbezogene Unterlagen der NSDAP-Aufnahmeanträge: Koch, Edith (*23.06.1901)
S. 110	Lehrerkollegium 1950	KAV, LV, Nr. 5 – 4898
S. 112	Lehrerkollegium 1950/51	KAV, LV, Nr. 5 – 4905
S. 114	Schulgebäude Wilhelmstraße 12	KAV, LV, Nr. 3 – 7290
S. 131	NSDAP- Mitgliedskarte Dr. Schöne	BArch R 9361 – VIII Kartei / 20631606
S. 143	NSDAP- Mitgliedskarte Tonn	BArch R 9361 – VIII Kartei / 23111846
S. 146	Klusen Bescheinigung NSDAP	LAV NRW R, HSA Pe 13160
S. 150	Work sheet Rohling	LAV NRW R, NW 1021 Nr. 512 Bl. 003
S. 153	NSDAP-Mitgliedskarte Totzeck	BArch R 9361 – VIII Kartei / 23140179
S. 154	Bescheinigung für Koch von Totzeck	LAV NRW R, NW 1021 Nr. 2679 Bl. 024
S. 158	Ritterkreuzträger Paulus	KAV, LV, Nr. 3 – 6222
S. 166	Leumundszeugnis Gotthardt für Koch	LAV NRW R, NW 1021 Nr. 2679 Bl. 031
S. 168	NSDAP-Mitgliedskarte Köhne	BArch R 9361 - IX KARTEI / 21770262

Danke

Dank an: **meine Ehefrau Gabriele** für endlose, aber konstruktive Diskussionen um Inhalte und Formulierungen, meinen Mitschüler und täglichen Begleiter dieser Forschungsarbeit Manfred Budel, meinen ehemaligen Kollegen Alfons Scherer für knallharte redaktionelle Anmerkungen, Jürgen Lasenga für die kompetente Beratung bei der Gestaltung des Buches, Stadtarchivar Marcus Ewers für das Interesse und Mutmachen, die Kollegen und Kolleginnen des Stadtarchivs Viersen und des Landesarchivs in Duisburg für die Recherche und Bereitstellung der Materialien, an Ralf Engel vom Bundesarchiv in Berlin für die Recherche und Bereitstellung der NSDAP-Mitgliedschaften, an alle meine Freunde und Freundinnen, die mir immer zugehört und zum Teil das Korrekturlesen übernommen haben, meinen Verleger Norbert Neuenhofer für die Unterstützung des Buchprojektes. Der letzte Dank geht an meine 97-jährige Schwiegermutter für unsere Gespräche bezüglich der NS-Zeit in Viersen. Als 14-jährige hat sie die Zerstörung des Wohnhauses eines jüdischen Mitbürgers auf der Königsallee in Viersen miterleben müssen. Noch heute verfolgt sie die Erinnerung an die würdelose und verbrecherische Behandlung des Mitbürgers durch die ortsansässigen Nazis.